법현 · 현장 · 의정 · 혜초스님의

죽음의 雪原을
넘어선 인도여행기

歷遊天竺記傳 · 大唐西域記
求法高僧傳 · 往五天竺國傳

佛敎精神文化院

머리말

지금까지 인도여행기로 널리 알려진 서적은

1. 법현(法顯)의 역유천축기전(歷遊天竺記傳) 1권,
2. 현장(玄奘)의 대당서역기(大唐西域記) 12권,
3. 의정(義淨)의 대당서역구법고승전(大唐西域求法高僧傳) 2권,
4. 혜초(慧超)의 왕오천국전(往五天國傳) 1권(節本),
5. 도선(道宣)의 석가방지(釋迦方志) 2권,
6. 혜행(惠行)의 사서역기(使西域記) 1권,
7. 원조(圓照)의 오공입축기(悟空入竺記) 1권,
8. 범성대(范成大)의 계업서역행정(繼業西域行程) 1권,
9. 수영(修榮)의 남천축바라문승정비(南天竺婆羅門僧正碑) 1권,
10. 원개(元開)의 당화상동정전(唐和尚東正傳) 1권

등 수십 가지가 있다.

그러나 세계적으로 알려진 여행기는,

서기 399년(東晋 융안3) 5천축국을 여행한 역유천축기(일 명(佛國記)를 가장 오랜 역사책으로 인식하고 있고,

다음에 629년부터 645년 사이 138개국을 보고 그 풍습과 지리를 기록한 현장(600~664)의 대당서역기와 635년부터 713년 사이에 기록한 의정의 구법고승전, 그리고 727년에 쓴 신라 혜초(629~645)의 왕오천축국전을 으뜸으로 친다.

나는 인도에 갈 때마다 이들 서적을 읽고 신심을 북돋았으며 게으른 마음이 날 때마다 정진심을 길러왔다.
그러나 내용이 방대하고 또 반복된 부분이 많아 모두 다 찾아 읽는다는 것은 매우 어려운 일이다.
그래서 내가 참고하였던 법현전과 대당서역기·구법고승전·왕오천축국전을 간단히 정리하여 후세 여행인들에게 도움이 되게 기록해 본다. 설사 친히 답사할 수는 없다 하더라도 옛사람들의 구도열정에 감동을 맛볼 수 있다는 것으로도 구도자의 한 사람으로서 뜨거운 감동을 느끼게 된다.

불기 2557년 12월 편자 활안 씀

일 러 두 기

1. 이 책은 신수대장경 제51책 사전부(史傳部)를 대본으로 하였다.

2. 법현전은 여화(女媧)선생과 이재창교수님의 역유천축기전을 대조하고,

3. 대당서역기는 권덕녀여사의 역본을 많이 참고하였으며,

4. 구법고승전은 이용범교수님의 역본,

5. 그리고 왕오천축국전은 이석호선생님의 번역본을 많이 참고하였다.

6. 특히 반복된 주(註)는 종합하여 처리하였으며, 그래도 미진(未盡)한 것은 그대로 놓아두었다.

7. 여기 실은 사진은 금강선원 서무선법사님께서 직접 현지답
   사하여 촬영한 것이 대부분이다.

8. 바쁘신 가운데서도 교정을 보아주신 감로여행사 김부장님
   께 감사드린다.

9. 출판에 도움을 주신 서울 내원사 주지스님께 감사드린다.

목 차

往五天竺國傳 ·····························新羅沙門 慧超 ······313
왕 오 천 축 국 전   신 라 사 문 혜 초

法顯大師
법 현 대 사

歷遊天竺記傳
역 유 천 축 기 전

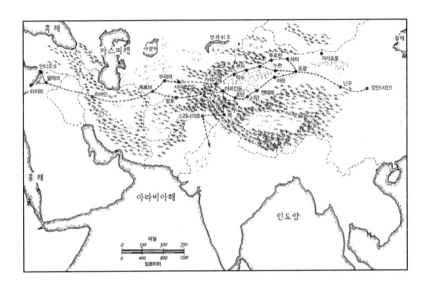

법현(法顯)스님

　법현스님은 중국 무양(武陽) 사람으로 속성은 공(龔)씨였
다. 20세에 스님이 되었으나 경·율이 온전치 못함을 깨닫고
399년 동지 혜경·도정·해달·해외 등과 함께 장안을 떠난
다. 서역 여러 나라를 거쳐 북인도(弗樓沙)에서 동행들과 헤
어지고 홀로 판쟈브지방을 지나 항하유역의 교세를 살피고 불
적영지(佛跡影地)를 순례하면서 경율을 배운다.

　마가다국에서 3년간 머물면서 마하승지율·유부율·열반경·
잡아비담심율 등을 연구하고 항하 어구에 있는 다마리메 나라
에서 2년 동안 공부했다.

　또 스리랑카(錫蘭島)에 건너가서는 5분율·장아함경·잡아
함경을 얻어가지고 상선을 타고 돌아오다가 풍파를 만나 자바
(爪哇島)에 표류 온갖 고난을 겪는다.

　413년(동진 의해 9년) 청국에 돌아와 전후 15년 동안 서역
과 인도에서 가지고온 불경들을 번역하는데 온힘을 기울였다.
귀국한 뒤에는 도량사에서 마하승지율·방등경·니원경 등을
번역하고, 형주신사에 가서 82(혹 86)세로 서거 하였는데, 그
의 저서 법현전(佛國記)는 최초로 파미르고원을 넘은 인도 여
행기로 높이 평가되고 있다. 그가 다녀온 경유지를 보면 다음
과 같다.

　장안(長安)·롱(聾)·건귀국(乾歸國)·뇨단국·장액(張掖)·

돈황(燉煌) · 사하(沙河) · 선선국(鄯善國) · 오이국(烏夷國) · 고창(高昌) · 우진(于闐) · 자합국(子合國) · 총령산(蔥嶺山) · 휘국(麾國) · 갈차국(竭叉國) · 설산(雪山) · 북천축(北天竺) · 타력(陀歷) · 신두하(新頭河) · 오장국(烏萇國) · 불영나갈국(佛影那竭國) · 가다국(呵多國) · 건타위국(犍陀衛國) · 불루사국(弗樓沙國) · 축찰시라국(竺刹尸羅國) · 나갈국(那竭國) · 곡구(谷口) · 소설산(小雪山) · 라이국(羅夷國) · 발나국(跋那國) · 마두라국(摩頭羅國) · 승가시(僧伽施) · 계요이성(罽饒夷城) · 항수(恒水) · 가리촌(呵利村) · 사지대국(沙祇大國) · 구살라국(拘薩羅國) · 사위성(舍夷城) · 나비가읍(那毗伽邑) · 가유라위성(伽維羅衛城) · 람박(藍莫) · 비사리국(毗舍離國) · 오하합국(五河合國) · 마갈국(摩竭國) · 마갈제국파연불읍(摩竭提國巴連弗邑) · 나라취락(那羅聚落) · 왕사(王舍) · 신성(新城) · 가시국파라나성(迦尸國波羅㮈城) · 선인녹야원정사(仙人鹿野苑精舍) · 구섬미(拘睒彌) · 달친(達嚫) · 파연불읍(巴連弗邑) · 중천축국(中天竺國) · 진(晋)나라 변두리 · 항수(恒水) · 섬파대국(瞻波大國) · 다마리제국(多摩梨帝國) · 사자국(師子國) · 서월씨국(西月氏國) · 우진국(于闐國) · 굴자국(屈茨國) · 한지(漢地) · 야마제(夜摩提) · 광주(廣州) · 청주(淸州) · 장안(長安).

〈天竺은 印度가 아니다 林喜景 譯 13~14쪽〉

역유천축기전
(歷遊天竺記傳 ; 一名 法顯傳 · 佛國記)

1. 장안(長安) 출발

서안(옛 秦邑 ; 고구려 옛도읍)에는[1] 율장이 그 그림자도 없음을 개탄하여 홍시(弘始 ; 後秦 연호) 2년(晋 안제 융안4) 기해(399)에 혜경(慧景) · 도정(道整) · 혜응(慧應) · 혜외(慧嵬) 스님들과 함께 천축(天竺)에[2] 계율을 구하러 가기로 하였다.

장안에서 출발하여 롱(隴 ; 漢의 天水郡. 唐 隴州. 지금 용현 · 협서 · 감숙성의 경계 隴山. 양주자사가 다스리다가 晋時 廢함)을 지나 건귀국(乾歸國)에[3] 이르러서 여름안거에 들어갔다.

---

1) 중국고급지명대사전 550쪽.
2) 천축은 고조선의 뿌리, 전한(BC. 206~AD8) 때 생겨 신독국으로 살았다. 후한 초기(AD25)부터 총령지방을 중심으로 발전 5천축국과 소천추국으로 번성하였다. 5천축국은 신강성 · 감숙성 · 서장성 · 청해성 · 사천성 · 광서성 · 광동성 일대. (불교의 뿌리 이중제 129, 96, 51쪽, 역대신강통감, 임희경 법현전.)
3) 현 감숙성 천원현, 건귀가 동진(東晋) 태월 13년에 임금이 되었다가 융안 4년(400)에 後秦에 항복함).

장안에 있는 당나라 때 궁전

돈황 막고굴내의 벽화

돈황 막고굴 보살상

투루판의 천불동

돈황의 오아시스

타클라사막의 모래산

고창(우진국)의 옛불탑

우루무치의 동굴사원

총령산 속에서 살고 있는 티베트 원주민들

곤륜산속의 옛 토성

가욕관의 망루(만리장성)

막고굴 9층루. 이 속에 모셔진 대불의 높이는 34.5m나 된다

부처님의 열반상

부처님의 제자 아난존자와 가섭존자

타클라마칸 사막에 있는 옥문관(玉門關)

북천축국 사란달라 산악지대에 남아있는 불교유적

북천축국 푼잡지역에 남아있는 불교유적

2. 돈황(燉煌)에서

여름안거를 마치고 길을 더 가니 녹다국(耨檀國)에4) 닿았다. 양루산(養婁山 ; 西寧縣北 大道河南에 누워있는 善女山)을 거쳐 장액진(張掖鎭 ; 北凉王歸業. 장액진의 居域. 현 감숙성 장액현)에 이르렀는데 큰 전란이 생겨 도로가 막혔다. 장액왕 단업(段業)은 은근히 기다렸다가 마침내 단월(檀越)이 되어 주었다. 여기에서 지엄(智嚴)·혜간(慧簡)·승소(僧紹)·보운(寶雲)·승경(僧景) 등과 만나게 되었다. 동지를 만나 기쁜마음으로 여름안거를 지냈다.

여름안거를 마치고 일행은 다시 돈황(燉煌 ; Atlas, Atlantis)에5) 도착하였는데, 그곳에는 동서 80리 남북 40리6) 되는 요새가 있었다.

---

4) 지금 감숙성 서녕부 연박현. 남경(南京) 경왕(景王) 독발녹액(禿髮傉掖_의 율도(栗都)였는데 융안 3년 독발오고(烏孤)가 죽자 그의 동생 이후고(利鹿孤)가 왕위에 올랐다. 융안 3년 이후 고가 죽자 그의 동생 녹단(401, 都督中外諸軍事凉州牧)이 되었으나 그 또한 의희 10년(414) 서진(西秦)에 망했다. 스님이 이곳에 머물렀을 때는 녹단이 왕위에 오르기 2년 전이었다.
5) 해발 1000m가 넘는 감숙성 서북부, 청해성 북부, 신강성 동쪽, 여기서 약 4km 지점에 BC. 8937년 환인천황이 신시로 정한 삼귀산(三龜山)이 있고, 거기서 4km 지점에 막고굴이 있음. 인류최초에 등불이 켜졌다 하여 이름을 돈황이라 한다 하였음.
6) 한나라에서는 1리는 1368척 414.5m로 보고. 당나라에서는 1499(1800)척 4544(5455)m로 계산하였다. 1척을 한에서는 0.230m, 당에서는 252(303)m로 계산하고, 1보를 한나라에서는 1.381, 당나라에서는 1514(1515)m로 계산하였다.

3. 우진(于闐)에서

우진에서는 1개월 정도 머물렀다. 법현 등 5인은 사신을 따라 먼저 출발하여 보운 등과 헤어졌다. 돈황 태수 이호(李浩 ; 신강성 吐魯番縣에 있는 天山南, 산중에서 葡萄溝에서 물줄기가 솟아 南으로 흐름)가7) 사하를 건널 수 있도록 물자를 공급해 주었다.

사하(沙河)에는8) 악귀들이 많이 있고, 열풍이 불어 이들을 만나게 되면 모두 죽게 되어 한 사람도 무사할 수 없다고 한다.

위로는 나는 새 한 마리 없었고 아래로는 달리는 짐승 한 마리 없었다. 한없이 넓고 망망하여 그 끝이 어딘가 바라보며 가려고 하면 어디로 가야할지 헤아릴 수 없었다. 오직 죽은 사람과 메말라 빠진 해골들로 표식을 삼았다.

4. 누란(婁蘭)에서

17일 동안 약 1500리(621.75km)를 걸어 선선국(婁蘭)에9)

---

7) 이호는 융안 3년 2월 단업이 북량왕이 되었는데 저거몽손으로 상서 좌승을 삼고 이듬해 4월 이호로써 돈황태수를 삼자 이호가 화를 내서 색사(索嗣)를 저격하자 색사가 장액으로 돌아갔다. 단업은 겁이 나서 색사를 죽이고 이호에게 사죄하였다. 장액에 내란이 일어나 길이 불통했다는 말이 이 말이다. 이호는 장차 서량의 주인이 된다.

8) 사하는 고비사막으로 유사(流沙)라고도 한다. 돈황서쪽 옥문을 지나 선선국에 이르는 사이에 있다. 열풍이 나면 사력(沙礫)이 날려 순식간에 여행자들을 묻어버린다.

이르렀다. 그 땅은 산이 험하고 가파랐는데 사람의 의복은 거칠어 한지(漢地)와 같았다. 다만 전(氈)과 갈(褐)이 특이하였다.

그 나라 왕도 불법을 받들어 4천여 명이 넘는 소승들이 있었는데 승속간에 모두 천축법을 수행하고 있었다. 다만 그 계율이 정교하면서도 거칠었다. 법현 일행이 지나간 서쪽 여러 나라들이 모두 이와 비슷하였는데, 단지 오랑캐만은 하는 짓이 달랐다. 그러나 집을 나온 출가인들은 천축글과 말을 공부하고 있었다.

5. 오이국(烏夷國)

일행은 여기서 한 달을 보내고 다시 서북을 향해 도착한 곳이 오이국이었다.[10] 이곳 스님들 역시 4천여 명이 되었는데, 모두 소승을 학습하고 있었으며, 법칙(法則)을 공부하고 정리했다. 여기 도읍지에 이른 저들, 진(秦)나라 스님들에게는 그 법칙이 미치지 못했다.

---

9) 동진(東晉) 태원7년(382) 선선국왕이 전진의 대명을 선도하여 서역 제국을 침범한 일이 있으나 그 자취가 매몰되어 그 흔적을 찾을 수 없다.
10) 한나라 언기국(焉耆國). 대당서역기에서는 아기니국(阿耆尼國). 또 청나라에서는 객라사미(喀喇沙彌), 현재의 언기현, 782년 부견왕이 장군 여광을 시켜 선선왕국 등 여러 나라를 항복 받았으나 일찍이 세상을 떠나자 여광이 386년 양국에서 자립하였다.

법현은 부적을 가지고 공손경리(公孫經理) 집으로 가서 2개월가량 지내고 여기서 보은등과 함께 돌아왔다.

오이국 사람들은 예의를 닦지 못해 객을 맞이함에 심히 박절하였다. 지엄(智嚴)[11] · 혜간 · 혜의는 곧 되돌아서 고창(淸, 吐魯番廳)으로 노자를 구하러 떠났다.

법현은 몽부공손(蒙符公孫)이 물자를 공급해 주어서 곧 바로 서남으로 갔다. 가는 길에는 거주하는 사람은 없었다. 강을 건너고 길을 걸으며 어려움이 많았다. 지나는 곳마다 고생하는 사람들의 모습은 말로 표현할 수 없었다.

6. 건추식(犍推食)과 불행사(佛行事)

길을 걸은 지 한달 닷세만에 우진(于闐 ; 伊旬)에 도착하였다. 그 나라는 풍성하고 백성들은 즐거웠으며 번창한 나라였다. 모두 불법을 극진히 받들어서 불법을 즐기고 서로를 유쾌하게 해주었다. 대중스님들은 수만명에 이르렀다.

대부분 대승을 교습하고 있었으며 많은 대중스님들이 함께 식사를 하였다.

---

11) 지엄은 그 후 계빈에 이르러 불타발다라를 만나 함께 장안으로 돌아와 사사하다가 진승들의 배척을 받아 건강(현 南京)에 이르러 바닷길을 이용하여 78세까지 계빈서 살다가 그곳에서 시적하였다. 혜간 · 혜서는 어찌 되었는지 알 수 없다.

저들 나라 사람들은 드문드문 거주하고 있었는데 집집마다 문앞에는 작은 탑을 세웠다. 탑의 높이는 2장(丈)쯤 되었다. 4방에는 승방들을 만들고 객승들에게 공급해주었다. 그리고 반드시 여유분을 두었다.

국왕은 법현 등을 승가람에서 묵게 하였다. 그곳은 대승절이었다. 3천명이 넘게 건추식(犍推食 ; 몽·목탁)을 하였다. 식당에 들어갈 때는 위엄과 위의를 갖추고 단정하고 가지런히 하여 정숙하게 차례대로 앉았다.

모두가 정숙하여 밥그릇 소리 하나 나지 않았다. 많고 작고 조용히 하여 사람들은 더 먹을 때도 서로 소리내어 부르지 않고 단지 손가락으로 가르킬 뿐이었다. 혜명·도성·혜달스님은 먼저 갈차국(竭叉國 ; 총령산맥 중 인더스강北, 沙國·小勃律國)을 향해 출발하였다.

법현스님등은 불상 앞에서 수행하는 것을 보고 싶어 석달 동안 머물렀다. 그 나라에는 작은 절을 제외하고도 큰 절만 열네 개나 있었다.

4월1일부터 성 안쪽편 도로를 물뿌려 청소하고 마을과 저잣거리를 단정하게 하고 장엄하게 꾸몄다. 그 성문 위에는 커다란 휘장을 치고 천막을 쳐서 낱낱이 아름답게 장식한 뒤 왕과 부인 채녀들이 그 안에서 살았다.

구마제(瞿摩提寺)에 있는 스님들은 대승을 익히고 있었으며, 왕은 그들을 공경하고 중히 여겼다. 제일 앞에 부처님상이 오는데 3,4리 떨어진 곳에서 세 키가 넘는 네 바퀴 수레차가 성(城)을 떠나온 두 보살이 궁전처럼 꾸미고 불상을 모시고 서 있다. 주위에는 금으로 조각한 귀걸이가 달랑달랑 매달려 있는 시종들도 딸려 있었다.

불상이 성문에서 100보쯤 왔을 때 머리를 구부려 불상의 발에 입맞추고 꽃을 뿌리고 향을 피웠다. 불상이 성에 들어올 때 문 누각 위에서 부인이 멀리서 꽃을 뿌리며 천천히 내려왔다.

이처럼 장엄한 수레들은 모두가 각각 달랐다. 한 절에서 하루씩 행상이 이루어지는데 4월1일 시작하여 14일에야 끝이 났다. 행상이 끝나면 왕과 부인은 바로 궁으로 돌아갔다.

성 서쪽 7,8리에 왕신사(王新寺)라는 절이 있었는데 지은 지 80년이 되었다고 하였다. 3대왕을 거쳐 이루어졌는데 높이 가 25장(丈)은 되었다.

문각(文刻)은 금은으로 조각하고 지붕은 여러 가지 보석으로 덮었다. 탑 뒤에는 불당을 세웠는데 그 불당은 장엄하고 신비스럽고 아름다웠다. 대들보·기둥·집문·창문·들창 모두가 금박으로 되어 있었다.

승방은 별도로 조성하였는데 그 장엄한 것이 아름다웠고 말로는 다 설명할 수 없었다. 영동(嶺東 ; 복건성 동쪽 총령산맥)의 여섯 나라 제왕들(선선·단말·정절·우미·우진·사거)은 소유하고 있는 가장 비싼 보물들로 대부분 공양하고 사람이 쓰는 것은 조금 밖에 되지 않았다. 이렇게 4개월 동안 행상을 하였다.

7. 자합국(子合國)의 반차월사(般遮越師)

4월 행사를 마치고 승소(僧詔) 한 사람은 오랑캐 도인을 따라 계빈[罽賓 ; 신강성 파사(파미르고원) 접경지대]으로 갔다. 법현은 자합국을 향해 길을 걸은 지 25일만에 그 나라에 도착하였는데, 그 나라 왕은 정진하고 있었다.

그곳에는 천여 명의 승려가 대부분 대승을 익히고 있었다. 거기서 15일 동안 머물렀다가 법현 일행은 남으로 걸어서 4일만에 총령산(蔥嶺山 ; 신강성 서남 곤륜산맥 평균 13000m가 넘는 산맥이 연이어 있다)을 넘어 어마국(於摩國)에 이르렀다.
편히 기거하다가 산행한 지 25일 만에 갈차국(竭叉國)에 도착하여 혜경(慧景) 등과 함께 만나 그 나라 왕이 베푸는 반차월사(般遮越師)에 동참하였다.
반차월사는 한국말로 5년 대회라고 하였다. 때마침 4방에서 스님들이 모두 와서 구름 모이듯 하였다. 모임이 이미 장엄하게 되었으니 여러 스님들의 앉은 자리에는 비단깃발 덮개를 달고 금은 연꽃을 붙여서 스님들 자리를 만들어 깨끗한 자리로 포장하였다.

왕과 여러 신하들은 법답게 공양하였는데 한 달 내지 두 달 석 달 동안에 이르러 한 봄을 지냈다.

왕은 모임을 마치고 다시 여러 신하들에게 공양을 설치하도록 권했다. 하루 혹은 이틀 사흘 닷새 동안을 하여 끝을 내었다.

왕이 타는 말과 안장을 사용, 백사람의 시종을 이끌고 나라의 고귀한 어르신들에겐 그 말을 타게 하였다. 아울러 많은 흰 고운 모직과 갖가지 진귀한 보물을 함께 실은 것을 스님들이 필요한 만큼 시주하고 발원하였다.

보시를 마치고 돌아오면 승속간에 모두 떠났다.

그 지대의 산은 추워 다른 곡식들이 자랄 수 없었다. 오직 잘 여문 보리만이 있을 뿐이었다. 대중스님들이 익은 곡식을 받고나면 벌써 서리가 내리므로 왕은 매번 스님들을 위해 보리가 빨리 익기를 원했다. 그러면 스님들은 곧 익은 곡식을 받았다.

그 나라에는 부처님이 쓰시던 타호(唾壺)가 있는데 돌로 된 모양이 마치 부처님 발우와 같았다.

또한 하나의 부처님 치아가 있었는데 1천 명의 스님들이 소승을 익히고 있으면서 세운 탑이었다. 산 동쪽에 사는 속인들은 진(秦)나라 땅의 거친 옷(氈·褐)을 입어 특이하였다. 스님들 법이 성해서 다 기록할 수 없다.

총령이 끝나는데서부터 그 앞에 있는 초목과 물·과일이 모두 특이하였다. 오직 대나무와 석류 같은 것과 감자 세 가지는 한나라 것과 같았다.

8. 총령(蔥嶺)

법현은 여기서 서쪽으로 북천국을 향해 길을 떠났다. 한 달을 걸어서 총령에 닿을 수 있었다. 총령에는 겨울이나 여름이나 눈이 있었다. 또 독한 용이 있어서 만약 그의 뜻을 저버리면 심한 바람을 토하고 비와 눈을 퍼붓고 모래와 조약돌을 날렸다. 이 같은 어려운 처지를 만나면 만명 중 한사람도 온전한 사람이 없었다. 저 나라 사람들을 설산인이라 불렀다.

그 고개를 넘어 끝나는 지점에 이르니 북천축국(기연산)에 이르렀다. 먼저는 작은 나라 타력(陀歷, Duran)이 있는데 소승들이 많이 있었다. 그 나라에 옛날 나한(末田底 ; 아육왕 18년 계빈에 보내 포교한 고승)이 있었는데 그 뛰어난 신통력으로 뛰어난 장인 한 사람을 데리고 도솔천으로 올라가 그 크고 아름다운 모습을 보여주어 3번이나 올라갔다 내려와 미륵보살의 모습이 조각되게 되었다고 하였다.
키가 8장이나 되고 가부좌하고 앉은 다리가 8척이나 되었는데, 재를 지내면 항상 밝은 광명이 비쳤으므로 여러 나라 왕들이 여기 와서 경쟁적으로 공양을 올렸다. 법현도 거기서 그것을 보고 공양을 받았다.

거기서 고개를 따라 서남으로 15일을 걷는데 길은 막히고 절벽이 심했다. 산은 오직 석벽과 언덕이 늘어서서 천길이나 되는 높은 곳에 이르르니 눈이 아찔하였다. 앞으로 나아가고자 하면 발을 떼어놓을 곳이 없었다.

아래로는 신두하(新頭河 ; 인더스강)라는 강이 흐르고 있어 옛사람들이 돌을 뚫고 길을 만들어 사닥다리를 놓았는데 그 길이가 700 계단이나 되었다.

그 사닥다리를 지나고 밧줄을 늘어뜨린 다리를 지나 강을 건넜다. 강 안쪽 언덕 거리는 80보(약 100m) 가량 되었다. 구역에 기록하기를, "한나라 장건(張騫) 감영(甘英, 班超 ; 서역 도호부를 지낸 사람)도 여기에는 이르지 못했다"고 하였다.

여러 스님들이 법현에게 물었다.

"불법이 동으로 건너갔는데 그 시작을 알 수 있겠는가?"

이 땅을 방문한 사람들이 모두 말하기를, "그곳 사람들의 말로는 미륵보살상을 세운 후 천축사문들이 경율을 가지고 이 강을 지나갔다고 합니다. 그 미륵보살상은 부처님께서 열반하신 뒤 300여 년 뒤의 일이므로 주나라 평왕 때(동주, BC. 777)인 것 같습니다."

대저 미륵보살이 석가의 대를 잇지 아니했으면 누가 3보를 펴고 통하게 하였으며, 주변사람들이 이 불법을 알 수 있도록 하였겠는가. 진실로 캄캄한 세상이 밝은 등불을 만난다는 것은 아무나(인간) 해서 되는 일이 아닌 것을 확실히 알았다.

즉 한나라 무제의 꿈도 이렇게 해서 꾸어진 것이다.

9. 오장국(북천축)

강을 건너 오장국에 닿으니 오장국이 바로 북천축(이전원 ; 今 회전지구)이었다. 중천축국어(悉曇語)가 사용되고 있었기 때문에 중국(수도 ; 조선)과 다름이 없었다.

속인들의 의복 음식 또한 중국과 같았다. 불법은 매우 성했다. 대승스님들이 머물고 거처하는 곳을 승가람이라고 불렀다.

무릇 500승가람이 있는데 그들은 모두가 소승을 배웠고, 객승이 오면 누구나 3일간 공양하고 3일이 지나면 안주할 곳을 따로 구했다.

오랜 전설에 의하면 부처님께서 북천축국에 왔다 가셨다고 하였다. 부처님의 유적과 족적이 이곳에 사람들의 생각속에 그대로 남아 있었다.

쇄의석(曬衣石 ; 부처님께서 옷을 말린 돌) 그 돌에 악용처(악한 용을 제도한 곳)를 건너는 것 역시 마찬가지다. 돌 높이는 1장, 길이는 2장으로 4척, 한쪽 변두리는 평평하였다.

혜경 · 혜달 · 도정 3인은 먼저 불영나갈국(佛影那竭國)으로 출발하였고, 법현은 이곳에서(네번째) 여름 안거를 지냈다.

10. 숙가다국(宿呵多國)

안거를 마치고 남으로 내려가 불법이 성한 숙가다국에 이르러 그곳에 머물렀다. 이곳은 옛날 천제석이 시험삼아 보살로 화현하여 매와 비둘기가 되어 그 살을 잘라 비둘기에게 주었다 한 곳이다. 부처님이 이미 도를 이루어 여러 제자들과 더불어 유세하고 다니면서 그렇게 말씀하였기 때문에 그를 기념하기 위해 그곳 사람들이 거기 금은탑을 세웠다.

11. 건타라국(揵陀羅國)과 축찰시라국(竺刹尸羅國)

여기서 법현 등은 동쪽으로 5일간 가 건타위국(간다라국)에 도착하였다. 이곳은 아육왕(불멸 후 100년 경에 태어났던 好佛王)의 아들 법익(法益)이 다스렸던 곳이다. 부처가 보살이었을 때 역시 이 나라에서도 눈을 보시했던 곳이다. 그래서 그곳에 큰 탑을 세워 금은으로 장식하였다.

이 나라 사람들은 대부분 소승을 교습하고 있었다.

이곳으로부터 동쪽으로 7일을 걸어가니 축찰시라(竺叉尸羅)라는 나라가 있었다.

축찰시라란 한나라 말로 머리를 자른다는 뜻이다. 부처가 보살이었을 때 이곳에서 머리를 사람에게 보시했기 때문에 붙여진 이름이다.

일행은 다시 동쪽으로 걸어서 이틀만에 투신위아호처(주린 호랑이에게 몸을 보시한 곳)에 이르렀다.

이 두 곳 역시 큰 탑을 세워서 많은 보물로 장식하였다. 여러 나라 왕과 신하가 백성들이 다투어 공양하고 꽃을 뿌리고 연등을 켜며 서로 이어감이 끊이지 않았다.

또 두 탑이 있었는데 앞의 두 탑과 함께 이 지방 사람들은 이를 일러 4대탑(숙가라국의 割肉塔, 건타위국의 捨眼塔, 축살시라국의 頭施塔, 이곳의 餓虎塔)이라고 불렀다.

12. 불루사국(佛樓沙國)

건타라국으로부터 남쪽으로 4일 동안 걸어서 불후사국(지금의 페사와르, 布路沙布羅城, 佛沙伏城)에 닿았다. 부처가 옛날 여러 제자들을 이끌고 이 나라를 유세하시며 아난에게 말했다.

"내가 열반에 든 뒤에 카니시카왕이 나타나 이곳에 탑을 세울 것이다."

과연 카니시카왕이 사냥갔다가 소치는 아이가 탑 세우는 것을 보고 그곳에 탑을 세웠다.

왕이 물었다.

"너는 무엇을 만들고 있느냐?"

"불탑을 만들고 있습니다."

"매우 좋은 일이다."

왕이 즉시 소아탑 위에 큰 탑을 세우니 그 높이가 40여장이

나 되고 많은 여러 가지 보석으로 장식하였다. 무릇 지금까지 있는 탑 가운데서는 이보다 더 장엄하고 화려한 탑이 없었다.

전하는 바에는 염부제의 탑 중에서 오직 이 탑이 제일이라고 하였다. 왕의 탑이 완성되자 높이 3척 가량의 작은 탑이 바로 그 곁에 나타났다.

부처님 발우도 바로 이 나라에 있었다. 옛날 월씨국왕이 병사들을 크게 일으켜 발우를 취하고자 이 나라를 쳤다고 한다. 그러나 이미 이 나라를 굴복시키고 난 후에는 월씨국왕은 독실하게 불자가 되었으므로 발우를 빼앗아 가지 않고 모시고 가고 싶어하였다. 그 때문에 왕은 크게 공양을 베풀었다. 3보께 공양을 마치고 이내 큰 코끼리를 장식하여 발우를 그 코끼리 위에 올려놓자 즉시 코끼리가 땅에 엎드려서 앞으로 나아가지 않았다. 다시 네 바퀴 수레를 만들어 발우를 싣고 여덟 마리 코끼리가 함께 끌려 하였으나 다시 앞으로 나아갈 수 없어 왕은 발우와 연(緣)이 닿지 않음을 알고 심히 스스로 부끄럽게 여겨 탄식하며 곧 그 자리에 탑과 승가람을 세우고 수위를 두어 지키게 하였다. 그리고 700여 명의 스님을 거주케 하여 갖가지 공양을 올렸다. 대중스님들도 공양을 하고자 할 때는 신도들에게 발우를 보내서 갖가지 공양을 올린 뒤 공양을 하였다. 해가 져서 향을 피울 때도 마찬가지였다.

부처님 발우는 그 용량이 2되 가량이 있었고, 흑색이 짙은 잡색이었다. 4방이 분명하고 두께는 2푼 정도 광택이 났다.

가난한 사람들은 꽃을 조금만 넣어도 발우에 가득찼다. 큰 부자들은 많은 꽃을 공양하고자 하여 백천만곡을 넣어도 끝내 채워지지 않았다.

보운과 승경은 단지 불발에만 예배하고 곧 돌아왔다. 혜경·혜달·도정은 나갈국을 향해 먼저 가서 부처님과 부처님 치아와 정골에 공양하였다. 그런데 혜경은 병에 걸려 도정이 간호하였다. 혜달 한 사람만 불루사국에 돌아와서 서로 보게 되었다.

그리고 혜달·보운·승경은 마침내 진(秦)나라로 돌아갔고, 혜경은 불발사에서 죽었다.

13. 나갈국(那竭國)

이로 해서 법현은 혼자서 불정골(佛頂骨)이 있는 곳으로 향했다. 서쪽으로 16일 가서 곧 나갈국 경계에 있는 혜라성(醯羅城, Kila ; 현 Hadda)에 도착하였다. 그 성에 불정골정사(佛頂骨精舍)가 있었다. 모두 금박과 칠보로 장식되어 있었다. 국왕은 정골을 공경하고 중히 여겨 사람들이 훔쳐 탈취해 갈까 염려하였다.

이내 나라에서 여덟 사람을 택해서 각기 도장 하나씩을 지니고 도장마다 봉인(封印)을 해서 보호했다. 이들은 아침 일

직이 함께 정사에 와서 각각 자신의 도장을 보고 난 연후에
문을 열었다.

문 여는 것이 끝나면 향즙(香汁)으로 손을 씻고 부처님의
정골이 안치되어 있는 상자를 바깥으로 모셔 칠보장식의 둥근
돌로 된 높은 좌석 위에 앉혔다.

불정골은 산 모양으로 생긴 돌 아래에 유리 보석을 종처럼
만들어 덮었는데, 모두 진주와 고운 구슬들로 장식되어 있었
다. 뼈는 황색과 백색이고 네모나고 둥글며 4촌쯤 되고 맨 위
쪽은 우뚝 솟아 있었다.

매일 정사를 나온 후 그 사람은 높은 누각에 올라 큰 북을
치고 소라를 불고 동으로 만든 동발을 두들겼다.

왕이 다 듣고 나서 정사에 와서 꽃과 향을 올리고 공양하였
다. 공양이 끝나면 왕과 신하 차례로 예배하고 떠났다.

동쪽 문으로부터 들어와서 서쪽 문으로 나갔다. 왕은 매일
이와 같이 공양 예배한 연후에 국정을 청취했다. 거사와 장자
역시 먼저 공양하고 이내 집안일을 다스렸다. 매일 처음같이
하여 게으름을 피우거나 고달퍼함이 없었다.

이렇게 하여 모두 공양이 끝나면 이내 정골을 정사 안으로
돌려보냈다. 그 안에는 칠보해탈탑(七寶解脫塔)이 있었는데,
혹은 열려 있거나 혹은 닫혀 있었다. 높이가 5척 정도 되었다.
정사 문 앞에는 아침마다 항상 꽃과 향을 파는 사람들이 있어
서 무릇 공양하고자 하는 사람들이 갖가지 꽃과 향을 샀다.

여러 나라 왕들도 항상 사신을 보내어 공양하였다. 이 정사가 있는 곳에서 사방 40보 내외서 지진이 일어나는데도 이곳만은 움직이지 않았다.

14. 곡구(谷口)

여기서 북쪽으로 한참 가면 나갈국성에 이르렀다. 이곳이 바로 보살이 옛날에 은전으로 다섯 가지의 꽃을 사서 연등부처님께 공양한 정광불처(定光佛處)다.

성 가운데에는 역시 부처님 치아를 모시는 탑(佛齒塔)이 있었다. 공양하는 것은 정골탑에서 하는 법과 같았다.

성에서 동북쪽으로 하룻길을 가니 한 곡구에 나왔는데, 거기에는 부처의 석장(佛錫杖)이 있었다. 사람들은 여기에도 정사를 세워 공양하였다.

그 석장은 우두전단으로 만들었는데 손잡이를 소의 머리 형상으로 하고 길이가 6, 7척이 넘었으며, 이 전단나무 지팡이는 나무통에 넣었는데 백천 사람이 들어도 옮길 수 없었다.

계곡입구로 들어가서 서쪽으로 4일간 가니 부처님의 승가리정사가 있어 공양하였다. 땅이 극히 가뭄이 심할 때는 그 옷을 꺼내 하늘에 예배공양을 하면 즉시 큰 비가 내린다 하였다.

나갈성 남쪽으로 반유순쯤 가서 석실이 많이 있는 산이 있었는데 그 가운데에 서남쪽으로 부처의 그림자(留影)가 있었다. 10여보를 물러서니 보니 마치 부처의 진짜 모양을 보는 것같이 금색 상호가 뚜렷이 빛나 마치 불꽃처럼 빛났다. 가까이 가서 자세히 살펴보면 점점 희미해지지만 그래도 그 미세한 부분까지도 흡사하였다.

여러 나라 왕들이 장인들과 화공들을 보내어 그대로 모방해 그리려 했으나 잘 그려지지 않았다. 그 나라 사람들에게 전해오는 바로는 "천불(千佛)이 모두 이곳에 그 모습을 나타낸다" 하였다.

이 그림자(影) 서쪽으로 4백보 남짓 된 곳에 부처님 계실 때 머리카락을 깎고 손톱을 깎아 부처자신이 여러 제자들에게 주어 함께 탑을 조성했다고 하는데, 높이가 7,8장이 되었다. 탑의 뿐이 되었다고 한다.

그 옆에는 절이 있는데 700여명 스님들이 있었다. 이곳에도 천여개의 나한 벽지불탑(羅漢 辟支佛塔)이 있었다. 여기서 겨울 석달을 머무른 후 법현 등 3인(혜경과 도정)은 남쪽 소설산으로 갔다.

15. 라이국(羅夷國)과 발라국(跋羅國)

설산에는 겨울이나 여름에도 눈이 쌓여 있었다. 산 북쪽 응달진 가운데서 찬바람을 만나고 폭풍이 일어나 사람들은 모두 입 다물고 전진하였는데, 혜경 한 사람은 견디지 못하여 다시 앞으로 나아갈 수 없었다. 입에서는 하얀 거품이 나왔다. 법현에게 말하였다.

"나는 살아날 것 같지 않으니 스님이나 빨리 떠나시오. 우물쭈물 하다가는 모두 함께 죽을 것 같습니다."

그리고서는 그는 이내 죽었다. 법현은 그를 어루만지며 비통하게 불러댔다.

"혜경스님, 혜경스님—."

우리들의 본래 목적을 달성하지 못했는데 이런 곳에서 죽는다면 어찌 하겠습니까 하고 통곡하였다.

다시 그는 힘을 내어 앞으로 산령을 거쳐서 서쪽 라이국(인더스강 西岸 Kurram강의 南岸. 현 rakky)에 도착했다.

여기에는 거의 3천 스님이 있었는데 모두 대·소승을 겸하여 공부하고 있었다. 이곳에서 여름안거를 하였다.

여름안거를 마치고 남쪽으로 내려가 10일을 걸어서 발라국(카릴라·북인도·중인도·신도국의 교차점)에 도착하였다.

여기에도 역시 3천여 스님들이 소승을 교습하고 있었다. 이로부터 동쪽으로 3일을 가서 다시 신두하(新頭河)를 건넜다. 양쪽 언덕이 모두 평지였다.

16. 인디스강(新頭河)과 비다국(毗荼國)

신두하(新頭河)를 건너 마두라를 지나고 포나하(蒲那河)를 건넜다. 무릇 사막과 강이 끝나는 곳 서쪽에 천축의 여러 나라가 있었다. 여기서부터 이남을 중국(中天竺國)이라고 불렀다.

그들은 진(秦)나라 땅에서 사람이 온 것을 보고 이내 크게 애처럽게 여겼다.

"어찌 변두리 사람들이 출가하여 불법을 구하고자 먼 길까지 오셨습니까."

하면서 필요한 모든 것을 공급하여 법에 따라 대접해주었다.

이로부터 동남으로 80유연을 지나가니 가는 곳마다 여러 절들이 많았고 승려와 대중들이 수만을 헤아리게 되었다. 이 여러 곳을 지나 이미 어느 한 나라에 도착하고 보니 나라 이름이 마두라(摩頭羅 ; 孔雀密善, Muttra. 현 Jumna河 西岸)였다. 그리고 포나하(蒲那河, Yamuna ; 현 yamuna)를 지났다.

강의 좌우에는 20채의 승가람이 있었는데, 가히 3천을 헤아리는 승려가 있었고 불법이 아주 성했다. 무릇 사막과 강이 끝나는 곳 서쪽에 천축의 여러 나라가 있었다.

국왕은 모두 독실하게 불법을 믿었으며, 여러 스님들에게 공양할 때는 왕은 천관을 벗고 여러 종친들과 군신들은 손으로 각자 식사를 하였다.

식사가 끝나면 방석을 땅에 펴고 상좌의 앞자리에 앉았다.

왕은 대중스님들 앞에서는 감히 앉아서 잠들지 않았다.

부처님 계실 당시 여러 왕들이 공양하던 법식이 서로 전해져 지금에 이르고 있었다.

여기서부터 이남을 중국(중인도)이라고 이름하였다. 중국은 춥고 더운 것이 조화를 이뤄 서리와 눈이 없었다. 백성들은 풍성하고 즐거웠으며, 호적을 관리하는 법이나 관청이 없었다.

오직 왕의 땅을 경작하여 땅의 세금을 바칠 뿐이었다. 떠나고 싶으면 곧 떠나고 머물러 살고 싶으면 곧 살았다.

왕은 다스리되 형벌로서 목베는 형은 쓰지 않았다.

죄 있는 자는 단지 그 일의 가볍고 무거움에 따라서 금전으로 물게 하는 벌을 주었다.

비록 다시 모의하여 악한 역적을 행하더라도 오른쪽 손을 절단할 뿐이었다.

왕을 시중하고 호위하는 좌우는 모두 공록(供祿)을 받았다. 전국에 걸쳐서 사람들은 실제로 살생을 하지 않고 음주하지 않고 마늘 파를 먹지 않았다.

오직 전다라(旃茶羅)만은 제외되었다. 전다라는 악인을 이름하는 것이었다. 그는 다른 사람과는 따로 살았다. 성안에 들어오면 나무를 툭툭쳐서 자신을 특이해 보이게 했다. 그러면 사람들은 그를 알아보고 서로 부딪치는 것을 피했다.

이 나라에서는 돼지와 닭을 기르지 않고 살아 있는 동물을 팔지 않았다. 시장에도 도살이 없고 세금도 없었으며 술을 사고파는 일도 없었다. 물건을 바꿀 때는 조개와 치아를 사용했다. 유일하게 전다라만이 고기 잡고 사냥하는 사람(漁獵師)으로 고기를 팔았다.

부처님께서 반열반(佛般泥洹)에 드신 뒤 여러 국왕과 장자

거사들이 스님이 되고 정사를 세우고 공양하게 되었다. 왕은 밭과 집과 절을 공급하고 민가에는 소와 송아지를 공급하여 백성들에게 밭갈게 하였다. 철로 된 책에 이러한 일들을 기록하여 후에 왕들에게 이어져 감히 폐하게 되지 않게 하였다. 이는 지금에까지도 끊이지 않고 이어져 오고 있다.

여러 스님들은 방과 절 마루에서 머물러 살았으며, 마시고 먹고 입고 사는데 전연 부족함이 없었다. 어느 곳을 가도 마찬가지였다. 여러 스님들은 늘 공덕을 업으로 삼았다. 그리고 경전을 염송하고 좌선을 하였다.

객승이 오면 오래된 승려가 영접하였다. 번갈아서 옷과 탁발을 담당하고 발씻을 물을 주고 발에 바를 기름을 주었으며, 끼니때가 아닐 때는 미음을 주었다. 잠시 휴식이 끝나면 다시 그의 법랍 연수를 물어 차례대로 방을 구해 침구를 갖추어 주었다. 이런 일들은 갖가지 율법에 맞추어 행했다. 여러 스님들이 주처하는 곳에 사리불탑(舍利佛塔)을 세우고 목련·아난탑과 아울러 아비담 경률탑(阿毗曇 經律塔)을 세웠다.

법현 등은 안거한 지 한달 후부터서는 복을 구하는 신도들을 교화하여 스님을 공양하게 하였다. 비시(非時)에는 미음을 주었다. 여러 스님들이 많이 모여 법을 설했으며, 설법이 끝나면 사리불탑에 공양하였다. 갖가지 향을 피우고 밤새 연등을 켰다. 재주있는 사람으로 하여금 사리불이 재가시 출가했던 모습을 재연하고 대목련과 대가섭이 출가할 때 모습도 연출하였다.

　여러 비구니스님들은 대부분 아난탑에 공양하면서 세존께 청하기를, "여인들이 출가하도록 경청하여 주시옵소서" 하는 의식을 재현하고, 여러 사미들은 대부분 나한전에 공양하였다.
　이를테면 아비담사(阿毗曇師)는 아비담에 공양하고, 율사는 율에 공양하였다. 해마다 한번 공양하는데 각자 날이 있었다. 마하연인(대승수행자)은 반야바라밀이나 문수사리·관세음 등에 공양하였다.

　여러 스님들은 하안거(受歲)를 마치면 장자·거사·바라문들이 각각 사문과 스님들께 보시할 재료인 의복과 물건들을 가지고 왔다. 여러 스님들 역시 스스로 보시하였다.

　이와같이 부처님께서 열반에 드신 뒤에도 성스러운 대중들이 행하는 위엄과 의식 법칙이 서로 이어져 옴이 그치지 않았다. 신두하를 건너서 남천축까지 남해 4,5만리에 이르도록 모두 평탄하고 큰 산천이 없었고, 오직 강줄기만이 멈추게 했다.

17. 승가시국(僧伽施國)과 계요이성(罽饒夷城)

　이로부터 동남으로 걸어 18일이 지나니 승가시(劫比羅國. 현 Etah지방 Samkisa)라는 나라에 닿았다.

부처님이 도리천에 올라가서 어머님을 위하여 설법하고 내려온 곳이다. 부처님은 도리천에서 신통력으로 여러 제자들이 모두 알지 못하게 하였다. 3개월 전 7일 앞서 신통력으로 이러한 사실을 알렸다. 아나률이 천안으로 멀리 서 보고 존자가 대목련에게 말했다.

"그대가 가서 세존에게 문안을 여쭐 수 있겠는가."

목련이 즉시 가서 머리를 조아려 부처님 발에 예경하고 서로 문안드리고 나니 부처께서 목련존자에게 말씀하였다.

"나는 7일 후에 마땅히 염부제에 내려갈 것이다."

목련이 돌아왔다. 이때 8개국 대왕과 여러 신하와 백성들은 부처님을 못뵌 지가 오래 되어 모두 갈망하고 앙망하였으며, 이 나라에 모두 모여서 세존을 기다렸다.

이때 우발라(연화색) 비구니는 곧 스스로 생각하였다.

"오늘 국왕과 신하와 백성들이 모두 부처님을 맞아 당연히 받들게 될 것이다. 내가 이 여인이 어떻게 부처님을 먼저 뵐 수 있겠는가."

이렇게 마음속으로 생각하고선, 곧 불가사의한 신통력을 발휘하여 전륜성왕의 모습으로 제일 먼저 부처님께 예경했다. 부처님은 도리천에서 아래를 향해 내려오실 때 삼도 보배계단 가운데 길 칠보 계단을 타고 오셨다.

범천왕은 백은 계단으로 오른쪽에서 먼지 터는 하얀 채(拂子)를 들고 부처님을 모시고, 천제석은 자주색 금계단으로 왼쪽에 칠보 양산을 들고 부처님을 모시고 내려왔다. 하늘에서는 무수한 천인들이 부처님을 따라 내려왔다. 부처님은 이미 세 계단을 내려서자 모두 땅에 묻혀 버리고 칠보계(七寶盖)만 남아있었다.

후에 아육왕이 그 근원을 알고 싶어 가까이 있는 사람들을 보내 널리 파보았으나 아래로 황천 끝까지 파도 끝이 없었다. 왕은 더욱 믿고 공경하여 계단위에 정사를 세웠다. 가운데 계단에는 6장(丈)이 되는 입상을 세우고 정사 뒤에는 돌기둥을 세웠는데 높이가 30주(肘 약60m)였다. 위에는 사자를 세웠다. 기둥 안에는 4방으로 불상이 있었다. 안밖으로 빛나 투명하고 깨끗한 것이 유리와 같았다.

외도의 스승과 논사, 사문들이 이 주처에 관해 다투었다. 그때 사문이 굴복했는데, 이때 맹서하는 말을 세우기를 이곳이 만약 이 사문의 주처가 된다면 지금 마땅히 영험이 있을 것이다. 이 말이 끝나자 기둥머리 사자가 이내 큰 소리를 내어 증명해 보였다. 이때 외도는 두려운 마음으로 엎드려 물러났다. 부처는 하늘음식을 3개월 동안 받았기 때문에 몸이 하늘 향기를 내며 세상 사람들과는 같지 않았다. 그래서 몸을 씻었다.

뒤에 사람들은 이곳에 욕실을 지었다. 욕실이 지금도 있는 것 같다. 우발라 비구니가 처음 부처님께 예를 올린 곳에도 지금에는 역시 탑이 세워져 있다. 부처님 재세시 자른 머리카락과 손톱이 있는 탑을 만들고 및 과거 3불(비바시·시기·바사부불 ; 구류손·구나함·가섭·석가 7불중 뒤에 3불)이신 석가문불이 좌처하던 곳과 경행(산책)하던 곳, 그리고 여러 부처 상을 만든 곳에 모두 탑이 세워졌다.

지금 실제로 천제석 범천왕이 부처를 따라 내려온 곳이 있는 곳에도 역시 탑을 세워놓았다. 이곳에는 스님들과 비구니가 가히 천여명이나 있었는데 모두 같이 밥을 먹었으며, 대승과 소승이 섞여 있었다.

주위에는 한 마리 하얀 귀를 가진 용이 있어 대중스님들을 위해 시주함으로써 나라안이 풍성하고 곡식이 잘 익고, 비가 연못에 가득 내려서 내내 여러 재해가 없도록 했고, 여러 스님들도 평안하게 했다.

여러 스님들은 그 혜택을 고맙게 생각했기 때문에 용사(龍舍)를 지어서 용을 모셔 놓고 또한 용을 위해 음복할 식사를 공양하도록 갖춰 놓았다.

여러 스님들은 매일 스님들을 따로 차등하여 3인씩 식사에 맞춰 용사에 도착케 하였다. 매번 여름 안거를 마치게 되면 용이 문득 한 마리 작은 뱀으로 변하였다.

그 뱀은 양쪽 귓가가 흰색이었으며 여러 스님들은 그것을 알았다. 동 밥그릇에 소지를 담아서 용이 있는 곳에 놓으면 그 뱀이 상좌로부터 하좌까지 그릇을 가지고 다니는 것이 마치 물어보고 알리고 다니는 것과 같았다. 두루두루 돌아다니고 나서는 그 뱀은 떠나갔다. 그렇게 해마다 한번씩 뱀이 출현한다 하였다. 그 나라는 풍요로웠고 백성들은 열심히 경작하고 무척 행복했으며 이에서 비할바가 더 없었다. 여러 나라 사람들이 왔으나 그들이 필요로 하는 물건을 관리하는 경리가 없었다.

절 북쪽으로 50유연을 지나서 대분사(大噴寺 ; 火境)이라는 한 절이 있었는데, 대분은 악귀의 이름이었다. 부처님께서 본래 악귀을 제도한 인연으로 뒷날 사람들이 이 자리에 정사를 세우고 아라한에게 보시하였던 것이다. 부처님께서 손을 씻으실 때 그 물방울이 땅에 떨어진 곳이 있는데 그 자리가 아직도 남아 있었다. 그곳은 늘 깨끗이 소제하지만 그 물방울이 떨어진 자욱은 없어지지 않고 있었다. 이곳에도 따로 불탑이 세워져 있었다. 착한 귀신이 항상 처음처럼 청소하여 처음부터 사람의 힘을 빌리지 않았다.

어떤 사악한 자(국왕)가 나타나 말하였다.
"그대가 그렇게 청소를 잘한다면 내가 여러 장병과 여러 스님들을 거처하게 하여 이곳에 똥과 오줌, 더러운 것이 가득차게 해 놓으면 그대는 그것들을 다시 없앨 수 없을 것이다."
하였는데, 그 귀신이 즉시 큰 바람을 일으켜 그 더러운 것들을 빨아들여서 깨끗하게 하였다고 한다.

이곳에는 100개의 작은 탑이 있었다. 그런데 사람들이 하루 종일 세어 보아도 그 숫자를 알 수 없었다. 만약 꼭 알고 싶다면 탑 하나 곁에 한 사람씩을 두고 나서 다시 사람 수를 세는 것이었는데, 사람이 혹 많기도 하고 작기도 하여 그 역시 알 수 없었다.

한 승가람에는 약 6,7백 스님이 있었다. 이 가운데에는 벽지불이 식사하던 곳이 있었는데 그 땅의 크기가 수레바퀴만 했는데 그곳을 제외한 나머지 곳에는 풀이 나 있었다. 이곳에서만은 사람이 살지 못했다. 옷을 말렸던 곳도 역시 초목이 자리지 않았다. 옷이 땅에 깔렸던 자리가 지금도 과거가 현재처럼 남아 있었다.

법현은 용정사에서 머무르면서 여름 안거를 하였다. 여름 안거를 마치고 동남으로 7유연을 가서 계요이성(罽饒夷城 ; 葛那及, 羯羅鞠闍, Kanaui)에 도착하였다. 성은 항수(갠지스강)에 접해 있었고 두 승가람이 있었는데 모두 소승을 교습하고 있었다. 성을 떠나 서쪽으로 67리에 있는 항수 북쪽 언덕은 부처님께서 여러 제자들을 위해 설법한 곳이었다. 여기에도 탑이 세워져 있었다.

18. 사기대국(沙祇大國)과 사위성(舍衛城)

항하수 남쪽으로 3유연을 가서 가리(呵利)라고 하는 한 촌에 닿았다. 부처님께서 여기서 법과 경을 설하고 좌정한 곳으로 모두 탑이 세워져 있었다. 이곳으로부터 동남 10유연을 가서 사기대국(沙祇大國)에 도착한다.

사기성을 나와 남문길 동쪽에는 부처님께서 옛날 있었던 자리였는데, 벌레먹은 회양나무 가지가 땅속으로 뻗어서 자라 키가 7척으로 늘지도 줄지도 않고 있었다. 여러 외도 바라문들이 질투하여 나무를 베어내고 혹은 뿌리를 뽑아내서 멀리 버렸는데도 그곳에서 옛처럼 그대로 자라고 있었다.

이 가운데 또한 네 분의 부처가 참선하고 산책하던 곳이 있었는데, 탑을 세워서 지금도 남아 있다.

이로부터 남쪽으로 8유연을 가서 구살라국(拘薩羅國) 사위성(舍衛城)에 닿았다. 성 안에는 백성이 적고 넓은 도시에는 2백여 가구가 있었는데, 파사닉왕이 그 성을 다스린바 있었다.

대애도의 옛 정사처가 있던 곳, 수달장자와 정벽(井壁), 앙굴마(鴦掘魔)가 득도한 곳, 몸을 불살라 반니원(般泥洹)에 든 곳에 각각 뒷사람들이 탑을 세웠는데 그 탑이 그 성안에 있었다. 외도 바라문이 질투하여 그 탑을 훼손하고자 하니 하늘이 즉시 뇌성벽력을 쳐서 끝내 파괴할 수 없었다.

성을 나와 남문 1200보 되는 길에 장자(長者) 수달이 정사를 세웠다. 정사 동쪽으로 집문을 열면 양쪽 행랑에 두 돌기둥이 있었다. 왼쪽 기둥 위는 바퀴 모양으로 되어 있고, 오른쪽 기둥 위에는 소 모양으로 만들어져 있었다. 연못물은 맑고 깨끗하며 수풀로 흘러가서 나무가 항상 무성하였다. 여러 가지 화려하고 특이한 색깔의 초목이 우거진 모습이 볼만 하였다. 여기가 바로 기원정사였다.

부처님께서는 도리천상에서 어머니를 위하여 90일을 설법하러 가셨다. 바사닉왕은 생각하기를, 부처님을 본래대로 우두전단으로 불상을 만들어 부처님께서 앉아 계시던 곳에 놓게 하였다. 그런데 그 불상이 부처님께서 뒤에 돌아와 정사에 들어오니 즉시 피해 나와서 부처님을 영접하였다.

부처님께서 돌아와 좌정하고 말씀하였다.

"내가 열반에 든 뒤에 사부대중을 위해 법식을 만들어라."

하니 불상은 즉시 그 자리에 돌아와 앉았다.

이 불상은 많은 불상 가운데 최고의 불상의 시작인 바, 뒷날 사람들이 본받은 바가 되었다.

이 불상은 여기에서 남쪽 변두리 작은 정사에 옮겨졌는데 다른 곳과의 거리는 20보였다.

기원정사는 본래 7층이었다. 여러 나라 왕들과 백성들은 다투어 공양을 지었으며 수놓은 깃발 덮개를 매달고 꽃을 뿌리며 향을 피우고 연등을 계속 밝히는 일이 매일매일 끊이지 않앉다. 그런데 쥐가 그 동심지를 갉아먹어 그 심지가 화려하게 나부끼는 덮개를 태워 드디어 7층 정사가 타버렸다.

여러 나라 왕과 백성들은 전단상이 이미 타버렸다고 크게 비통해 하고 걱정했다. 4,5일을 보낸 후 동쪽 작은 정사 집 문을 여니 홀연히 본래의 불상이 있었다. 모두 크게 기뻐하였다. 정사를 다듬는데 많은 돈이 들었다. 돌아와서 불상을 본래 장소로 옮겼다.

법현과 도징은 처음으로 기원정사에 도착했다. 법현등은 옛날 세존께서 이곳에 25년 동안 계셨던 것을 생각하였다. 스스로 변방에 태어나 여러 뜻을 같이 하는 사람들과 함께 여러 나라를 돌아다녔는데 그 중에는 혹은 돌아간 사람도 있고, 또는 함께 머물지 못하는 사람도 있어 오늘 바로 이 부처님을 보려 하니 자리가 텅빈 것 같아 서럽고 비통한 마음을 가눌수가 없었다.

그 때 저들 스님들이 나와서 법현에게 물었다.

"그대들은 어느 나라로부터 왔는가?"

"한(漢)나라에서 왔습니다."

하니 그 승려가 탄식하며 말하기를,

"기이하도다. 변두리 땅 사람이 법을 구하기 위해서 여기까지 왔구나."

하고 그 스님이 스스로 말하였다.

"기특하다. 우리는 여러 스승과 화상(和尙)들을 위로부터 본받아 서로 이어 내려온 이래 아직까지 한나라에서 도인이 여기까지 온 것은 보지 못했다."

이 말을 들으니 더욱 감격하여 눈물이 그치지 않았다.

정사로부터 서북 4리에는 '눈을 떴다'라고 부르는 숲이 있었다. 원래 500명의 맹인들이 이 정사를 의지하여 살았는데 부처님이 설법함에 모두 눈을 뜨게 되었다. 맹인들이 환희에 차서 지팡이를 땅에 꽂고 머리와 얼굴을 땅에 대고 절을 했다. 그러나 그 지팡이가 곧 살아서 크게 자라났다. 세상 사람들은 그 나무를 소중히 여겨 감히 베는 사람이 없었으니 그 나무는 곧 숲을 이루게 되었다. 이와 같은 사연으로 득안(得眼)이라는 이름으로 부르게 된 것이다. 기원정사의 여러 스님들 가운데는 식후 대부분이 그 숲으로 들어가 주석하며 좌선했다.

기원정사 동북 67리에 있는 비사카모(毗舍佉母)가 부처님과 스님들에게 청하여 이 정사를 지은 것이 현재까지 남아 있었다.

기원정사 큰 정원은 두 개의 문으로 분리 되어 있었다. 그하나는 동향이고 또 하나는 북향이었다. 이 절은 바로 수닷다 장자가 금전을 내서 산 곳이었다. 정사 중앙에는 부처님께서 주석한 곳이 있었는데, 이곳이 가장 오래된 곳이었다. 설법하고 사람을 제도하며 참선하고 산책하고 좌선했던 곳에는 역시 다 탑을 세웠는데 모두 이름이 있었다.

손타리가 몸을 죽여 가면서까지 부처를 비난한 곳이 있었다. 기원 동문을 나와 북쪽으로 70보 가서 길 서쪽에 부처님이 계셨는데, 옛날 96종의 외도와 논의하시고, 국왕·대신·거사·백성들이 모두 모여 법을 들었던 곳이다.

이때 친차마나(旃遮摩那)라는 외도녀가 질투심이 일어나 이내 복부를 옷으로 쌓아 마치 임신한 것처럼 보이게 하고 대중회의 중에 부처를 비방함으로써 법을 부정하였다. 이때 천재석이 즉시 흰쥐가 되어서 그 여자 허리띠를 이빨로 썰고 끊어서 복부에 지녔던 옷이 땅에 떨어졌다. 즉시 그 땅이 갈라지고 파렬되어 생으로 지옥에 빠져 들어갔다. 또 조달이 독 손톱으로 부처를 해치고자 하다가 생으로 지옥에 빠져든 곳도 있었다.

뒷날 사람들이 그것을 표시하여 알게 해놓았다. 또한 그 논의처에도 정사를 세워 정사의 높이가 6장이 더 되었다. 그 안에는 앉아있는 부처님이 있었다.

그 길 동쪽에 외도들이 살던 천사(天祠)가 있었는데 영복(影覆)이라고 이름하였다. 논의처와 정사의 좁은 길이 서로 맞대고 있었는데, 이 또한 높이가 6장이 더 되었다. 절 이름이 영복이라고 한 것은 해가 서쪽에 있을 때 세존정사 그림자가 외도천사를 비췄기 때문이다.

해가 동쪽에 있을 때는 외도천사 그림자가 북쪽을 비추어 종일토록 부처와 정사를 비췄다. 외도는 항상 사람을 보내어 그 천사를 지키게 하였다. 물로 청소하고 향을 피우고 연등을 켜 공양하였다. 다음날 아침이 되면 그 등은 갑자기 옮겨져서 불정사 안에 있었다. 바라문이 성내어 말하였다.

"여러 스님들이 우리 등을 취하여 자기네 부처를 공양하고 있다."

이에 바라문이 밤에 스스로 천신이 하는 일을 보게 되었는데, 천신은 등을 들고 부처님 정사를 세 번 돌고 부처에게 공양이 끝나자 홀연히 사라져 버렸다. 바라문이 이내 부처님 정신이 대단함을 알고 즉시 집을 나와 입도(入道)하게 되었다.

전하는 바에는 이 일이 있은지 얼마 되지 않았다고 했다.

기원정사 주변을 싸고 있는 승가람이 98개가 있었는데 모두 승려가 주석하고 있었고 오직 한 곳만이 비어 있었다. 이 나라에는 96종의 외도가 있었는데 모두 금세와 후세를 알았다. 각 그 무리(승려)들도 역시 모두 밥을 빌어서 먹었으나 단 발우를 지니지 않았다.

그리고 또 다시 복을 구하러 넓은 길 측면에 복덕사를 세웠다. 집과 마루와 쉴곳과 음식을 길을 가는 행인과 출가인과 오고 떠나는 객에게 공급해 주었다. 다만 그는 모이는 것이 특이할 뿐이었다. 조달(데바닷다) 역시 거기 소속된 승려가 있어서 과거 삼불을 공양했다. 오직 석가문불에만 공양하지 않았다.

사위성 동남 4리에 있는 유리왕이 사위국을 정벌코자 하였는데, 세존이 그때 길옆에 서 계셨다. 세존이 서 계셨던 그곳에도 탑이 세워져 있다.

법현등은 사위성 서쪽 50리에 도유(都維)라고 하는 한 읍에
도착했는데 이곳이 가섭불(釋迦佛)이 옛날 태어난 곳이었다.

부자가 서로 만난 곳과 반니원처에 모두 탑을 세웠다. 가섭
과 여래 전신사리가 있는 곳에도 큰 탑이 서 있었다.

사위성을 따라서 동남으로 12유연을 가서 나미가라는 한 읍
에 당도 하니 곧 이곳이 구루진불(拘樓秦佛)이 태어난 곳이었
다. 부자가 서로 만난 곳과 반니원처에도 역시 승가람이 있었
고 탑이 세워져 있었다.

이곳에서 북쪽으로 1유연을 못가서 한 읍에 도착했는데 바
로 여기가 구나함모니불(俱那含牟尼佛)이 태어난 곳이었다.

19. 까필라국(伽維羅衛國)

여기서 동쪽으로 1유연을 조금 못가서 가유라위성(伽維羅衛
國)에 닿았다. 성안에는 왕도 백성도 모두 없었다. 고을이 심
히 황폐한 것 같았다. 단지 대중스님들과 민가 수십 채가 있
을 뿐이었다. 백정왕의 옛 궁터에 태자 어머니 형상이 있었으
며, 태자가 하얀 코끼리를 타고 어머니 태장에 들어가 있을
때, 태자가 성문을 나와 병든이를 보고 수레를 돌려 돌아온
곳에 모두 탑을 세웠다.

가이(呵夷 ; 선인)가 태자의 상을 본 곳과 난타 등이 코끼리를 두드리며 화살을 쏘고 있는 곳과, 화살 끝에서 동남쪽 거리 30리쯤에 땅에 들어가서 우물이 쏟아져 나온 곳이 있었다. 후세 사람들이 이 우물을 수리하여 행인들로 하여금 마시게 하였다 한다.

부처가 돌아와 부왕을 알현한 곳, 500명의 석가족 자제들이 출가하여 우바리를 향하여 예를 올렸는데 그 땅이 6종으로 진동한 곳, 부처님께서 천인들을 위해 설법하고 있을 때 사천왕이 4문을 지켜 부왕께서 들어갈 수 없었던 곳, 부처님께서 니구률나무(尼拘律樹) 밑 동쪽을 향해 앉아서 대애도가 가지고 와 불승가리를 보시했던 곳(佛僧伽梨處), 이 나무는 지금도 있는 것 같았다.

유리왕은 석종자를 살해했는데, 석종자는 먼저 모두 수다원에 당도해 있었다. 그곳에 탑을 세워서 지금도 역시 그대로 있었다. 성 북쪽으로 수리 떨어진 곳에 왕의 정원이 있었고 태자나무 아래에는 밭가는 사람을 볼 수 있었던 곳이 있었다.

성 동쪽 50리에는 왕의 정원이 있었는데 정원 이름은 논민(論民)이라 하였다. 부인이 연못에 들어가 목욕하고 그 연못을 나왔던 북쪽 언덕 20보쯤 거리에는 손을 들어 휘어잡을 수 있는 나뭇가지가 있는데, 부인은 그 나뭇가지 동쪽을 향해서 태자를 낳았다. 태자가 땅에 떨어져 7보를 걷자 두 용왕이 태자 몸을 목욕시켰다. 그 목욕한 곳에는 곧 우물이 생겼다. 세

욕한 연못 위에서 지금은 대중승려들이 항상 물을 마신다.

무릇 여러 부처에게는 네 가지 장소가 정해 있었는데, 그 하나는 도를 이룬 곳, 둘은 법을 전한 곳, 셋은 법을 설하고 논의하고 외도를 항복시킨 곳, 넷째는 하늘 도리천에 올라가서 어머니를 위하여 법을 설하고 아래 지상으로 내려온 곳이었다. 그 외 부처는 수시로 몸을 나투어 보여주었다.

가유라위국은 텅 비고 황량하여 백성들은 드물고 도로는 무시무시하여 하얀 코끼리나 사자도 무서워 함부로 걸어다닐 수 없었다.

20. 람마국(藍莫國)과 구이나갈성(拘夷那竭城)

부처가 태어난 곳으로부터 동쪽으로 5유연을 가니 람막(藍莫 ; Kāmagrāmai rumbini)이라는 나라가 있었다.

이 나라 왕이 부처 1분 사리를 구해 가지고 돌아와 탑을 세워서 람막탑(藍莫塔)이라고 이름 지었다.

탑 주변에는 연못이 있었는데 그 연못 가운데에는 용이 있어서 항상 이 탑을 지켰으며 주야로 공양을 했다.

아육왕이 세상에 나와서 8탑을 부수고 8만4천탑을 세우고자 하였다. 일곱탑은 이미 부수었고 다음으로 이 탑을 부수고 싶어 하였다. 그러자 용이 나타나 아육왕을 데리고 궁중으로 들어가 보게 했다. 이미 여러 가지 공양을 차려놓고 왕에게 말하였다.

"그대가 만약 이 공양을 남기지 않는다면 곧 그 탑을 부숴도 좋다. 그러면 나는 그대와 다투지 아니하고 그대를 데리고 떠날 것이다."

아육왕은 그 공양일습이 이 세상에는 없는 것임을 알았다. 이에 그는 곧 돌아왔다.

이곳은 황폐하고 어지러워 누구도 청소하는 사람 하나 없었다. 항상 여러 코끼리들이 있어 코로 물을 취해 땅을 소제하고 여러 잡다한 꽃과 향을 취해 탑에 공양했다.

많은 나라 도인들은 이곳에 와서 이 탑에 예배하고 싶어했는데 코끼리를 만나면 그들은 크게 무서워하여 나무에 의지해 숨어버렸고, 코끼리가 나타나면 여법하게 공양했다. 도인들은 크게 스스로 비감해 했는데 이 안에는 탑에 공양할 수 있는 승가람이 없어서 이내 코끼리로 하여금 물 뿌리고 쓸게 하였기 때문이다. 그래서 그 도인은 곧 대계(大戒)를 버리고 돌아와 사미가 되었다. 스스로 초목을 끌어다가 처소를 평안하게 하고 정결하게 했다. 국왕을 권화(환생)시켜 승려들이 거처할 곳을 만들어서 국왕 자신이 그 절에 시주가 되었다. 그래서 스님들의 거처가 생긴 것이었다. 지금까지도 이렇게 전해져 오고 있는바, 그때로부터 지금까지 사미가 항상 절 주인으로 이어져 내려왔다.

여기서 동쪽으로 3유연을 가서 태자가 수레를 끌고 와서 백

마를 숨겨두고 돌아온 곳, 역시 이곳에 탑을 세웠다.

　이곳에서 동쪽으로 4유연을 가 탄탑(炭塔)에 도착했다. 역시 여기에도 승가람이 있었다. 다시 동쪽으로 12유연을 가서 닿은 곳이 구이나갈성(拘夷那竭城 ; Kasinagara)이었다. 성 북쪽 두 그루 나무가 한가로이 드물게 하천변에 이어져 있었는데, 이곳에서 세존이 북쪽으로 머리를 하고 열반(반니원)에 드신 곳이었다.

　세존을 금관(金棺)에 모시고 7일 동안 공양한 곳이었고 금강력사가 금방망이를 놓아둔 곳이었으며, 여덟 왕의 분신사리가 있었던 곳으로 모두 탑을 세웠고 승가람이 있었다. 이 모두는 지금 실제로 현재에도 있다. 그 성 안은 역시 백성들은 드물고 넓었으며 광활하였다. 여러 승려들과 민가가 조금 살고 있을 뿐이었다.

　법현 일행은 이곳에서부터 동남쪽으로 12유연을 갔다. 그곳에서는 이거족(梨車族)들이 부처님께서 열반에 든 곳까지 따라가고자 했으나 부처님께서 들어주지 아니하였다. 그들이 부처님을 연모하여 따라가고자 하였으나 승낙하지 아니했다. 부처님은 화현을 나타내어 크고 깊은 해자를 만들어서 그들이 건너오지 못하게 하였다. 부처님은 그들에게 발우를 주고 진리를 믿게 하여 그의 집으로 돌아가게 하였다.

　그곳에 돌기둥을 세우고 그 위에 글을 새겨 놓았다.

21. 베살리국(毗舍離國)과 오하합국(五河合國)

일행은 이곳으로부터 동쪽으로 5유연을 가서 비사리국에 닿았다. 비사리성 북쪽 대림중각 정사에 부처가 거처하던 곳이 있었으며, 아난반신탑(阿難半身塔)이 있었다.

그 성안에는 옛날 암파라녀가 부처를 위해 탑을 세웠다. 지금 여기 옛것과 현재 것이 있었다.

성 남쪽 3리 길 서쪽에는 암파라녀가 절을 부처님께 시주하여서 부처의 주처를 만들어 놓은 곳이 있었다.

부처님은 열반을 예고하고 비사리성 서문으로 나오셨는데 몸을 돌려 오른쪽으로 비사리성(vaiśāli)을 돌아보고 여러 제자들에게 말하였다.

"이것이 내 최후 소행 처이다."

뒷날 사람들이 이곳에 탑을 세워 놓았다.

성 서북 3리에는 방궁장(放弓仗)이라는 탑이 있었다. 이 이름이 지어진 까닭은 이렇다.

항하 상류에 한 왕국이 있었는데 왕은 작은 부인이 한 아기를 낳았다. 큰 부인은 아기를 질투하여

"네가 낳은 아이는 상서롭지 못한 징조다."

라고 하며 즉시 나무 상자를 만들어 아기를 넣고 항하수 가운데로 던져버렸다. 항하수 하류에 살고 있던 국왕이 거닐다가 물위에 나무상자가 떠오는 것을 발견하고 그 상자를 열어 작은 아이가 있는 것을 발견했다. 그 아이는 용모가 단정하고

뛰어나게 특이해 보였다.

　왕이 즉시 데려다가 길렀다. 마침내 그 아이는 곧 성장하여 대단히 용감하고 건강하게 되었다. 그 아이가 정벌하러 가는 곳에서는 굽히거나 굴복한 적이 없었다. 다음은 부왕의 본국을 정벌할 차례였다. 그러던 중 부왕은 크게 근심하고 있었다. 작은 부인이 무슨 연유로 근심 하느냐고 물으니 왕이 대답하였다.

　"저나라 국왕은 용감하고 건장하기가 비길데 없는 아들을 가졌다. 그들이 우리나라를 정벌하려고 한다. 그래서 근심하고 있을 뿐이다."

　하니, 작은 부인이 말했다.

　"왕께서는 근심하지 마십시오. 다만 성 동쪽에 높은 누각을 지어 주십시오. 적이 올 때 저를 그 누각 위로 데려다 주시면 됩니다. 그러면 제가 그들을 물리칠 수 있을 것입니다."

　왕은 그 말대로 했다. 적이 도착할 때에 이르러 작은 부인이 누각에 올랐다.

　그녀가 말하였다.

　"그대, 내아들이 어찌하여 반역을 하려 하는고?"

　적이 말하였다.

　"그대는 누구인데 나의 어머니라고 말하는가?"

　"너희들이 만약 믿지 않는다면 모두 하늘을 향해 입을 벌려라."

　작은 부인은 곧 두 손으로 두 유방을 쥐어짰다. 각 유방에서 젖 5백이 나와 모두 아들의 입속으로 떨어졌다. 적은 즉시 이분이 내 어머니임을 알아보고 활과 창대를 던지고 싸움을 그쳤다. 이때에 두 부왕은 벽지불의 경지에 도달했다고 생각하였다. 그래서 두 벽지불탑이 생각한데로 세워져 있었다. 세존이 도를 이룬 후 여러 제자들에게 말하였다.

"이곳이 내가 옛날 궁장을 버렸던 곳(放弓仗處)이다."

훗날 사람들이 이것을 알게 되어 이곳에 탑을 세웠던 것이다. 그렇게 해서 이름이 붙여진 것이었다. 그 어린아이는 곧 현겁간불의 한 분이었다.

부처님께서는 방궁장탑 가에서 아난에게 말하였다.

"나는 오늘부터 3개월 반니원에 들 것이다."

마왕이 요사스럽고 고집스럽게 아난으로 하여금 부처에게 이 세상에 주처하기를 간청드리지 못하게 했었다.

여기서 동쪽으로 3,4리 간 곳에 탑이 있었다.

부처님께서 반니원에 든 뒤 백년만에 비사리 비구가 잘못된 수행계율 열 가지로 증언하여 "부처가 이와같이 설했다" 야사 비법이 만들어진 곳이다. 그때 여러 나한과 계율을 지닌 비구는 모두 700명이었다. 다시 율장을 검사하고 교열하였다. 후에 사람들이 이곳에 탑을 세웠는데, 지금도 역시 그대로 있었다.

일행은 여기서 동쪽으로 4유연 가서 오하합국(五河合國)에 당도하였다.

옛날 아난은 마갈국으로부터 반니원에 들자 비사리를 향했다. 모든 천신들이 아사세왕에게 외쳤다.

"아사세왕은 즉시 스스로 수레를 장엄하게 꾸미고 많은 사병과 사람들을 거느리고 추적하여 강의 상류에 당도하십시오."

비사리의 제리거(諸梨車)는 아난이 온다는 말을 듣고 다시 영접하러 나갔다. 모두가 강의 상류에 당도했다.

아난이 생각하였다.

"앞으로 나아가면 아사세왕이 원망할 것이고, 뒤로 물러서면 리거가 다시 원망한 것이니 차라리 강 가운데서 열반에 들리라."

하고 강 가운데서 화광(火光)삼매에 들어가 몸을 태워 몸을 둘로 나누어 하나는 한 언덕에 두고 반은 저 언덕에 두었다.

이때 두 왕은 각각 반신 사리를 가지고 돌아와 탑을 세웠다.

22. 마가다국(摩竭提國)과 파연불읍(巴連弗邑)

법현 일행은 이 강을 건너 남쪽으로 1유연 내려가 마갈제국 파연불읍(摩竭提國 巴連弗邑)에 닿았다. 파연불읍은 바로 아육왕이 다스린 곳이었다. 성 가운데 왕의 궁전은 모두 귀신을 시켜 만들었다. 돌을 쌓아 담장과 궁궐을 지었다. 조각과 문각은 이 세상에서는 만들 수 없는 것이었다. 지금 과거가 현재에 있었다.

아육왕 동생은 나한도를 깨쳤다. 항상 기도굴산에 살면서 마음속으로 한가로움과 정적을 즐겼다. 왕은 공경심으로 공양하도록 집에 청했었으나 그는 산에서 고요함을 즐기며 왕의 청을 받아들이지 않았다. 왕이 동생에게 말하였다.

"단지 내 청을 받아들이기만 하면 너를 위해 마땅히 성안에 산을 만들어 줄 것이다."

왕은 이내 음식을 차려놓고 여러 귀신들에게 말하였다.

"내일 모두 내 청을 받아들일 것이니 좌석이 없다. 각자 스스로 좌석을 가져와야 한다. 내일 여러 대귀신들이 각각 큰 돌을 가져와 사방 4,5보를 피해 앉았다. 자리가 만들어지자 귀신들로 하여금 큰 돌을 쌓아 산을 만들게 하였다. 또 산 밑바닥에는 다섯 개의 큰 네모난 돌로 하나의 석실을 만들게 하였다. 길이가 3장 넓이가 2장 높이가 1장이나 되었다.

왕은 한 명의 대승 바라문 아들이 있었는데 이름이 라태사파미(羅汰私婆迷)였다. 그는 일찍부터 이 성안에 살고 있었다. 밝은 깨달음과 지혜가 많아 이루지 못하는 일이 없었다. 청정한 삶에 국왕은 그를 제일 으뜸으로 존경하는 스승으로 삼았다. 왕이 그를 방문했을 때에는 감히 그와 나란히 앉지 못했다. 왕은 사랑하고 경애하는 마음으로 설하며 바라문 아들의 손을 잡았다. 손잡는 것이 끝나면 바라문은 매번 스스로 물을 따라 손을 씻었다. 나이는 50정도 되었다. 온 나라가 그를 우러러 보았다. 그러나 이 한 사람의 힘으로 널리 불법을 폈기 때문이다. 바라문 외도로서는 감히 스님들을 박해할 수 없었다.

아육왕탑 곁에는 마하연(大乘) 승가람이 조성되 있었는데 무척 엄숙하며 화려했다. 또한 소승사도 있었다. 모두 합해서 6,7백 승려대중이 있었는데 그 위엄과 의식과 배움의 질서가 가관이었다. 사방에 고닉 사문과 학문을 하는 사람들, 그리고 위의(威儀)를 구하고자 하는 사람들은 모두 이 절에 왔다. 일찍이 바라문 스승으로 문수사리라고 불렸던 사람도 이 절에 머물렀는데 국내 대덕사문과 여러 대승비구들도 모두 한 가족으로 우러러 받들었다.

곳곳에 승가람이 있었으나 모든 나라 가운데에서도 오직 이 나라 성읍만이 제일로 컸다. 백성들은 부유하고 풍성하여 다투어 인의를 행했다. 해마다 늘 묘월(卯月) 8일에는 항상 행상(行像)을 하였다.

네 바퀴 수레에 대나무를 가지고 5층을 만들었다. 그것은 기둥과 이어지고 기둥을 눕힌만큼 간격이 생기고 그 높이가 2장이 더 되었다. 그 모양이 마치 탑과 같았다. 하얀 가는 모직으로 그 위를 두른 연후에 그림을 그려 색칠하고 모든 천신의 형상을 만들었는데 금은 유리로 그 위를 장엄하게 꾸미고 수놓은 비단 깃대로 덮고 매달아 놓았다. 네 변에는 감실(탑밑에 만들어 놓은 방)을 만들어 좌불과 보살이 서서 시중들게 해놓았다. 가히 수레가 20개는 되었다. 수레마다 그 장엄함이 각각 달랐다. 이 날을 당해 경내 도로의 풍속은 모두 모여서 노래와 재주를 즐기며 향을 피워 공양하는 것이었다. 바라문 아들이 와서 부처님마다 차례로 성으로 들어오도록 청했다.

성 안에 들어와서는 또 한밤을 묵으며 밤새도록 등불을 켜고 재주 부리고 노래하며 공양하였다. 나라마다 그러했다. 그 나라 장자와 거사는 각 성안에 복덕이 있는 의사・약사를 내세워 나라 안에 빈궁한 이, 홀로 사는 이, 쇠잔한 이, 절뚝발이, 일체 모든 병든 사람들이 모두 이 절에 도착해서 종종 의사의 간병을 받고 필요한데로 음식과 탕약을 공급받아 모든 사람들이 평안하게 하였다. 차도가 있는 자는 스스로 떠났다.

아육왕은 7개 탑을 부수고 8만4천개 탑을 세웠다. 최초로 세운 큰 탑은 성 남쪽 3리가 더 되는데에 있었다. 이 탑 앞에는 부처의 발자국이 있었다. 여기에 세운 정사의 문은 이 탑의 북쪽을 향해 세워졌다. 탑 남쪽에는 한 개의 돌기둥이 있었는데 둘레가 45장이고 높이가 3장은 더 되었다. 그 위에는 명제(命題)가 새겨져 있었는데, 아육왕이 염부제에서 보시하니 승려가 사방에서 돌아와 돈으로 속죄하기를 세 번 반복해서 시행하였다고 하였다.

탑 북쪽 3,4백보에는 아육왕 본래 있었던 곳인데 여기에 니려성(泥梨城 ; 地獄, Niraya)이 있었으며, 그 안에는 돌기둥이 있었다. 그 높이가 3장이 더 되었고, 위에는 사자상이 있었다. 기둥 위에는 니려성을 짓게 된 인연에 관한 기록과 년수일월이 새겨져 있었다. 이로부터 동남으로 9유연을 가서 하나의 조그마한 돌산에 도달했다.

23. 왕사성(王舍城)과 나라타촌(那羅陀村)

산의 정상에는 석실이 있었다. 석실은 남쪽을 향하였으며 석실 안에는 부처가 앉아 있었다. 천제석이 천음악과 의장행렬을 거느리고(반차) 거문고 음악을 타던 부처가 머무르던 장소였다. 제석이 42가지 일을 부처에게 물었는데 그 하나하나를 낱낱이 손가락으로 그림을 그려 가르친 돌(畵石)이 있었다. 이 안에도 역시 승가람이 있었다.

법현 일행은 이로부터 서남쪽으로 1유연을 가서 나라마을에 닿았다. 여기서 사리불이 태어난 곳이다. 뒤에 사리불은 이곳에 돌아와서 열반하여 그래서 이곳에 탑이 있었다.

여기서부터 서쪽으로 1유연 가서 왕사 신성에 당도했다. 신성은 아사세왕이 조성한 것이었다. 그 안에 승가람이 2채 있었다.

이 성을 나와 서쪽문에서 300보 가면 아사세왕이 부처님 사리 1분을 얻어서 탑을 세운 곳이 있다. 그 탑은 높고 대단히 엄숙하고 화려했다.

성 남쪽 4리를 나와서 남쪽을 향해 골짜기로 들어가 5산 안에 이르렀다. 5산 주위 모양은 마치 성곽과 같았다. 바로 이곳이 병사왕(빈비사라)의 옛 성이었다. 성은 동서가 56리쯤 되었고 남북은 78리였다.

사리불·목련이 처음 알비(頻鞞 ; 마사지 馬勝)을 본 곳이었다. 니건자가 불구덩이를 만들고 독으로 밥을 지어 부처님을 청했던 곳, 아사세왕이 검은 코끼리에게 술을 마시게 하여 부처님을 해치고자 했던 곳도 바로 이곳에 있었다.

성의 동북쪽 모퉁이 구부러진 곳에는 한 노인이 암바라 뜰 가운데에 정사를 세우고 부처님과 1250명의 제자들에게 공양하기를 청했던 곳도 여기 있었다. 그곳은 지금도 옛과 다름이 없었다. 그 성 안은 텅비고 황량하여 아무도 사는 사람이 없었다.

법현은 산골짜기로 들어가서 산을 더듬으며 동남쪽으로 15리 거기에 있는 기도굴산에 당도하였다.
산 정상 3리를 못가서 석굴이 있었는데 남쪽을 향해 있었다. 부처님께서 옛날에 여기에서 좌선하였던 곳이다.
서북쪽 30리에 또 하나의 석굴이 있었는데, 이 안에서 아난이 좌선했다고 한다.
천마 파순이 독수리로 변하여 이 굴앞에 살면서 아난을 무섭게 하였다 한다. 그래서 부처님께서 신통력으로 아난 어깨에 손을 뻗쳐 떨어지는 돌을 막으니 곧 멎었다고 한다. 그 새의 흔적과 손 구멍이 지금 모두 보존되어 있다. 그래서 이 산 이름을 조취굴산(鵰鷲窟山)이라고 부르게 되었다.

굴 앞에는 네 분의 부처님이 앉았던 자리가 있었고 또한 여러 나한들이 각각 석굴에서 좌선했던 곳도 있었다. 일행은 이렇게 수백의 석굴 좌선처가 있는 것에 감동했다.

부처님께서 석실 앞에서 동서로 휴식을 취하며 산보할 때 조달이 산 북쪽 험하고 가파른 곳에서 횡으로 돌을 굴려 부처의 발과 손가락을 상하게 했던 곳이 있었는데, 그곳도 그때처럼 그대로 있었다.

부처님께서 설법했던 자리는 다소 훼손되어 있었고 벽돌과 비탈길은 거기 그대로 머물러 있었다.

그 산봉우리는 빼어나고 단엄해 보였다. 이 산이 다섯 산중에서 가장 높았다.

법현은 신성에서 향과 꽃과 기름등을 샀다. 입술가에 미소를 머금은 두 옛 노비구는 법현을 기사굴산 위로 보냈다. 법현은 향을 피우고 공경하며 연등에 불을 켜서 계속 밝혔다. 그는 감개가 비장하여 눈물을 훔치며 말했다.

"부처님께서 옛날 이곳에서 주석하시며 법화경을 설했다고 하는데 법현은 살아서 부처님을 만날 수 없었으나 단지 그 유적이 있는 곳을 보는 것만으로도 만족한다 하고, 석굴 앞으로 가서 법화경을 염송하였다.

여기서 하루를 머물고 돌아와서 그는 산성으로 향했다. 옛 성을 나와서 북쪽으로 300여보를 가니 길 서쪽에 가란타죽원 정사(竹林精舍)가 있었다. 여러 스님들이 물을 뿌려 소제하고 있었다.

정사 북쪽 2,3리 되는 곳에 시마사나(尸磨貯那)가 있었는데 시마사나라는 말은 한나라 말로 죽을 사람을 갔다 버리는 숲을 뜻하였다.

남산을 굽이굽이 돌아서 서쪽으로 300보를 가니 빈바라굴 (賓波羅屈)이란 한 석실이 있었다. 부처님은 식사 후에 항상 여기 와서 좌선 하시었다.

또한 서쪽으로 50리에 있는 산 북쪽 그늘진 곳에는 거제(車 帝)라는 하나의 석실이 있었는데, 부처님께서 열반하신 뒤 오백아라한이 경전을 결집한 곳이었다. 경전을 낼 때 세 개의 높은 자리를 마련하고 정연되게 꾸몄다고 한다. 사리불은 왼쪽에 있었고 목련이 오른쪽에 있었으며, 오백아라한 중에는 한 어린 아라한도 있었다. 대가섭은 윗자리에 앉아 있었다.

그때 아난은 문밖에 있어서 안으로 들어오지 못했다. 그곳에 탑을 세웠는데 지금도 그대로 있었다. 그럼에도 역시 여러 나한들이 좌선했던 석굴들이 대단히 많이 있었다.

옛 성을 나와서 북동쪽 아래로 3리를 내려가니 조달(데바닷다)이 살던 석굴이 있었다.
이곳을 떠나 50보 거리에 대방흑석(大方黑石)이 있었다.

옛날 한 비구가 그 위에서 좌선하고 산책하며 깊이 사유하기를 그는 이 몸이란 무상하고 고통스럽고 공허한 것이라고 생각했다. 그는 청정함을 얻지 못하고 자기 몸을 싫어하는 마음 때문에 근심과 걱정으로 보았다. 곧 칼을 잡아 자살하고자 하였으나 부처님이 제성하신 계율을 생각하고 자살하지 못했다.

또한 비록 그렇다 할지라도 그는 지금 단지 세 명의 독한 도적을 죽이겠다고 생각했다. 그리고는 곧 칼로 스스로 목을 베었다. 육체를 상하면서 비로소 수다원의 경지에 도달하고 이미 아나함의 경지에 반은 도달하였다. 그리고 자기 몸을 조각내면서 아라한과를 증득하였다.

여기서 서쪽으로 4유연을 가서 가야성에 당도하였다. 성안은 역시 비어 있었고 황폐하였다. 다시 남쪽으로 20리 가서 보살이 옛날에 6년 고행했던 곳에 도착했다. 그곳에는 수풀과 나무들이 우거져 있었다.

이곳으로부터 3리를 가서 부처가 목욕하러 물에 들어갔다가 떠내려가니 하늘이 나뭇가지를 눌러주어 죽지 않고 살아난 곳이 있었다.

또한 북쪽으로 2리를 가서 미가녀(彌家女)가 부처님께 유미죽을 받들었던 곳도 있었다.

이로부터 북쪽으로 또 2리를 가니 부처가 한 큰 나무 아래 있는 돌위에 동쪽을 향해 앉아서 싸라기 식사를 하셨던 곳도 있었다. 그 나무와 돌이 지금도 모두 있었는데, 그 돌의 넓이와 길이가 6척정도 되었고 높이는 2척이 더 되었다.

중인도국은 차고 덥고 평안하고 조화로웠다. 수목이 어떤건 수천년 또는 만세 되는 것까지도 있었다. 여기서 동북으로 반 유연을 가니 한 석굴이 있었는데, 보살이 석굴 안으로 들어가 서쪽을 향해 가부좌를 하고 마음으로 잠시 생각하기를, '만약 내가 도를 이룬다면 마땅히 신의 증험함이 있을 것이다' 하였 더니 즉시 돌벽위로 부처 그림자가 나타나 보였는데 길이가 3 척이 더 되었다 했는데 지금도 밝게 빛나고 있었다.

그때 하늘과 땅이 진동하면서 허공에서 분명하게 말하였다.

"이는 과거가 아니라 그 당시 많은 부처가 와서 도를 이룬 곳이니라."

이곳을 떠나 서남쪽으로 반유연을 조금 못가서 패다수가 있 었는데, 그 나무 아래가 과거 당시 여러 부처가 도를 이뤘던 바로 그곳이었다. 하늘에서 설한 이 말이 끝나자 곧 앞에서 노래하며 보살을 과거로 인도해갔다. 보살이 일어서서 패다수 나무로부터 30보를 걸어가니 하늘이 길상초를 보살에게 주어 받았다 하였는데 바로 그곳이었다.

다시 15보를 가니 오백 마리 푸른 공작들이 날아와서 보살 주위를 세 번 돌고 날아갔던 곳이다. 보살이 패다수 아래 당 도하여 길상초를 펴놓고 동쪽을 향해 앉았다. 그때 마왕이 세 명의 옥녀를 보내어 북쪽으로부터 내려와서 보살을 시험케 했고 마왕 자신은 남쪽으로부터 내려와 보살을 시험했다고 한다.

보살이 발과 손가락으로 땅을 어루만지자 마왕의 병사들은 물러나 산산이 달아나고 세 옥녀는 노인으로 변해버렸다. 오래전부터 고행한 지 6년이 되는 곳 등 이 여러 곳에 뒷날 사람들이 모두 탑을 세우고 동상을 세웠는데 지금도 모두 그대로 있었다.

부처가 도를 이룬 지 7일에 나무를 보고 해탈을 얻고 즐거워했던 곳, 부처가 패다수 아래서 동서로 걷기 7일이 된 곳, 하늘에서 화하여 칠보대를 만들어서 부처를 7일 동안 공양했던 곳, 아롱진 물고기와 눈 못보는 용이 7일 동안 부처를 빙둘러싸던 곳, 부처가 니구율수 아래 있는 네모난 돌 위에서 동쪽을 향해 앉으니 범천왕이 내려와서 부처에게 법을 청했던 곳, 사천왕이 발우를 받들던 곳, 500명의 장사꾼이 찐 보릿가루와 꿀을 받쳤던 곳, 가섭 형제와 사도 1천인이 지나갔던 곳, 이 여러 곳에도 역시 탑이 세워져 있었다.

부처가 득도한 곳에는 세 개의 승가람이 있었다. 그 절에는 모두 승려들이 살고 있었다. 여러 승려들과 민가들은 식량을 넉넉하게 공급받아 조금도 모자람이 없었다. 계율은 엄숙하고 준엄하였다. 위엄과 의식과 앉고 일어서고 들어가는 것은 승려법이었다.

부처가 이 세상에 있을 당시 성스러운 승려들이 행하던 바가 그대로 지금까지 전해 내려오고 있었다.

불니원 이래 4대탑이 있는 곳이 계속 이어져 끊이지 않았다. 4대탑이 있는 곳은 부처님께서 탄생하신 곳, 득도하신 곳, 법륜을 굴리시던 곳, 반니원처 등이다.

아육왕이 옛날 어릴적 당시에 도를 희롱하던 일, 석가불이 걸식하는 것을 보고 그 어린이는 즐거워하면서 한웅큼 흙을 쥐어서 부처에게 주어 부처가 그 흙을 땅에 돌려주고 지나간 곳, 이로 인한 과보로 철륜왕(鐵輪王)과 왕염부제(王閻浮提)가 생겨났다.

왕은 그 철륜을 타고 살피러 염부제에 가서 철로 양쪽산 사이의 지옥을 포위하고 죄인을 다스리는 것을 보았다. 즉시 여러 신하에게 이것이 무엇인지 물었다. 답하기를 이것은 귀신왕 염라가 죄인을 다스리는 것이라고 하였다. 왕은 스스로 생각하며 말하기를, 귀신왕은 일찍이 지옥을 만들고 죄인을 다스릴 수 있었구나. 나 이사람 왕은 어찌 지옥을 만들어 죄인을 다스리지 못하는가. 그리고는 신하 등에게 누가 나를 위해 지옥을 만들어 죄인을 다스리는 주인이 되게 할 수 있겠는가고 물었다.

신하가 답하여 말하기를,
"오직 극악한 사람만이 할 수 있을 뿐이옵니다."
하자 왕은 즉시 신하를 보내어 두루 악인을 구했다. 연못가에 한 장정이 있었는데 흑색 머리와 황색 눈동자의 청년이 발로 물고기를 끌어와서 금수를 부르니, 금수가 오자 사살하여 달아나는 놈이 없었다. 그 신하는 이 사람을 구해서 장차 왕에게 주기로 하였다. 왕은 칙령을 은밀히 보냈다. 그대는 사방에 담을 높이 쌓고 안으로는 갖가지 꽃과 과실을 기르고 좋은 목욕 연못을 만들어 장엄하게 장식하여 사람들이 갈망하고 우러러 보게 하라. 감옥은 문을 만들어라. 들어가고자 하는 사람이 있으면 매번 갖가지를 잡아 죄를 다스려서 나가는 사람이 없게 할 것이다. 설사 나라고 하더라도 역시 죄를 다스려 풀어주는 일이 없어야 한다. 지금 그대에게 지옥왕을 배수한다.

차제에 비구가 걸식하러 그 문으로 들어왔다. 옥졸이 그를 보고 즉시 죄를 다스리고자 했다. 비구가 놀라고 두려워 잠시 밥먹고 있는 내게 듣기를 청했다. 잠시 후 다시 또한 사람이 들어왔다. 옥졸이 방아 절구를 놓고 절구질을 하니 붉은 물거품이 나왔다. 비구는 그것을 보고 이미 생각하기를, 오직 이 몸이 무상하고 고초가 공허하기가 거품과 같고 물과 같구나. 조금 후 옥졸은 가마탕 안으로 그 비구를 밀어 넣었다.

비구는 마음속으로 기뻐했다. 화탕(火湯)에 불이 멸하고 냉탕이 되어 그 가운데 연꽃이 피어나서 그 위에 비구가 앉아 있었다. 옥졸은 즉시 백왕에게 갔다. 옥중에 기이한 일이 생겨 왕이 와서 보기를 원했다. 왕은 내 앞에 불러오자 지금 감히 갈 수 없다고 말했다. 옥졸은 이 일은 작은 일이 아니라 왕이 의당 급히 가셔야 된다고 말했다. 다시 아뢰어 왕은 곧 따라 들어갔다. 그 비구는 설법을 하고 있었다. 이내 왕은 믿음과 이해를 얻게 되었다. 그러자 지옥이 무너지고 왕은 전에 승려

를 미워한 것을 후회하였다. 이로 인하여 삼보를 믿는 마음이
더욱 두터워졌다.

　왕은 항상 패다라수 나무 아래에 이르면 잘못을 후회하고
스스로 자책하여 여덟 번 재를 올렸다. 왕의 부인은 왕이 항
상 어디를 돌아다니는 가고 물었다. 군신들이 답하기를 왕께
서는 항상 패다라수 나무아래에 계신다고 했다. 부인은 왕이
안 계실 때를 살펴 사람을 시켜서 그 나무를 베어 버리게 했
다. 왕이 와서 베어 넘어진 나무를 보고 아찔하고 속이 답답
해져 땅에 비틀거렸다. 여러 신하들이 얼굴에 물을 뿌려 한참
후에 왕은 깨어났다.

　왕은 즉시 벽돌로 네 변을 쌓고 백 개의 항아리에 담은 우
유를 나무뿌리에 주었다. 왕은 몸소 네 포의 베 옷감을 땅에
펴서 이 맹세의 말을 썼다.
　"만약 나무가 살지 않으면 나는 끝내 일어나지 못할 것이
다."
　그 맹세말을 마치자 나무는 곧 뿌리 위서부터 살아났다. 그
렇게 해서 패다라수 나무는 지금에 이른 것이었다. 지금 그
나무 높이는 10장이 조금 덜 되었다.

　이로부터 남쪽으로 3리를 가서 도착한 곳은 계족(닭다리)이
라는 산이었다. 대가섭이 지금 이 산중에 있었다. 그는 갈라진
벽 아래로 들어갔다. 그가 들어간 곳에는 사람들이 들어갈 수

없게 되어 있었다. 밑으로 멀리 끝간데로 들어가면 커다란 구멍이 있었는데 가섭은 그 안에서 살았다. 구멍 밖에는 가섭이 본래 세수하는 흙이 있었다. 저 변방 사람들이 두통이 나면 이 흙을 바르는 즉시 나았다. 근일 이 산에 여러 나한들이 살게 된 이유이다.

저 변방 여라나라 도인들이 해마다 와서 가섭을 공양하였다. 마음이 두텁고 넉넉한 사람이 이르자 밤이 되어 나한이 왔는데, 그가 말하는 것을 보고 그가 석가인가 의심하자 이미 그는 홀연히 사라져 볼 수 없었다. 이 산은 개암나무가 무성하고 사자와 호랑이가 많아서 함부로 다닐 수 없었다.

24. 카시국(迦尸國) 녹야원정사

법현은 돌아와서 파연불읍으로 향했다. 항하수 서쪽을 따라 10유연을 내려가니 광야라는 한 정사가 있었다. 부처님께서 머물던 곳이었는데 지금 현재에도 승려가 있었다.

다시 항하수 서쪽을 따라 12유연을 가서 당도하니 가시국파라내성(迦尸國波羅㮈城)이었다. 성 동북으로 십리를 더 가서 도착한 곳이 선인녹야원정사(仙人鹿野苑精舍)였다.

이 녹야원에는 옛날에 벽지불이 살았다. 그는 항상 야록루(野鹿樓)에서 묵었다. 세존이 장차 도를 전한 곳이었다. 공중

에서 많은 천신들이 노래하며 말하기를,

"백정왕자(白淨王子)가 집을 나와 도를 배우고 즉시 7일 후에 성불했다."

고 했다. 벽지불이 이 말을 듣자 곧 열반의 경지에 들었다. 그래서 이곳 이름이 선인녹야원이 된 것이다.

세존이 도를 이룬 이후 사람들이 이곳에 정사를 세웠다. 부처가 구린(拘驎)등 5인을 해탈시키고자 하니 5인이 서로 일러 말하기를,

"이곳은 구담사문(瞿曇沙門)이 본래 6년 고행하다가 하루에마 한줄기와 한톨의 쌀을 먹으면서도 일찍이 도를 이루지 못했다."

고 했다. 하물며 사람이 이 한가로움에 들어서 자신의 입과 뜻을 맘대로 하면 어찌 도가 이루어지겠는가. 오늘날 찾아온 사람들도 삼가되 말을 하지 않도록 했다. 일행은 구린등 5인이 모두 일어서서 부처에게 예를 올렸던 곳에 닿았다.

다시 북쪽으로 60보를 갔다. 부처가 이곳에서 동쪽을 향해 앉아 처음으로 구린등 5인에게 법륜을 굴린 곳이다.

그곳에서 북쪽으로 20보 거리에는 부처가 미륵을 위해 수기한 곳이 있었다.

거기서 남쪽 50보에는 예라발용(翳羅鉢龍)이 부처님께 "나는 언제나 이 용의 몸을 면할 수 있겠느냐"고 물었다는 곳이 있었다.

그곳에 모두 탑이 세워져 있었고 모두 승려들이 거쳐하고 있었다.

녹야원정사에서 서북으로 13유연을 가니 한 나라가 있었는데 이름이 구섬미였다. 거기에 있는 정사 이름은 구사라원(瞿師羅園)이었는데, 부처님께서 옛날 주처했던 곳이었으며, 지금도 옛과 같이 많은 승려가 있었다. 그들은 대부분 소승을 교습하고 있었다.

여기서 동쪽으로 8유연을 간 곳에는 부처가 옛날 악귀처(惡鬼處)를 지나갔던 곳이 있었다. 또한 일찍이 여기 머무르시어 법을 행하며 좌선했던 곳이었다. 이곳에 모두 탑이 세워져 있었고 또한 승가람이 있었으며, 백여명의 승려도 있었다.

여기서 남쪽으로 200유연을 가서 달친(達嚫)이라는 나라가 있었는데 이곳이 과거 가섭불(迦葉佛) 승가람이었다고 한다. 그 승가람은 커다란 돌산을 파서 만든 것이었다. 대강 모두 5층으로 되어 있었다. 가장 아래층에 코끼리상을 만들었고 500여칸의 석실이 있었다. 2층에는 사자상을 만들었고 400칸이 있었다. 3층에는 말상이 세워졌으며 300칸이 있었다. 제4층에는 소 형상을 세웠으며 200칸이 있었다. 제5층은 집비둘기 모양을 만들었고 100칸이 있었다. 제일 상층에는 샘물이 석실 앞을 막고 방 앞을 돌아서 주위를 빙 휘둘러 꾸불꾸불 흘렀다. 이와 같이 그 물은 이내 아래층에 이르러서는 겹겹이 방을 따라서 흘러갔다.

그래서 가가호호에서 물이 흘러 나왔다. 여러 층의 방 가운데에는 곳곳에 돌을 뚫어서 창을 만들어 빛이 통하게 해놓았다. 방안은 밝아서 어두운 곳이 없었다. 그 석실 4각 천정에 돌을 뚫어서 위로 밟고 올라갈 수 있는 사닥다리를 만들었다. 지금 그 사닥다리 위에는 옛날 사람이 한발 내딛었던 꼭 그 자리에 작은 옥 인형이 있었다. 이런 연유로 이 절 이름을 파라월(波羅越)이라고 지었다 한다. 파라월은 집비둘기의 천축 말이다.

그 절에는 항상 나한들이 살았다 한다. 이제 이 땅은 황량하여 사람이 살지 않고 있다.

산을 지나 먼 끝에는 마을이 있었다. 모두 이 마을 사람들은 불법과 사문과 바라문과 여러 다른 학문을 삿된 것으로 여기고 알지 못했다. 그 나라 사람들은 항상 사람이 날아서 이 절에 들어오는 것을 보았다.

그 때 여러 나라 도인들은 이 절에 와서 예배하고 싶어 하였다. 그 마을 사람들은 말하기를,

"당신들은 어찌하여 날지 않는가. 우리는 이쪽 도인들이 모두 나는 것을 보았다는데."

하니, 그쪽 도인이 곧 대답하기를,

"우리는 날개가 아직 크지 못했을 뿐이다."

하였다.

25. 파탈리프트라(巴連弗邑)와 구섬미국
(拘贍彌國)·달친국(達嚫國)

달친국은 도로가 험하고 어려우며 대단히 험난한 곳으로 알려져 있는 곳이었다. 여기에는 과거 가섭불의 석탑이있다고 하였다. 이곳에 오고자하는 사람은 마땅히 돈과 재화를 아껴서 그 나라 왕에게 보시해야 한다. 왕은 그런 연후에 사람을 시켜 말을 갖춘 수레를 보내 가는 길을 가르쳐 주었다.

법현은 결국 갈 수 없어 그쪽 사람들의 말을 듣고 설명할 뿐이다.

파라내국으로부터 동쪽으로 돌아서 파연불읍에 닿았다.

큰 석산을 뚫어서 5중으로 길을 만들었기 때문이다. 제일 아래층엔 코끼리 형상의 5백간 석실이 있고, 2층은 사자형 4백간, 3층은 말의 형 3백간, 4층은 소의 형 2백간, 5층은 비둘기형으로 100간이 형성되어 있다고 하였다.

제일 꼭대기에서 흐르는 물이 각 석실 앞을 통과한다고 한다. 신통이 있는 사람은 비둘기처럼 날아오르기 때문에 파라월(波羅越 ; 비둘기)이라 부르는데 이것이 절이름이다.

이 절에는 항상 나한님들이 살고 있으나 토지가 거칠어 마을과 멀리 떨어져 있어 주민들은 시련에 빠져 바라문·이학(異學)도 알지 못하고 있었다.

26. 중천축국(中天竺國)

법현은 본래 계율을 구하려 했으나 북천축 여러 나라들은 모두 스승마다 입으로 전하여 베낄 수 있는 본 계율이 없었다. 그리하여 먼 걸음을 해서 중천축국에 이르렀다. 여기 마하연 (摩訶衍) 승가람에서 계율 한부를 얻을 수 있었다. 이것이 마하승지중률(摩訶僧祇中律)이었다. 부처가 이 세상에 계실 때 가장 큰 대중 승려가 실천했던 것이었다.

기원정사에서 그 본율이 전해오고 있었던 것이다. 나머지 18부에서 각각 본받아 취할 것이 있었는데 대승이라고 해서 특이한 것이 아니었다. 그러나 조금씩 같지 않은 것이 있어서 혹은 수정(開塞)을 가했다. 이것만이 가장 올바르고 광범위한 설을 모두 갖추어 들어 있었기 때문이다.

다시 한 부를 구할 수 있어서 계율을 베낀 것이 가히 7천 게송이나 되었다. 이것이 살바다중률(薩婆多衆律)이었다. 즉 이 진(秦)나라 땅의 대중승려들이 실행하고 있는 것이었다.

이 또한 모두 스승들이 입으로 서로 전해주는 것이어서 글로 쓴 것이 아니었다. 다시 이 여럿 가운데서 잡다히 석인 아비담심(阿毗曇心 ; 정경)을 얻었는데, 이는 2천5백 게송이었다.

또 한 권의 책은 반니원경(般泥洹經)으로 5천 게송은 되었다. 그리고 마하승지아비담(摩訶僧祇阿毗曇)을 구할 수 있었다. 그 때문에 법현은 여기에서 3년 동안 머물며 범서(梵書)와 범어(梵語)를 배우고 계율을 배껴 쓰는 일을 했다.

도정(道整)은 이미 중국에 도착하여 사문 법칙과 대중승려의 위엄있는 의식을 보았는데 가히 구경할만 하였다 한다.

법현은 이내 기꺼이 진나라 변두리 지역까지 중승계율의 나머지 결여된 것들을 찾아서 좇았다. 법현은 맹세하기를 이제 이번으로 끝내면 떠날 것이다 하면서 부처가 태어나지 않기를 원했던 변두리 땅에 도착하였다. 그래서 마침내 거기 머물고 돌아가지 않았다. 법현은 본래 마음으로 계율이 한지(漢地)에 유통되게 하고자 하였으나 그냥 홀로 돌아왔다.

27. 첨파국(瞻波國)과 다마리제국(多摩梨帝國)

항수를 따라 동쪽 하류로 18유연 가니 그 남쪽 강가에 첨파대국(瞻波大國)이 있었다. 부처님께서 정사에서 참선하고 휴식 하던 곳이었으며, 네 부처님(四佛)이 앉아있는 곳으로 모두 탑이 세워져 있었다. 현재도 살고 있었다.

이곳에서 동쪽으로 약 50유연을 가서 다마리제국(多摩梨帝國)에 당도하였다. 이곳은 곧 바다입구였다. 그 나라에는 24승가람이 있었는데 모두 승려가 살고 있었고 불법 역시 흥했다.

법현은 여기서 2년을 머물면서 경전과 그림과 불상을 베끼는 일을 했다. 이때 상인을 실은 배가 넓은 바다 서남쪽으로 항해하고 있었는데, 겨울 초가 되어 바람이 맡겨진 채 주야 14일만에 사자국(師子國)에 도착하였다.

28. 사자국(獅子國)

그 나라 사람들이 말하기를, 상호 거리가 700유연은 된다고 하였다. 그 나라는 본래 섬위에 있었는데 동서가 50유연이고 남북이 30유연이었다. 좌우로 작은 섬들이 있었는데 수백개는 되었다. 그 섬들간의 상호거리는 10리 혹은 20리, 또는 2백리가 되었다. 모두 큰 섬에 속해 통치되었다. 많은 진귀한 보석과 진주 구슬들이 나오는 곳이었으며, 마니주는 지방 10리까지도 유출되었다. 왕은 사람을 시켜 그곳을 지키게 하였다. 만약 채취하는 사람이 있으면 10분지 3만 취하게 했다. 그 나라에는 본래 백성이 살지 않았었다. 오직 귀신과 용만이 살았다고 한다.

여러 나라 상인들이 시장교역을 하였는데 이때부터 귀신이 나타나지 않게 되었다 한다. 다만 보물이 나와서 그 가치만을 평가하였다. 상인들은 그 가치에 의해서 오직 보물만을 취했다. 이로 인하여 상인들이 많이 왕래하였다. 그래서 여러 나라 사람들이 그 땅을 행복이 가득하다고 듣고 다시 왔다. 그래서 드디어 대국을 이루게 된 것이었다.

그 나라는 기후가 알맞고 적당하여 겨울과 여름의 차이가 없었다. 초목은 항상 무성하게 우거지고 밭가는 것은 사람에 따라 일정한 시절이 없이 하였다. 부처님께서 그 나라에 이르러서 악룡을 교화하고자 하였다. 신족력(神足力)으로 한쪽 발은 왕성 북쪽을 딛고 한쪽 발은 산 정상을 딛고 서니 양쪽 발의 거리가 10유연이나 되었다. 왕성 북쪽을 밟은 자리에 큰 탑을 세웠는데 높이가 40장이었다. 금과 은으로 장엄하게 여러 가지 보석을 함께 꾸몄다. 그 탑 옆에는 다시 한 승가람을 세웠는데 무외(無畏)라는 이름의 절이었다.

산에는 5천 승려가 있었다. 한 불전은 금은으로 새기고 문도 여러 가지 보석으로 장식하였다. 그 가운데에는 한 개의 푸른 옥이 있었다. 불상의 높이는 2장이나 되었다. 몸 전체는 칠보로 번쩍거렸으며 그 빛의 위엄과 엄숙함이 말로는 다 담을 수 없었다. 오른손에는 가치를 헤아릴 수 없는 무가보주(無價寶珠)를 들고 있었다.

법현은 한지(漢地)를 떠나 접한 지가 여러 해 되고 보니 모든 것이 낯선 이역인(異域人)이 되고 말았다. 산천초목을 바라보니 옛것은 없었다. 또한 함께 동행했던 분들은 혹은 그곳에 머물은 이, 혹은 죽은 이도 있었다.

회고하건데 그림자만이 마음속에 항상 서글프게 서릴뿐이었다. 홀연히 이 옥상 곁에 상인이 나타났는데 그는 진(晉)나라 사람으로 하나의 하얀 비단 부채를 공양했다. 그는 처연함에 눈에 가득찬 눈물이 흘러내리는 것도 몰랐다.

그 나라 전왕(前王)은 사신을 중국대륙에 보내어 조개와 많은 나무종자를 가져오게 하여 불전 변두리에 심었다. 그 나무가 자라 키가 20장은 되었다. 그 나무는 동남쪽으로 기울어져 있어서 왕은 넘어질까 걱정하여 6,9의 둘레가 되는 기둥을 세워서 나무가 기대어 버틸 수 있게 해놓았다. 나무를 버티게 해준 기둥이 있던 곳에서 심이 생겨 마침내 기둥을 뚫고 땅속으로 뻗어 내려가 뿌리가 되었는데 그 뿌리 크기가 네 아름이 더 되었다. 기둥이 비록 가운데는 찢겼지만 그 바깥이 싸고 있는 것과 같아서 사람들도 기둥을 버리지 않았다. 그 나무 아래에는 정사를 세웠는데 그 안에는 좌상(坐像)이 있어서 도속(道俗)이 공경하고 우러러 보기를 게을리 하지 않았다.

성중에 또한 불치정사(佛齒精舍)를 세웠는데 모두 칠보로 장식하였다. 왕은 청정하게 불법을 닦았다. 성안 사람들도 믿음과 공경하는 정성이 돈독하였다.

그 나라가 건립되어서 다스린 이래 굶어 죽은 조상이나 황폐한 난은 없었다고 한다. 여러 승려들은 창고에 많은 진귀한 보석을 저장했고 마니를 값지게 생각하지 않았다. 그 나라 왕이 승려의 창고에 들어가 둘러보다가 마니주를 보고 탐심이 생겨 탈취하고자 했다. 왕은 이내 3일내에 깨닫고 즉시 승려들에게 나아가 머리를 조아리고 마음에 지은 죄를 빌었다.

승려에게 고백하기를,

"원컨대 스님들께서는 서서 지금부터 왕이 창고에 들어가 살피는 것을 허락 말고 제재하여 주십시오."

하여 그 후부터는 비구 법랍 나이 만 40세가 된 연후에야 들어갈 수 있게 되었다. 그 성중에는 많은 거사와 나이 많은 장자와 보살과 상인들이 있었다. 큰 저택들은 엄숙하고 화려하며 마을과 저잣거리는 평안하고 정돈되어 있었다.

사거리길 앞에는 모두 설법당을 만들었다. 매월 8일 14일 15일 포시고좌(鋪施高座)가 있었다. 그 지역 도속사중은 모두 모여서 법을 들었다.

그 나라 사람들은 말하기를, "모두 육만 승려들이 다 식사를 한다고" 하였다. 왕은 특별히 성안에서 5, 6천 사람과 공양하였다. 사람들이 반드시 식사하고자 하면 자기 발우를 가지고 돌아다니면서 음식을 걸어서 먹었다. 그릇에 담을 만큼 가득 채워서 모두 돌아왔다.

부처님 치아는 항상 3월중에 나왔다. 부처님 치아가 나오기 10일 전에 왕은 큰 코끼리를 단정하게 손질했다. 한 사람의 유세자로 하여금 왕의 의복을 입게 하여 말을 타게 하고 코끼리위에 서서 북을 치고 노래를 부르며 인도하게 하였다.

　"보살이 헤아릴 수 없이 긴긴 삼아승지겁(三阿僧祇劫)을 따라서 고행하되, 이 나라의 처자로써 몸과 목숨을 아끼지 아니하고, 사람의 눈을 도려내어 사람에게 주고, 살을 베어 집비둘기에게 던져주고, 머리를 잘라 굶주린 호랑이에게 보시하되 그 몸을 던져도 골수를 아까워하지 않았던 까닭에 성불하였습니다.
　부처님께서 이 세상에서 49년간 설법 교화하여 불안한 이는 편안케 하고 인도 되지 못한 자는 인도 되게 하였습니다. 중생의 인연이 다하면 바로 열반에 든다 하셨는데 벌써 부처님께서 열반에 든지 여러 해가 지났습니다. 부처님께서 떠나신 후 10일, 부처님 치아가 와서 이곳 무외산(無畏山) 정사에 모시게 되었습니다. 나라 안 도인들과 속인들이 복을 심고자 하면 사람들은 각각 길을 고르고 장엄하게 마을과 저잣거리를 단장하여 많은 꽃과 향을 공양하고 있습니다."

　이와 같이 창(唱)이 끝나고 왕이 곧 사이길 양편에 보살 5백명을 세워놓고 그 보살들이 갖가지로 변하여 나타나면 그 사이를 지나간다. 혹은 수대나(須大拏)로 되기도 하고, 혹은 섬광으로 변하고, 혹은 코끼리와 왕이 되고, 혹은 사슴과 말이 되기도 하고, 이와 같이 형상에 모두 그림을 그리고 색칠을 하여 단정하게 손질하니 모양이 마치 살아있는 사람과 같았다.
　그런 후에 부처님 치아가 이내 길 가운데로 나아갔다. 길을 따라 공양행렬이 무외정사 불당위에 도착했다. 도속인(道俗人)들이 구름처럼 모여 향을 피우고 등을 켜며 갖가지 많은 법사(法事)가 주야로 쉬지 않고 만 90일 동안 행해지고 나서 성안에 있는 정사로 돌아왔다. 성내 정사에서는 재일(齋日)에 이르면 정사의 문을 열고 예경을 여법하게 하였다.

무외정사 동쪽 40리에 하나의 산이 있었는데 그 산중에는 발제(跋提)라는 정사가 있었다. 그곳에는 2천을 헤아리는 스님들이 있었다. 그 스님들 중에는 한 대덕 사문이 있었는데 이름이 달마구체(達磨瞿諦)였다. 그 나라 사람들은 모두 그를 으뜸으로 숭앙하였다.

그는 한 석실에서 40여년을 살았다. 그는 항상 자비심을 행하여 뱀이나 쥐를 감응시킬 수 있었으며 그들과 한 석실에서 살면서 서로 해치지 않았다. 성 남쪽 7리에 한 정사가 있었는데 이름이 마가비가라(摩訶毗可羅)였다. 3천명의 스님들이 살고 있었으며 그 중에 한 큰스님은 계율을 행함이 맑고 깨끗하여 그 나라 사람들이 그가 나한(羅漢)이 아닌가 하고 모두 의심할 정도였다.

그의 임종시에 왕이 와서 살펴보고 의법집승(依法集僧)에게 물었다.

"이 비구는 득도를 했는가?"

"이분은 나한입니다."

마침내 왕은 즉시 나한법으로 경율에 의거하여 정사 동쪽 4,5리에 장사를 치렀다.

좋은 땔 나무를 크게 쌓았는데 세로의 넓이가 가히 3장이 더 되고 높이 역시 이와 비슷하였다.

위에는 전단나무를 심고 여러 향나무들을 물에 잠기도록 해 놓았다. 4면의 변두리에는 계단을 만들었다. 상층은 깨끗하고 좋은 털모직으로 둘렀고, 위에 쌓아놓은 나무로 큰 가마와 침상을 만들어 놓았다. 마치 이 칸은 상여차 같았다. 다만 용과 물고기가 없을 뿐이었다. 화장할 때를 당해서는 왕과 나라의 사부대중들이 모두 모여서 꽃과 향을 상여차를 따라가면서 공양하되 묘소까지 이르렀다.

왕은 몸소 꽃과 향을 공양했다. 공양을 마치면 상여 위에다가 화유를 두루 뿌린 후에 그것을 불태웠다. 불이 탈 때 사람마다 경건한 마음으로 각자 상의를 벗어 우산덮개를 펴서 흔들어 불 가운데로 던져서 화장하는 것을 도왔다. 화장이 끝나면 뼈를 거두어 즉시 탑을 세웠다.

법현은 그의 생존시에 이를 보지 못했다. 오직 장례만을 보았을 뿐이었다. 왕은 불법을 독실하게 믿었으며 여러 승려들은 새로운 정사를 짓고자 하였다. 먼저 대회반식승(大會飯食僧)을 치러서 공양이 끝나고, 이내 좋은 소 한쌍을 선택해서 금은 보물로 장식하고 뿔위에 좋은 금 얼룩소를 만들어 놓았다.

29. 서월씨국(西月氏國)과 중천축국(中天竺國)

왕은 몸소 4변 밭을 갈고 난 연후에 나누어 백성들에게 밭과 집을 보급하고 이를 기록하여 단단히 계약서를 썼다. 이로부터 이는 대대로 이어져서 감히 이를 폐하거나 바꾸지 못하였다.

법현은 이 나라에 있으면서 천축의 도인 높은 스님께서 경을 염송한다는 말을 들었다. 부처 발우는 원래 베살리에 있었는데 지금은 건타위(揵陀衛)에 있었다. 필경 약 천백년경 이어진 것이다.
─법현이 경 염송을 들을 당시에는 정확한 햇수를 알았는데 잊어버렸다 ─

법현은 그때 다시 서월씨국(西月氏國)에 이르렀다. 약 천백년 당시 굴자국(屈茨國)에서 머무른 것 같았다. 천백년 당시 다시 한지(漢地)에 도착한 것 같았다. 천백년 당시 다시 사자국(師子國)에 머물렀던 것 같고, 천백년 당시 중천국에 돌아온 것 같았다. 천축에 이르러 있을 당시 이미 발우는 도솔천상에 있었다. 미륵보살이 나타나서 탄복하여 말하기를,
"석가모니불 발우가 당도했도다."
하니 즉시 하늘에서 향을 피우고 공양하기를 7일동안 하였다. 7일이 다하여 염부제에 돌아오니 바다 용왕이 발우를 가지고 용궁으로 들어갔다. 미륵이 장차 도를 이루게 될 때 발

우는 돌아와 넷으로 나뉘어 다시 원래 있던 빈나산(頻那山)으로 돌아올 것이라 하였다.

미륵이 도를 이미 이루면 4천왕이 마땅히 다시 염불에 응하여 먼저의 불법과 현겁천불(賢劫千佛)들처럼 이 발우를 사용할 것이라 하였다. 발우가 떠나면서 불법이 점차 멸해갔다. 불법이 멸한 후 사람 수명이 짧아지게 되었고 이내 5년이 되었다. 10년이 되었을 때 벼와 쌀과 우유와 기름 모두 없어지게 되었다. 사람들은 극악해져서 나무를 잡으면 칼로 변했고, 그 지팡이는 서로 상하게 하고 가르고 죽이고 하였다. 그 중에 복이 있는 사람은 도피해서 산으로 들어갔다. 악한 사람은 서로 죽이는 것이 다하면 돌아와서 다시 나가곤 했다. 그들은 서로 일러 말하기를, 옛날 사람들은 수명이 극히 장수했다고 했다. 다만 악이 심하여 많은 비법을 만들었기 때문에 우리들의 수명이 마침내 단축되어 10세까지에 이르른 것이다. 우리가 지금 많은 선을 행하고 자비심을 일으키고 어진마음과 의로운 행을 닦았는데 이와 같이 변함없이 각각 어질고 정의로운 일을 행하고 있으니 돌고 돌아서 수명이 배가 되어 이내 팔만세에 이르게 된다.

미륵이 세상에 나와 처음 법륜을 굴릴 때는 먼저 석가율법을 설하여 출가한 제자들이 3귀5계를 받고 3보를 법당에 공양하고 제2 제3차 제도된 인연들을… 법현은 그 경을 복사하고 싶었다. 그러나 그 사람은 말했다.

"그러한 경본은 없습니다. 다만 우리가 입으로 암송할 수 있을 뿐입니다."

법현은 이 나라에서 2년을 머물렀다. 그 대신 법현은 미사색률장본(彌沙塞律藏本)을 구했다. 그리고 장아함잡아함(長阿舍雜阿舍)을 구했다. 이러한 경전은 한나라에는 전혀 없는 것이었다.

이 범본들을 구한 즉시 상인의 대선박에 실었는데 2백여 명되는 사람들이 그 배에 탔다. 항해시 험난에 처해 대선이 훼손 될 것에 대비해서 한 작은 배를 그 뒤에 따르게 하였다. 알맞은 바람을 타고 동쪽으로 내려가기 이틀만에 곧 큰 바람을 만나 배에 물이 새어 들어왔다. 상인은 소선을 재촉하려 했다. 소선에 탄 사람들은 사람이 너무 많이 오는 것이 두려워 즉시 배의 이은 끈을 잘라 버렸다. 상인은 크게 놀라 명령을 잠깐 기다렸다. 선박에 물이 가득차 즉시 큰 물건들을 취해서 바다 가운데로 던졌다. 법현 역시 군지(君墀)와 목욕하는 물통을 다른 물건들과 함께 바다 가운데로 던져버렸다. 다만 법현은 상인들이 경전과 불상을 버릴까 두려워했다. 그는 오직 한마음 유일심으로 관세음을 염하고 한지의 대중스님들에게 돌아갈 수 있기를 빌었다.

"나는 법을 구하러 멀리 왔건만 위대하신 신들이 물 흐르는데로 따라 여기에 닿게 했습니다."

이와같이 큰 바람이 주야 13일 동안 불어대어 어느 한 섬가에 당도했다. 조수가 물러난 후 배의 누수 된 곳을 찾아 보수하여 물새는 것을 막으니 배는 전과같이 회복되었다. 바다에는 많은 노략질하는 도적이 있어 번번이 그들을 만나게 되어 온전할 수 없었다. 큰 바다는 넓고 아득하여 가이없고 동서를 분간할 수 없어 오직 해와 달과 별자리를 보고 나아갔다. 음산하고 비가 올 때는 곧 바람이 물러가리라는 것 역시 기준이 없었다. 밤을 당해 어두울 때는 다만 큰 파도가 서로 부딪쳐 환히 불빛을 내고 큰 자라등 물이 들어내는 괴이한 것들을 볼 뿐이었다. 상인은 황급하여 어디로 향할지를 몰랐다. 바다는 깊어서 바닥이 없고 또한 돌기둥을 세울 곳이 없었다. 하늘이 맑게 개일 때에야 이내 동서를 알 수 있었다. 돌아서 다시 바른 방향을 바라보며 나아갔다. 암초가 있으면 나아갈 길을 잃었다.

30. 야파제국(耶婆提國)에서 광주(廣州)로

이와같이 하여 90여일만에 야바제(耶婆提)라는 한 나라에 도착하였다. 그 나라는 외도인 바라문이 흥성했다. 불법이 부족하다고 했다. 법현은 이 나라에 5개월을 머물고 다시 다른 상인의 대선박을 타고 따라 나섰는데 이 배에도 역시 2백여 명이 탔다. 50일 양식만을 가졌는데 4월16일에 출발했다.

법현은 배 선상에서 평안히 있었다. 배는 동북쪽 광주(廣州)로 길을 재촉했다. 한달여일 되던 날 밤 2시, 북이 울릴 때

폭풍을 동반한 폭우를 만났다. 상인과 장사꾼들은 모두 두려워 떨었다. 법현은 그러한 때 역시 일념으로 관세음을 염송하며 한지에 무사히 이를 수 있기를 빌었다. 다행히도 세력있는 신의 도움을 입어 하늘이 밝게 빛나게 되었다. 밝은 빛이 다하자 여러 바라문들이 의논하여 말하기를, 이 사문은 앉아서 타고 있게 하고, 이 큰 고통을 만나 우리를 불리하게 한 비구들은 마땅히 바닷가 섬에 내려놓자고 하였다.

"한 사람의 영으로 우리가 위험해질 수는 없습니다."

법현은 옛날의 살신시주(本檀越)에 관해 말하였다.

"만약 당신들이 비구를 내려놓는다면 나도 함께 내려놓으시오. 당신이 곧 나를 죽이지 않고는 이 사문을 내려놓을 수 없습니다. 내가 한지에 도착하면 마땅히 국왕을 뵙고 그대를 말하겠소. 한나라 왕은 역시 불법을 존경하고 믿으며 비구승을 중히 여깁니다."

여러 상인들은 주저하면서 감히 금새 비구를 내려놓지 못했다. 이때 하늘은 대부분 계속 어둡고 선장은 서로 바라보면서 오해할 것을 피하는 동안 드시어 70여일이 지났다.

31. 장광(長廣)·청주(靑州)·장안(長安)

양식과 물이 다 없어져 가고 있었다. 바다의 짠물을 취해서 식수로 썼다. 물을 나누어서 한 사람이 두되를 얻게 되었는데 이도 곧 없어지려 하였다. 상인들이 의논하여 말하기를, "계속

평상대로 항해 할 경우 50일이 되야 광주에 도달할 수 있을 뿐이요. 지금 이미 여러 날을 지나왔는데 장차 이런 일을 파할 수가 없소. 즉 곧 서북쪽 언덕에서 물을 구하기 위해 주야 12일을 가면 장광군(長廣郡) 경계에 있는 뢰산(牢山) 남쪽 언덕에 도착하여 곧 호수차(好水茶)를 얻을 것이요. 단지 가면서 넘어야 할 험난함과 근심과 두려움이 날로 쌓일 것이오” 하였다. 그런 가운데 홀연히 언덕에 닿아 거위의 발자국과 나물을 보게 되니 의연히 여기가 한지임을 알게 되었다.

그러나 백성들이 보이지 않고 사람들 행적이 보이지 않아 이것이 어찌된 일인지 알 수가 없었다. 어떤 이는 광주에 아직 도착하지 않았다고 하고, 또 혹은 이미 광주는 지났다고도 하니 어찌해야 할바를 몰랐다. 즉시 작은 배를 타고 나루터에 들어가서 사람을 찾아 그곳을 묻고자 하니, 두명의 사냥꾼을 만날 수 있었다. 그들이 곧 돌아가려 하자 법현으로 하여금 묻는 말을 통역하게 하였다.

법현은 우선 그들을 안심시키고 천천히 물었다.

“그대들은 누구십니까?”

“우리는 불제자들입니다.”

“그대들은 산에 들어가 구하는 것이 무엇입니까?”

그들이 금새 설명해 말하였다.

“날이 새는 당일 7월15일에 부처님께 바칠 복숭아(桃臘佛)를 취하고자 합니다.”

“여기는 어느 나라입니까?”

"이곳은 청주(靑州) 장광군(長廣郡) 경계이며 진나라에 속해 있습니다."

다 듣고 나서 상인들은 환희에 찼다. 곧 재물을 얻기 위해 사람을 보내어 장광으로 갔다. 태수 이의(李嶷)는 불법을 공경하고 믿는 사람이었으며, 사문이 경전과 불상을 가지고 큰 바다를 배를 타고 왔다는 소식을 듣고 즉시 사람을 통솔하고 쫓아서 해변에 이르러 법현이 가져온 경전과 불상을 영접하여 군 관아로 모시고 갔다.

상인들은 이에 돌아와서 양주(揚州)로 향했다. 태수(劉沈淸州)는 법현을 청하여 머물게 하고 한 겨울과 한 여름을 지내도록 하였다. 여름안거를 마치자 법현은 여러 어른들을 멀리 떠나온 지가 오래된 지라 장안행을 재촉하였다. 해야 할 일이 너무 많았기 때문이다. 그래서 곧 남하하여 수도 장안을 향해 가서, 여러 어른들께 경율을 보여주었다.

법현은 장안을 출발하여 6년만에 대륙에 도착했으니 6년을 머물고 돌아온 것이다. 3년만에 다시 청주에 이르러 생각해보니 그동안 다닌 나라가 약 30개국이나 되었다. 그동안 사막과 강이 끝나는 서쪽(천축)에까지 이르러가 여러 스님들의 위엄 있는 의식과 미덕으로 교화한 법화의 아름다움을 상세히 설명할 수가 없었다.

곰곰이 생각해보니 여러 어른들께서는 아직 이 지방에 대해서 자세히 듣지 못하고 있었기 때문에 서둘러 돌아왔는데 참으로 다행한 일이었다. 그 고난은 말로 다 설명할 수 없다. 오직 3보의 가피 속에서 이루어졌다고 생각한다. 그러므로 법현은 지나온 역정을 죽백소(竹帛疏 ; 경전요약서)를 통해서 현자(賢者)들과 더불어 보고 듣고자 이 해 갑인년(甲寅年)에 기록하였다.

三藏法師 玄奘
삼 장 법 사   현   장

大唐西域記
대 당 서 역 기

〈대장경을 짊어지고 있는 현장법사〉

현장(玄奬)스님

현장스님(622~664)은 낙주(하남성) 구사현 사람으로 속성은 진씨(陳氏)이고 이름은 위(褘)이다. 할아버지 강(康)은 북제에서 명망이 높았고, 아버지 혜(惠)는 유학자였다.

세상이 어지럽자 조용히 고서를 즐기며 넷째 현장을 사랑하였는데 열 살에 아버지가 돌아가시자 먼저 출가한 둘째형 장첩(長捷)을 따라 낙양 정토사에서 살았다.

13세에 승선(僧選)에 나가 출가, 대반열반경·섭대승론·아비달마구사론 등을 연구하다가 부족한 자료와 잘못된 번역을 보고 원산지에 가서 불법을 구해올 것을 서원하고 동지를 모았으나 변경의 전쟁 때문에 국가가 승낙을 해주지 않자 627년 스물다섯의 나이로 홀로 국경을 넘었다.

서북쪽 감숙성에 있는 진주(秦州)·란주(蘭州)·과주(瓜州)의 옥문관을 거쳐 고비사막을 지나다가 오랑캐 석반타에게 죽을 고비를 넘기고, 고창국에 이르러 국왕 국문태(麴文泰)의 도움으로 총령(파미르고원)을 넘었다. 카슈미르에 이르러서는 저문 해에 안개까지 끼어 길을 잃고 헤매다가 병든 스님이 계신 절에 들어가 간호하니 늙은 스님이 회복하여 반야심경을 가르쳐주기도 하였다.

고종황제와 측천무후의 능

돈황문

시안교외에 위치한 흥교사(興敎寺)에 세워진 현장법사 부도탑

바미안 계곡 및 석굴 절벽과 굴속의 대불

오이국 우루무치의 옛 유적

카니쉬카 수투파의 상상도(파키스탄 박물관 제공)

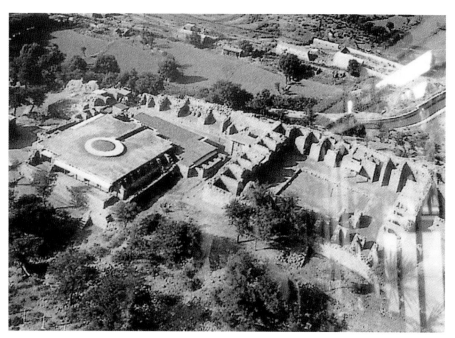

줄리안 승원 전경

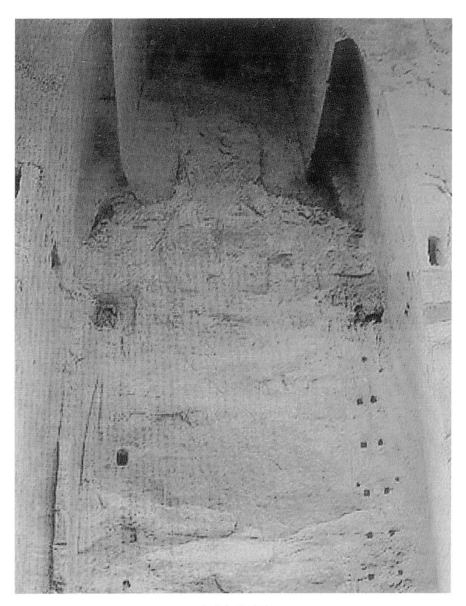

바이얀 부처님

다르마지카 승원 전경

설법하시는 부처님

간다라 불상

자이나 사원 유적

전시된 금속제 원탑

악귀의 유혹과 짐승들의 위협속에서도 불경을 외우며 산을 넘고 강을 건넜는데 갠지스강가에 이르러 도적을 만나 목에 칼을 대었으나 미륵보살을 생각하며 간절히 발원하니 갑자기 천둥 번개가 치고 회오리바람이 불어 도적들은 혼비백산, 모두 흩어지고 말았다.

이렇게 56개국을 지나 인도에 도착 10여년간 성지순례를 하고 마가다국 나란타에 이르러 15개월간 인도말을 배우고 불경을 익혀 최고의 경지에 이르렀다. 왕과 귀족·학자·승려들의 귀의에도 불구하고 641년 640권의 불경을 짊어지고 고창국에 이르니 귀국길에 꼭 들려달라고 한 왕 국문태는 죽고 없었고, 나라는 당나라에 점령되어 있었다. 그래서 자구다국(漕矩吒國)에 이르러 조정에 편지를 쓰니 2대 태종왕이 속히 돌아오기를 희망하는 편지를 받고 645년 장안으로 들어오는 배를 타고 돌아오니 승속간에 수많은 사람들이 꽃을 뿌리며 환영하였다.

현장은 그동안 보고 들은 것을 태종에게 보고하고 환속하여 나랏일을 보살펴달라는 임금님의 간절한 바램을 뿌리치고 출가 승려로써 대반야경 600권 등 1335권의 불경을 번역하고 그동안 여행의 기록을 제자 변기에게 기록하게 하니 그 이름이 대당서역기 12권이었다.
직접 찾아가 보고 느낀 곳이 110개국이고, 듣고 읽은 것을 토대로 기록한 곳이 28개에 달해 총 138개국의 역사·지리·

풍토·종교가 기록되었다. 이제 그가 다녀온 길을 권덕녀선생의 "대당서역기"를 중심으로 적어보면 다음과 같다.

먼저 중국에서 인도로 간 길은 장안에서 돈황까지는 친저우 난저우를 함께 지났고, 돈황서부터 옥문관 고창·아그니·쿠차·발크·바미얀·카피시·웃다야닛·탸사실라·카슈미르·간다라·자구다·다르마스티티·카르반다·우사·코스타나를 거쳤으며,

인도에서는 웃디야나·간다라·탁사실리·카슈미르·탁가·마티푸라·카피타·카나쿠브자·아유다·슈라비스티·카필라바수투·프라야가·바라나시·마가다·바이샬리·이란냐파르바타·카마루파·카르나수바르나·코살라·다냐카타카·싱할라·말라바 등이다.

현장스님은 664년 2월 조용히 눈을 감아 그 사리를 현재 시안 자은사 대안탑(大雁塔) 안에 모셔져 있다.

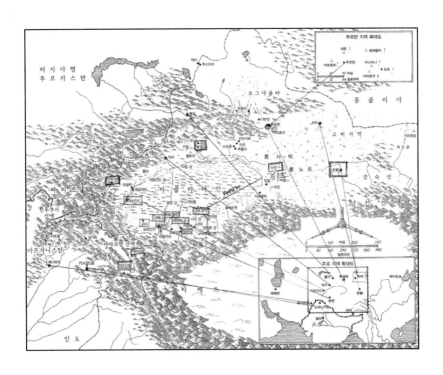

제1권

1. 아그니국(阿耆老國)과 쿠차국(堀叉國)

아그니국은 동서 600리, 남북 400리로 도성둘레가 험한 산이 6,7리나 둘러싸여 있어 자연성을 이루어 외부의 공격을 방어하기에 좋은 위치를 가지고 있다. 물길이 종횡으로 교차되어 자연스럽게 농업이 발달, 수수·보리·대추·포도·배·사과 등 많은 특산물이 나서 사람살기가 좋았다. 기후가 따뜻하여 모직옷을 입고 짧은 머리에 두건을 쓰지 아니하였으나 금·은·동전을 썼다.

사람들은 용맹하면서도 지략이 부족하여 자기자랑이 심하고 나라의 정책과 법률제도는 아직 발달되어 있지 않다. 스님들은 2천여 명이 10여개 사찰에 나누어 살고 있었고, 소승 일체유부에 속해 있는데 일체법은 인연 따라 존재한다는 인도의 학설을 그대로 따르고 있었다.

신도들도 계율을 지키고 깨끗한 음식(三淨肉)을 먹고 있어 소승 점교(漸敎)의 가르침을 따르고 있었다.

여기서 서남쪽으로 200여리를 가서 작은 산 하나를 넘고 큰 강을 건너 700여리의 대평원을 지나니 쿠차국이 나왔다.

쿠차국은 동·서 천여리 남북 600여리로 도성둘레가 17,8리나 되었다. 수수와 보리를 재배하기 알맞은 토질을 가지고 있어 포도·석류·배·사과·복숭아·살구가 많이 났고, 광물질로는 금·은·동·철·납이 많다. 기후와 풍토는 아그니국과 비슷하나 관현·기악·무용의 수준이 다른 나라 보다 높다.

왕은 쿠차국 사람인데 지혜가 부족하여 신하들에게 눌려 살고 있었고, 아이들은 태어나면서 머리를 판떼기로 눌러 정수리를 평평하게 하였다. 스님들은 5천명 정도로 공부의 내용은 아그니와 비슷하였다. 나라 동쪽에 큰 용못이 있고 성 북쪽에는 하늘신들을 모신 천사(天祠)가 있었다.

옛날에 마음씨 착한 금와왕이 청렴결백한 마음으로 불교를 믿어 선정을 베풀고 용을 감화시켜 타고 다녔는데, 죽을 때 용의 귀를 채찍으로 내려쳐 용들이 물속으로 들어가 나오지 않고 지금까지 살고 있다고 한다. 사람들은 그 용못의 물을 마셔 물을 길러온 여인들에게 자손을 얻은 용족들이 힘이 세어 짐승들을 손으로 잡고 달리는 말을 잡을 정도로 용맹하였다.
그런데 이들이 너무 자신들의 힘을 믿고 위세를 부리므로 왕이 돌궐족들을 불러들여 멸종시키자 용들은 지나가는 용들을 의지하여 용구(龍駒)를 낳았으므로 그래서 쿠차국에 좋은 말들이 많았다.

이 용문 북쪽 성지(城地) 동서에 소호리(昭怙里)라는 두 사원이 동서로 대칭을 이루고 그곳 동불당이 조개모양의 옥석과 황백색 보석 길이가 한자 여덟치 폭이 여섯치가 넘는 부처님 발자욱이 있었는데 제사를 지낼 때는 거기서 빛이 났다.

도성 서문밖 길 양쪽에 높이 90자 가량의 부처님 입상이 있어 그 앞 넓은 운동장에서 매년 한번씩 무차대회(가림없는 보시회)를 가졌다.

무차대회를 여는 이 광장 서북쪽 강 건너편에는 아시차리아(阿耆理貳) 사원이 있었는데 넓고 밝은 곳에 여러 가지 정교한 불상을 많이 모시고 있어 많은 사람들이 몰려 있었다. 특히 나이 지극한 스님들과 각국에서 몰려온 학자들은 왕과 백성들의 공양을 받으며 살았다.

옛날 한 왕이 3보를 순례코자 떠나면서 동생에게 나라를 맡겼는데 동생은 자신의 성기를 잘라 상자에 넣어주면서 다녀온 뒤에 열어보라 하였다. 이에 임금님이 성지순례를 마치고 오자 몇몇 신하들이 고자질하였다.
"임금님이 계시지 않는 사이에 동생이 부정한 짓을 했습니다."

형님 왕이 화를 내자,

"형님. 그 상자를 먼저 열어 보십시오."

하여 열어 보고 감격하였는데 그 후 왕궁을 무상출입한 아우가 어느 날 길을 가다가 거세코자하는 소 500마리를 사 자비를 베품으로서 성기가 되살아나 궁중출입을 하지 아니하였으므로 임금님께서는 그를 기념하기 위하여 이 절을 세웠다고 하였다.

2. 발크국(結喝國)과 바미얀국(梵衍那國)

발크국은 동서 800여리 남북 400여리에 이르렀는데 북쪽에 아무다리야강에 잇닿아 있었다. 수도는 소왕사성으로 견고한 성곽이 20여리나 되었다.

주민 수는 적고 토산품은 많았는데 특히 진귀한 꽃이 많았다. 절은 100여 곳이 있고 스님들은 3천명이 넘었는데 모두 소승불교를 연구하고 있었다.

도성 밖 서남쪽에 전대 왕이 지은 나바사원이 있었는데 대대로 승려들이 모여 불교교리를 연구한 책을 내었다. 사원의 건축물과 불상이 모두 보석으로 되어 종종 다른 나라의 침략을 받는다고 하였다.

한번은 돌궐 엽호가한(葉護可汗)의 아들 사엽호가한이 군대들을 이끌고 주위에 와 숨어 있는데 밤중에 비사문천왕이 창(戟)으로 가슴팍을 꽉 찍으며 "네가 무슨 힘이 있다고 나쁜짓을 하려 하느냐" 하고 야단쳤는데 깨어나 참회하였으나 이미 스님이 오시기 전에 죽었다.

절 안에는 부처님이 쓰시던 조관(물병) 치아, 부처님께서 사용하시던 보석부채가 있는데 재일(齋日) 마다 거기서 밝은 빛이 쏟아졌다.

이 절 남쪽에 정사가 하나 있는데 많은 수행자들이 모여 있었다. 옛날 이 절에서 한 나찰이 신통력을 나타내고 죽는 것을 여러 사람이 보았다고 한다.

도성 서북쪽에 트라푸사성, 발리카성이 성 꼭대기에 높이 3자의 불탑이 있었는데 트라푸사와 발리카가 부처님 머리칼과 손톱 발톱으로 세운 것이라 한다.

또 도성 서쪽에 높이 두 길이 넘는 불탑이 있었는데 그것은 7불 가운데 카시아(迦葉) 부처님을 위해 세운 것이라 하였다.
여기서 출발하여 히말라야산맥을 넘으니 바미얀국이었다.

바미얀국이란 지금의 아프카니스탄 바미얀지역이란 말이다. 바미얀국은 히말라야산맥 산벼랑 위에 세운 도성으로 약 6,7km 정도의 북쪽 험한 산기슭에 있다. 양과 말을 기르며 살아 기후가 매우 추워 토산물이란 거의 없다. 사람들은 가죽옷이나 성긴 마로 짠 옷을 입고 있다.

  문자·풍속·의례·화폐는 토카라국과 비슷하다. 그러나 이곳 사람들은 신앙심이 깊어 불교를 믿으며 하늘에 복을 빌었다. 스님들은 소승불교의 설일체유부가 중심이다. 동북쪽 산귀퉁이에 높이 14.5m 정도 되는 석불입상이 있는데 찬란한 보석으로 장식되어 있다. 불상 동쪽 사원은 오래전 이 나라 임금님이 만든 황동불도 있었다.
  도성 동쪽 사원에는 길이가 1000자가 넘는 열반상이 있어 여기서 종종 무차대회를 연다고 하였다.

  바미얀국 작은 못 근처에 사원이 있는데 부처님치아와 독각 및 임금님의 치아가 함께 모셔져 있었다. 그밖에 아난존자의 제자 사나카바사가 동발(銅鉢)을 들고 진홍색 승복을 입고 있으나 유물들이 황금으로 밀봉되어 있어 볼 수 없었다.

  전생에 사나카바사는 수행자들이 외출하지 않고 한곳에 머물며 좌선에 전념하였으므로 안거가 끝나는 날 사나카로 만든 승복을 스님들께 주었고, 그렇게 복을 쌓은 덕에 500번 환생하였다. 그 때마다 그는 늘 그 옷을 입고 나타나 출가하셨을 때도 그 모습 그대로였으며, 구족계를 받았을 때는 아홉 조각으로 된 가사로 변하였다. 그는 죽으면서 "불법이 다하여 멸하게 되면 이 옷이 재로 변할지언정 절대로 변치 아니할 것이다" 서원 하였는데, 그래서인지는 몰라도 지금 약간 헤지기는 하였으나 원형이 그대로 보존되어 있다.

이 사원을 나와 동쪽으로 힌두쿠스산맥을 넘으면 카피시국에 이른다.

3. 카피시국(迦畢試國)과 질자(質子)사원

4면이 산으로 둘러싸인 카피시국은 둘레가 4천리로 말과 울금향으로 유명하다. 둘레가 10리 되는 도성에는 여러 지역에서 온 상인들이 있다. 기후가 춥고 바람이 많으며 사람들의 말과 행동이 천박하고 혼인관계도 문란하였다.

왕은 크샤트리아 출신으로 지략이 뛰어나 10여 나라를 다스리고 있다. 백성들을 사랑하고 불법을 숭상, 매년 한 자 여덟치 되는 은불상을 만들고 무차대회를 가져 나라안 10여 곳의 사원에 6천명의 스님들이 있다. 사람들은 죽은 이의 두개골로 관을 만들어 쓰고 있다.

도성 동쪽 3,4리 산자락에 소승불교를 믿는 스님 300여명이 살고 있는 절이 있다. 옛날 옛적 간다라국 카니슈카왕은 위세가 등등하였으므로 작은 나라 왕들이 인질로 그의 왕자들을 보냈는데 왕은 그들에게 계절 따라 다른 거처를 주고 머무는 곳마다 잘 대해주어 그것을 질자 사원이라 부르게 되었다 한다.

　창문 초상화에는 중국옷과 비슷한 옷을 입고 있었는데 장차
왕자들이 돌아간 뒤에 스님들은 그들의 복을 빌어주고 있다.

　한 왕자가 사원 동문 앞 큰 신상 오른쪽 발밑에 보물을 숨
겨두었다가 장차 이 절의 수리비용으로 쓰려 하였는데 변방의
한 왕이 이것을 알고 병사들을 동원하여 훔치려 하자 큰 신장
의 관에 그려있는 새가 날개를 펼치고 울어 온땅이 흔들리므
로 도둑왕과 병사들이 뿔뿔이 헤어졌다 한다.

　절 안 북쪽 벼랑 끝에 있는 석실은 인질로 온 사람들이 수
양하던 곳인데 그 안에도 신장들이 있어 도둑이 나타나기만
하면 무서운 동물로 변해 쫓아내곤 하였다 한다. 석실 서쪽에
있는 관세음보살도 정성을 드리면 감응이 있었다.

　도성 동남쪽 30여리에 라마승들이 사는 절이 있고 그 절에
탑이 있는데 재를 올릴 때마다 빛을 내기도 하고 검정 향유가
흘러내리기도 하며 소리가 들리기도 한다.

　이 탑은 이 나라 대신 나훌라가 만든 것이다. 탑이 완성되
던 날 나훌라의 꿈에 "내일 아침 어떤 사람이 임금님께 사리
를 바치면 그것을 왕에게 달라고 하여 탑속에 넣으라" 하였으
므로 그렇게 약속하였으나 짐짓 왕이 그 사리를 받고 주지 않
았기 때문에 옆에 있다가 재빨리 받아 탑속에 넣고 돌아서다
가 그만 옷자락이 돌틈에 끼어 죽었으므로 지금도 그 탑에서

검은 향유가 흘러내리고 있다고 하였다.

성에서 남쪽으로 40리쯤 가면 스베타바라사성에 이른다. 지진이 날 때마다 다른 지역은 산에서 바위가 떨어지고 땅이 갈라지는데 이 성만은 흔들림이 없었다.

성 남쪽 30여리에 이루노산이 있는데 해마다 산 높이가 수백자씩 높아졌다가 자구다국(漕矩吒國)의 슈나시라산과 높이가 비슷해지면 다시 허물어진다는 전설이 있었다.

슈나천신(黎那天神)이 아루노산에 머물려 하면 산신이 노해 계곡을 흔드니 천신이 말했다.
"내가 이곳에 사는 것을 싫어한다면 자구다국 슈나시산으로 가겠다."
하고 떠났는데 그 뒤부터서는 절대로 아루노산은 슈나시산보다 높아지지 않았다 한다.

도성 서북 200리를 가면 히말라야산에 이른다. 이 산맥정상에 문이 있어 무엇이고 빌면 소원을 성취하였는데 여기에는 이런 전설이 있다.
"옛날 간다라국 한 나한이 이 못의 용왕의 공양을 받았다. 점심때만 되면 신통력으로 용왕에게 날아갔는데 하루는 시자 사미가 따라가 함께 공양을 받았다. 그런데 나한에게는 천상식을 주고 사미에게는 인간식을 주었으므로 화가 난 사미가 그 용이 죽었으면 하고 빌었다. 순간 용왕의 머리가 쪼개지는 것 같아 참회하였으나 듣지 않고 급기야 자신이 죽어 용왕이 되어 그 용을 죽이고 대신 용왕이 되고 그 나한에게도 큰 풍파를 일으켜 절과 스님들을 한꺼번에 삼켜버렸다. 이 내용을 안 카니슈카왕이 군대를 동원하여 이 못을 메우려 하자

"은혜로운 왕이 미물 곤충을 없애려 한다."

고 충고하였으나 듣지 않자 천둥번개를 치고 비바람을 쏟아 부었다. 그래도 왕은 결코 굴복하지 않고 못을 메우자 다시 찾아와 사정하므로 백성들에게 피해를 주지 않겠다 맹세시키고 그곳에 절을 지어 건추(犍槌)를 쳤는데 용은 화가 나면 참지 못하지만 건추를 치면 검정구름이 되어 하늘로 날아가므로 건추를 쳐 그 마음을 달래게 하였다 한다.

이곳 불탑에는 부처님 사리가 한되 정도 남아 있어 때로는 검은 연기를 내기도 하고 불꽃을 내기도 하고 흰 깃발을 따라 오르락내리락 하기도 하였다.

한편 도성 서북 큰강 남쪽에 옛 왕사가 있는데 거기 부처님의 유치(乳齒)가 모셔져 있고, 그 절 동남쪽에는 두개골 한 조각과 머리칼을 모신 왕사가 있기도 하였으며, 또 그 사원 서남쪽에는 옛 왕비의 절이 있어 역시 한되 남짓한 불사리를 모신 금동탑이 있어 매월 15일 빛이 쏟아져 나와 사람들을 기쁘게 하였다.

한편 도성 서남쪽에 있는 필루사리(比羅娑洛) 산에는 상견

신(象堅神)이란 산신이 나한님과 부처님을 모셔 공양한 일이 있는데 그때 부처님께서 공양하시고 사용한 이쑤시개가 자라 울창한 숲을 형성하고 있었다.

이것으로써 대당서역기 제1권이 끝났다.

길고 험한 말라칸드 고개

제2권

1. 인도의 풍습

인도를 중국 사람들은 천축(天竺) 또는 월량(月亮)·브라만국(婆羅門國)으로 부른다. 불법으로 세상을 달빛처럼 맑고 깨끗하게 하는 나라이고, 푸른 초원속에 생생하게 자라고 있는 나라, 바라문의 계급속에 질서있게 살아가는 나라라 하여 그렇게 이름을 붙인 것이다.

동·서·남·북·중앙 9만리 연변에 반달처럼 북은 넓고 남은 좁은 나라, 지극히 덥고 습한 기후 가운데서도 서북쪽은 척박하고 동북쪽은 비옥한 나라, 일찍이 역법(歷法)이 발달하여 지극히 적은 미진으로부터 승·숙맥·지·주·궁·크로샤·요자나 등 도량형법이 발달한 나라, 1년을 봄·여름·우기·가을·겨울·한기 여섯 계절로 나누고 시간을 무후리타·라바·타투샤나·찰나 등으로 분석, 하루를 낮 3·밤 3으로 구분한 나라.

붉은벽돌로 높은 성벽 안에 복잡한 집들이 얼기설기 대나무로 만들기도 하고 널을 깔고 석회를 바른 뒤 소똥을 바르고 계와를 입혀 아름답게 꾸미고 정원에는 꽃을 가꾸고 절 네 귀에 망루를 세우고 큰 문과 왕의 자리는 동쪽을 향해 꾸민 나라, 백성·어부·창기·배우·망나니·청소부는 성밖에 살아 일반사람들과 어울릴 수 없는 나라, 천을 마르지 않고 그냥 말아 입으며 흰색을 귀히 여기고 잡색을 천하게 보는 나라.

남자는 폭넓은 때로 겨드랑이로부터 허리까지 덮고 긴 천을 왼쪽 어깨에 걸치고 오른쪽 어깨는 드러내고, 여자는 어깨를 드러내지 않고 공작의 깃을 꽂아 화려하게 장식하고 뼈로 만든 장식을 즐기고 맨발로 걸어다니는 나라.

밥먹을 때는 반드시 손을 씻고 전날 남은 음식을 먹지 않고 식기는 저마다 따로 쓰고 나무그릇은 한번 쓰고 버리는 나라,

금·은·동·철로 만든 그릇을 쓰고 난 다음에는 깨끗이 닦아놓고, 대·소변을 본 뒤에는 반드시 손을 씻고 몸에 울금향수를 뿌리고 왕은 제사를 지내기 전에 반드시 음악을 들으며 목욕하는 나라.

문자는 범천이 만든 범어(梵語)를 배우는데 47개의 자모로 만들어 관청에서는 선악간에 모두 기록하는 나라.

총명예지하고 박학다식한 사람은 존경을 받고 왕명은 어겨
도 벌을 받지 않으며 학문을 연구하는 사람은 칭송하며 가난
을 부끄럽게 생각하지 않는 나라.

　아이들은 쉬운 것부터 가르쳐 단계적으로 5명을 가르치는
나라.
　① 성명(聲明) : 글자의 뜻을 정확히 아는 것
　② 공교명(工巧明) : 기술·역법을 가르치는 것
　③ 의방명(醫方明) : 의약·주술·침구를 가르침
　④ 인명(因明) : 옳고 그름을 가르침
　⑤ 내명(內明) : 참과 거짓을 가르침

　그리고 브라만은 4베다(吠陀)를 공부시키는 나라
　① 수(壽) : 삶을 개척, 성격을 좋게 하는 것
　② 사(祠) : 제사지내고 기도하는 것
　③ 평(平) : 의례와 점 병법 군인들
　④ 술(術) : 기능·수학·의학

　불교는 이론이 분분하여 18부가 있는데 각 교파마다 규율·
교리가 따로 있는 나라.
　① 한부를 수료한 사람은 절 일을 면제 받고.
　② 2부를 수료한 사람은 좋은 방과 침구를 쓰며.
　③ 3부를 수료한 사람은 시종 호위자가 있고.
　④ 4부를 수료한 사람은 관리자가 되며,

⑤ 5부를 수료한 사람은 수레를 타고 시종을 거느렸다.

그래서 뛰어난 사람은 상을 받고 저열한 사람은 쫓겨나 방랑하다가 퇴속한 사람도 있는 나라.

① 브라만은 교리를 지키면서 옳은 일을 하고,
② 왕족 크샤트리아는 나라를 다스리며,
③ 바이샤 평민은 상·공에 종사하고,
④ 수드라는 농업을 하며,
그 밖의 사람들은 직업이나 계급 따라 모여 사는 나라.
다른 계급과 빈부의 차이가 많은 자는 결혼할 수 없는 나라.
친족끼리는 결혼하지 않고 여인은 개가할 수 없는 나라.

군대는 보병과 마명·거병(車兵)·상병(象兵) 등이 있는데, 상병은 코끼리에게 튼튼한 갑옷을 입히고 상아에 날카로운 갈고리를 달아 그 위에 장군이 타고 좌우에서 병사가 호위하는 나라.

거병은 네 말이 이끄는 전차에 지휘관이 타고, 마명은 상대방을 뒤쫓고 보병은 창·칼·방패로 적진을 돌격하는 나라.

의(義)를 중시하고 재물을 탐내지 않아 충직하지만 때로 반역하는 자는 잡아 감옥에 가두고 죽든지 살던지 내버려 두는 나라.

예의충효에 어긋나는 것을 하는 자는 코나 귀·손·발을 잘라 들판에 버리고 일반범죄는 벌금으로 방면시키는 나라.

지은 죄를 부인하거나 감추는 자에게는
① 물(水) : 주머니에 돌을 넣어 가라앉히고,
② 불(火) : 손·발·혀를 인두로 지져 흉터가 나고 안나는 것으로 가리며,
③ 저울(稱) : 사람과 돌을 저울에 달고,
④ 독(毒) : 양에게 독을 섞여 그 고기로 죄를 시험,
네 가지로 판별하여 죽이고 살리기를 시험하는 나라.

① 말로 하고
② 고개로 하고
③ 두 손으로 하고
④ 양손바닥을 맞대어 하고
⑤ 한 무릎을 굽혀하고
⑥ 두 무릎을 굽혀하고
⑦ 손과 무릎을 땅에 대고
⑧ 양 팔꿈치와 양 무릎·이마를 땅에 대고
⑨ 땅에 꿇어앉아 공덕을 칭찬하는 방법으로 인사하는 나라.

병이 나면 7일 동안 음식을 먹지 않다가 그래도 좋아지지 아니하면 약을 먹고 죽으면 애절하게 울며 옷을 찢고 머리를 쥐어뜯고 이마로 땅을 찧고 가슴을 치며 슬퍼하는 나라.

상복을 입지 않고 가정의 전통을 따라

① 화장(火葬)

② 수장(水葬)

③ 야장(野葬)을 하는데 반드시 발상(發喪) 후에 방문하고
   장래 후에는 성밖 문에 가서 깨끗이 씻는 나라.

죽음에 임한 사람이나 자기 죽을 것을 미리 안 사람은 동네
잔치를 벌리고 죽는 날 강에 들어가 배를 타고 투신하는 나라.
출가자는 부모가 죽어도 울지 않는 나라.

백성들은 각기 자기 땅이나 남의 땅을 빌려 농사짓되, 남의
것은 6분1을 세금으로 내고

왕의 토지는

① 나라살림과 제사비용으로 쓰고

② 대신에게 봉록을 지급하고

③ 총명한 행자, 재능인에게 상으로 주고

④ 스님들께 보시하였다.

각 나라의 상인들은 해안을 이용할 때 관세를 내고 국가사
업에 동참하는 자는 보수가 나왔고, 병사와 왕의 호위병은 나
라에서 월급을 주었다.

자연환경과 토질 따라 나는 화초나 과실·벼·보리·생강·
겨자·오이·박 같은 것을 생산하고 파·마늘은 거의 먹지 않

고, 먹는 사람이 있으면 도성밖으로 쫓아내는 나라.

버터·설탕·꿀·보릿가루를 먹을 때마다 끓였으며, 가끔 생선·양·노루·사슴 등을 벅지반 소·나귀·코끼리·말·돼지·개처럼 깃털을 가진 동물은 먹지 않았다. 그래서 만약 먹는 자가 있으면 업신여겼다. 술은 계급 따라 달리 마시며, 높은 계급인은 귀한 술을 마시고, 상인들은 독주를 마셨다.

보통 음식은 가정에서는 토기에 담아 반찬과 함께 손으로 먹고, 환자는 동으로 된 수저를 주었다.

화폐는 금·은·동·벽옥·수정 등을 전(錢)·주(珠)로 만들어 썼다.

이것이 현장스님이 인도에 갔을 때 인도사람들의 생활습속이었다.

2. 간다라국(建馱羅國) 이야기

간다라국은 지금의 파키스탄 페사와르 지역이다.
간다라국은 카피시국의 속국으로 동서로 천리 남북으로 800리가 넘고 도성둘레는 40여리가 되었다. 생산물로는 석밀 등 여러 가지 과일이 났다.

동쪽에는 인더스강이 있으며 서리나 눈이 내리지 않아 더운 날씨가 계속되었다. 사람들은 겁이 많고 나약했으며 경전 예법에 관한 것을 즐겨하였다. 주로 외도를 믿고 불교를 믿는 사람은 적었다. 아상가·바수반두·여의 파르시마 같은 분들이 모두 이곳 출신이다.

도성 동쪽으로 8,9리쯤 떨어진 곳에 가지와 잎이 무성한 필발라수 한 그루가 있는데 과거 4불이 이 나무 밑에 앉아 공부했고 현겁 천불중 996불이 여기에 앉아 공부한 곳이라 하였다. 부처님께서 아난존자에게 말했다.

"내가 죽고 난 뒤 400년이 지나면 이곳에서 카니슈카라는 왕이 태어나 남쪽에 탑을 세우고 내 몸의 뼈와 사리를 그 탑 속에 둘 것이다."

과연 그는 예언대로 태어나 탑을 세웠다. 그는 처음 죄와 복을 믿지 않고 불법까지 멸시하다가 하루는 사냥을 나가 토끼 한 마리를 발견하고 뒤쫓았는데 그 토끼가 필발라수나무 밑에 이르러 온데간데 없어졌으므로 찾아가 보니 목동 하나가 숲속에 웅크리고 있었다.

"지금 여기서 뭘하고 있느냐?"

"전세 부처님의 예언을 따라 탑을 쌓고 있습니다."

하고 사라지자 카니슈카왕은 놀라 불교를 믿게 되었고 그곳에 곧 둘레가 1리반, 높이가 150자 되는 5층탑을 세웠다.

왕은 진심으로 귀의하여 25층 위에 금동반(金銅盤)을 만들어 여래의 사리를 봉안하였다.

그 큰탑 남쪽에 그림으로 그린 부처님 한 폭이 있는데 높이 가 1장 6치나 되었다.

옛날 한 거지가 종일토록 탁발하여 동전 한 잎을 얻어 그림 을 부탁하자 또 다른 거지가 똑같이 말하므로 봄통이 눌 되는 그림을 그려 주었는데 그림이 완성된 뒤 찾아온 두 사람에게 두 모습이 나타나 함께 불도를 믿게 되었다 한다.

한편 탑 서쪽에 흰돌로 만든 불상이 하나 있는데 한 번은 도둑놈이 와 도둑질을 하러 왔는데 그 불상이 탑을 돌았으므 로 도적질을 못하고 갔다고 한다.

대탑 서쪽에 카니슈카왕이 만든 절이 있는데 왕이 직접 이 곳에 나와 고행하는 스님들을 표창하였다 한다.

사원 3층에 페르시바의 상이 있다. 그는 80이 넘어 출가한 바라문으로써

"만약 내가 3장 6통 8해탈을 얻지 못한다면 다시는 이 자리 에 눕지 않겠다."

맹세하여 3년만에 그 목적을 달성하였다. 그래서 그 이름을 협존자(脇尊者)라 부르게 되었다 한다.

또 여의스님은 이곳에서 10주비바사론을 완성하였고, 그의 제자 바수반두는 아비달마구사론을 지었다.

여의논사는 100명의 외도들과 논전한 가운데 "연기가 불보 다 먼저다"라는 이야기를 하자 외도들이 반대하여 혀를 깨물

고 죽었는데 그 뒤 제자 바수반두가 나와 그를 다시 증명해주었다.

카니슈카왕사에서 동북쪽으로 강을 건너면 푸시칼라비티성(布色羯邏越底城)이 있고 여기서 다시 4,5리를 지나면 옛날 부처님께서 한 맹인을 위해 천번이나 눈을 바친 절이 있고 귀자모탑이 있다.

거기서 다시 북쪽으로 50리쯤 가면 효성이 지극했던 샤마카보살이 아버지를 위해 남의 과일을 따다가 독화살을 맞아 죽었다 되살아나 그를 기념한 탑이 있고, 다시 거기서 200리쯤 동남쪽으로 가면 바루사성(跋虜沙城) 북쪽에 작은 탑이 있다.

옛날 옛적 수닷타태자가 부왕의 코끼리를 시주하고 쫓겨나 그곳에 머물다가 거기서 다시 동북쪽으로 20리쯤 떨어진 곳에 그가 도망가 살았던 탄다락카산(彈多落迦山)이 있다. 그 석실에는 태자와 태자비가 좌선하던 석실이 있고 마치 사이에 휘장을 친 듯한 바위가 있다.

또 거기서 그리 멀지 않은 곳에 브라만이 그의 아들들을 때려 피를 흘린 곳이 있는데 지금도 그곳 나무와 풀들이 모두 붉은 피색을 하고 있다.

그곳이 바로 인도성자 샬라투라는 파니니가 태어난 곳이다.

파니니는 고대인도 산스크리트(梵語) 즉 성명학(聲明學)을 창제한 사람으로 우리나라 세종대왕과 같다.

태고적에 너무나 문사가 많아 혼돈하여 쓰지 아니하므로 거의 소멸했던 것을 인수정명 100세 때 파니니가 태어나 여러 곳의 언어와 문자를 연구하여 대자재천의 도움을 받아 전 문자를 통일, 왕에게 바쳐 백성들을 가르치게 되었다 한다.

샬라투라마을에 전생에 박쥐였던 스님이 이곳에 이르러 파니니의 학문을 익혀 아이들을 가르치니 그들이 장차 파키스탄 불교에 큰 영향을 주었다.

우타칸드성(烏譯迦漢茶城) 북쪽으로 가 산을 넘고 강을 건너 600여 리를 가면 웃다야나국이 나온다.

제3권

1. 웃다야나국(烏仗那國)과 탁샤실라국(怛叉始羅國)

웃다야나국은 지금 인더스강 상류 스와트 지역이다.

웃디야나국은 둘레가 500리 가량 되고 춥지도 덥지도 않고 비바람이 적당히 내려 좋았다. 포도는 많아도 고구마는 땅이 척박하여 나지 않았다. 광물질로는 금과 철이 주로 나고 사람들은 겁이 많아 거짓말을 잘하고 공부를 좋아하지만 열심히 하지 않는다. 흰 천으로 옷을 해 입고 언어와 예절은 인도와 비슷하다. 대승불교를 믿어 불교유적지가 많다.

이 게리성(揭釐城)에서 동쪽으로 4,5리 거리에 한 탑이 있는데 부처님께서 전생에 인욕선인이 되어 게리왕(羯利王)에게 몸이 잘린 곳이다. 이곳에 있는 핫다산(醯羅山)에서 불법 반게송(生滅滅已 寂滅爲樂)을 들으려고 목숨을 바친 곳이다.

아파릴리(阿波邏羅) 용천의 용은 원래 카니시왕 때 사람으로 이름을 궁기(德祇)라 하였는데 그는 주술을 잘 부리고 바람과 비를 잘 조절할 수 있어 포악한 용을 잘 다스렸다. 풍년이 들면 모두 한 되박씩 곡식을 거두어 가난한 사람들을 도왔는데 장차 부자가 되자 그것도 내지 않으려 하므로 그가 죽어 용이 되어 그 마을을 쑥대밭으로 만들자 여래께서 가엾이 여겨 그를 교화함으로써 그 뒤부터서는 큰 폭동과 비바람을 내리지 않아 12년 만에 한번씩만 폭우를 내리고 나머지는 평년작을 얻게 하였다 한다.

부처님께서 보살행을 행할 때 사루바닷다왕(薩縛達多王)이 되어 적군에게 쫓겨 이곳으로 피난왔는데 한 바라문이 구걸을 하러 오자 자신의 몸을 적군에게 넘겨 보상을 받아가지라 한 곳이었다.

또 여래가 옛날 제석으로 태어났을 때 흉년에 전염병까지 성하여 길거리가 송장더미가 되자 큰 구렁이로 변하여 그 살을 먹으면 병이 낫는다고 하여 그 몸을 희생하였으므로 사람들은 이곳에 사르파오샤디(薩@ 殺地)사원을 세우고 수마불탑(蘇摩佛塔)을 세웠다.

또 이 사원 북쪽 암벽에는 여래가 공작왕으로 태어나 가뭄에 바위 사이로 쫓아 샘물을 얻어낸 일이 있는데 그 공덕을 기려 공작왕탑을 세워 놓은 것이 있다.

부처님께서 열반에 드실 때

"장차 사리를 분배하게 되면 산군왕에게도 주라."

예언하였는데 그가 조금 늦게 와 주었다. 그런데 코끼리 등에 사리를 모시고 왔는데 그 코끼리가 큰 바위로 변해 지금 그곳에 상군왕탑이 세워져 있고, 노이타탑(盧醯呾塔)은 부처님께서 전생에 보살행을 할 때 스스로 몸을 찔러 악귀들에게 보시한 곳에 세운 탑이다.

웃디야나국 왕족들은 석가족의 분신이다. 바루다가왕(毘擇迦王)이 석가족을 멸망시킬 때 부처님의 자비의 물을 마신 상군왕이 도망치다가 기러기 한 마리를 타고 이곳 용녀와 결혼하여 나라를 세웠는데 그의 어머니로 인해 불법을 맛보고 부처님 사리를 모셔다가 로히타자탑을 세우게 되었다 한다.

뭉계리 성에서 동북쪽으로 웃디야나국의 옛 도읍인 다라라천(連震羅川)에 이르고 그곳에서 다시 동북쪽으로 500리를 가면 발로라국(鉢露羅國) 우타칸드성에 이르며 거기서 남쪽으로 인더스강을 건너면 탁실라국이 나온다. 탁실라는 지금 파키스탄 탁실라 지역이다.

탁실라국은 둘레가 2천리 도성 둘레가 10여리 된다. 전에는 카피시국에 속하였으나 지금은 카슈미르 지배를 받고 있다. 토지가 비옥하여 농작물과 과일이 풍부하여 기후가 온난하여 사람들은 불교를 믿고 복을 지어 유독히 불교유적이 많다.

엘리파트라 용왕지(醫羅鉢呾邏龍王池)에는 항상 아름다운 연꽃이 피어있는데 이곳 용왕은 카시아파 때 엘라파트라 나무를 베고 불지른 비구가 죽어 환생하였기 때문에 이곳에서 용왕재를 지낼 때는 반드시 스님들이 함께 하여야 한다고 하였다.

부처님은 옛날 이곳에서 찬드라프라바(戰達羅鉢刺婆)왕이 되셨다가 깨달음을 위해 그의 머리를 베어 보시한 일이 있었으므로 아쇼카왕은 이곳에 사두탑(捨頭塔)을 세웠다.

또 아쇼카왕의 아들 쿠날리(拘浪拏) 태자가 계모의 계략 때문에 두 눈을 패인 곳에 아들의 눈이 다시 뜨이기를 기원하여 남산탑(南山塔)을 세웠다. 거기에는 간악한 계모의 계략과 착한 태자, 그리고 그 눈을 밝혀준 구사(瞿沙)스님의 12인연 법문이 기록되어 있다.

2. 카슈미르(迦濕彌羅)왕과 제4결집

카슈미르는 지금 인도 북부 카슈미르지역이다. 둘레가 7천여리, 사방이 산으로 둘러싸여 있어서 적의 공격을 막기 좋게 되어 있다. 도성은 남북으로 13,4리쯤 되고 동서는 4,5리쯤 된다. 서쪽에 큰 강이 있다. 꽃과 과일 용종마와 울금향·화주 등 여러 가지 약초가 많이 난다. 춥고 눈이 많이 오는 반면 바람이 거의 없다. 용의 가호로 이웃나라를 점령하는 강대국으로 사람들의 외모는 아름답지만 남을 잘 속이며, 식견이 넓지 못해 사교와 정교를 혼돈하여 믿는다. 절은 100여 곳에 스님들은 5천명 정도 되었다.

부처님께서 일찍이 아난다와 함께 지나가시다가
"내가 열반에 든 뒤 마디얀티카(末因底迦)가 이곳에 나라를 세우고 백성을 다스리며 불법을 널리 펼 것이다."
예언하셨는데 과연 불멸 후 15년 있다가 마디얀티카가 6신통을 얻고 8해탈을 증득한 뒤 바로 이곳으로 와 그곳에 살고 있던 용에게 자기 몸만큼만 땅을 달라고 하여 주었더니 점점 그 몸이 커져 서북쪽에 100리쯤 되는 못 하나를 남겨 주었다.

미디얀티카는 용의 청을 받아 공양하고 500개의 사원을 지어 각 지방에서 사온 종들을 시봉자로 썼는데 미디얀티카가 죽은 뒤 그들 시봉자 가운데서 크리타(訖利多)가 왕이 되었다.

불멸 후 100년 뒤에 태어난 아쇼카왕은 신앙심이 깊고 백성들을 사랑하였다. 당시 마가다에는 나한승 500명과 범부승 500명이 있어 똑같이 공양을 받았다. 범부승 가운데 마하데바는 게송하나로 나라 임금님까지 존경하여 500나한들을 물에 빠뜨려 죽이려 하였다.
그래서 그들은 이것을 미리 알고 카슈미르국 깊은 산속으로 숨어들어가 공부하고 있었는데 아쇼카왕이 뒤에 뉘우쳐 500개의 사원을 짓고 그들을 지극히 공경하였다.

간다라국의 카니슈카왕은 불멸 후 400년 경에 태어나 신심이 견고하였으므로 매일 한 스님씩 모셔 법문을 듣고 공양하였는데, 스님들 마다 각기 다른 논리로 설명하므로 전국에서 성과(聖果)를 얻은 자들을 모으고 그 가운데서 4과를 얻은 자와 3명 6통을 얻은 자, 3장에 통효한 자 499명을 뽑아 카슈미르로 모시고 왔는데 검은색 법복을 입은 세우(世友)가 문밖에 와 있었으므로 그를 모셔 10만송 우바데샤와 비나야·아미달마 등 30만송 960만자를 동으로 새겨 석함에 담아 탑속에 넣었다. 그리고 누구나 배우고 싶은 사람은 그곳에 들어가 배우도록 하였다.

카니슈카왕이 죽자 크리타족 사람들은 자기들끼리 왕을 세우고 스님들을 쫓아내고 절을 없앴다. 그런데 토카라국 히마탈라왕은 석가족으로 불멸 후 600년경에 태어나 크리타족들의 죄악을 듣고 그들을 토벌하였다. 먼저는 3천명의 군대를 장사꾼으로 변장시키고 다음은 500명의 용맹한 군대를 보내 크리타왕을 암살하도록 하되 그 가운데 뛰어난 사람에게 히마탈라왕의 선물을 보내 즉결처분하게 하였다.

카슈미르의 도성 근처에 재일이 되면 빛을 발하는 탑이 있는데 부처님의 치아사리를 모신 곳이다. 돌팔이 스님이 병든 코끼리를 치료해주고 선물로 받은 것이다.

불아(佛牙)사원 동쪽에 절이 하나 있는데 이곳은 스칸딜라

(素建地羅) 논사가 중사분비바사론(衆事分毘婆娑論)을 쓴 곳
이다. 이 절에 나한의 사리가 모셔진 석탑이 있다.

전생에 동인도 왕이 타던 코끼리가 죽어 사람으로 태어나
경전을 구해 왔으므로 그가 죽은 뒤 사리탑을 세운 것이다.

여기까지가 제3권이다. 다음은 제4권에 들어가겠다.

쓰왓계곡의 풍요로운 전경

제4권

1. 탁가국(磔迦國)과 마티푸라국(秣底補羅國)

이 두 나라는 모두 북부인도에 있다. 탁가국은 둘레가 1만 여리이고 동쪽으로 비아스강, 서쪽으로 인더스강이 잇닿아 있다.

도성 둘레는 20여리 벼·보리농사에 적당한 기후를 갖고 있고, 금·은·황동·붉은동·철 등이 난다.

옷은 조하의(朝霞衣)라는 눈부신 흰옷을 입고 불교는 거의 없고 모두 외교를 믿는다. 외교신당은 수백 곳인데 절은 10곳 정도다. 과거에는 불교가 성하여 가난한 사람들에게 의약을 베풀어 먼 곳에서 온 사람도 몇일 동안 푹 쉬어갈만 하였다 한다.

샤칼라는 탁가국의 옛도읍이다. 오래전 마히라쿨라왕(摩醯邏矩羅王)이 여기 도읍을 정하고 주위 여러 나라를 다스렸다.

그는 나랏일을 처리하면서 불법도 공부하고 싶어 덕이 있고 지혜가 뛰어난 스님들을 추천 받아 가르침을 받았다. 그런데 한번은 남의 왕족에게서 머슴살이를 하던 사람이 와 자신을 업신여겨 그런 사람을 보냈다고 스님을 쫓아내고 절을 헐었다.

한편 마가다국 빌라디티야왕(婆羅阿迭多王)이 조공을 받치지 않자 마하라쿨라왕은 빌라디티야왕을 치려고 군사를 단련하였다. 이 소식을 들은 빌라디티야왕은 전쟁은 나라와 백성을 못살게 하는 것이라 생각하고 수많은 부하들과 함께 한 섬으로 가 살면서 동생에게 빌라디티야왕을 치라고 시켰다.

그런데 빌라디티야왕은 교묘한 전술로 동생을 유인 깊은 산골짜기에서 생포하였다. 얼굴을 보려고 투구를 벗기려 하였으나 "원수를 보면 좋은 말이 나오지 않는다" 하며 그대로 죽이라고 하니 그의 어머니가 "내가 한 번 보고난 뒤에 죽이라" 하여 만나보니 나쁜 사람이 아니므로 빌라디티야왕의 딸과 결혼시켜 북방의 작은 나라왕으로 임명해 보냈으나 그는 형의 나라로 돌아가 왕위에 올랐다.

마히라쿨라왕은 이렇게 하여 나라를 잃고 이곳저곳으로 다니다가 카슈미르에 가서 카슈미르왕을 죽이고 왕족과 대신들을 죽이고 9억명을 생포, 1600개의 사찰을 불태웠다. 상류층 3억명은 인더스강가에서, 중류층 3억명은 물에 빠뜨려 죽이고, 나머지 3억명은 병사들의 노예로 주었는데 그 뒤 1년도 못되어 대지의 진동과 광풍 속에 허망하게 죽었다. 사람들은 탄식하였다.

"죄없는 사람을 마구 죽이고 불법을 헐뜯더니 무간지옥에 떨어지는구나."

이 나라에는 승의제론(勝議諦論)을 쓴 바수반두의 유적지가 있고 부처님과 사리불이 포교중 머물다가 간 곳도 여러 군데 있었다.

마티투라국은 둘레가 6천리, 도성 둘레는 20여리이다. 곡물 농사가 잘되고 기후가 좋아 과일도 풍부하였다. 사람들은 소박하여 배우는 것을 좋아하고 손재주가 뛰어나 주술도 잘했다.

불교와 외도들이 반반 섞여서 살았다. 불교 가운데서는 소승불교 가운데 설일체유부가 중심이 되어 있고, 왕은 수드라 출신으로 불교를 믿지 않았다.

오래전에 구나프라바(瞿拏鉢剌婆)가 변진론(辯眞論) 등 100여 권을 쓴 구나프라방사원이 있다. 스님은 어릴 적부터 재능이 출중하고 박학다식하여 먼저 비바사론을 공부하여 대승불교를 비판하였으나 데바세나(提婆犀那)를 알게 되어 마침내 도솔천에 올라갔으나 미륵보살이 재가자의 모습을 하고 있어 절을 하지 않자

"저런 거만한 사람에게는 바른진리를 이야기해 주어도 들어

갈 구멍이 없다."

하고 가르침을 주지 않아 깨달음을 얻지 못했다 한다.

구나프라바사원 북쪽에 상카비드라가 살던 절이 있었는데 스님들이 200명 정도 살고 있었다. 상카비드라는 카슈미르 사람으로 총명 예지하여 여러 업적을 남겼으나 특히 설일체유부의 비바사론을 깊이 연구하였다.

그런데 그 때 바수반두가 아비달마구사론을 써 읽고 12년만에 구사박론(俱舍雹論)을 써 바수반두를 만나러 갔으나 바수반두는 이미 떠나고 없었다.

그는 그 자리에서 크게 뉘우치고 그의 제자들에게 편지와 책을 바수반두에게 전하라 하고 죽어 그곳에 탑을 세워 지금도 그 자리에 있다. 바수반두는 그 책 이름을 순정리론(順正理論)이라 하여 뒤에 전하여 "사자가 돼지를 피해 돌아간 것과 같구나" 하였다.

또 카슈미르 사람으로 비말라 미트라가 있다. 대승불교를 비방하다가 상카비드라의 탑을 보고 그 자리에서 복장이 터져 죽었다고 한다.

2. 카피타국(劫比他國)의 상카시아 유적

카피타국의 둘레는 200여리, 도성은 20여리다. 기후가 온화하고 토지가 비옥하여 농사가 잘된다. 풍속은 소박하여 많은 사람들이 기술 공예를 배우고 있다.

사원 네 곳에 천여 명이 머물면서 소승 정량부(正量部)를 공부하고 이교들은 10여 곳에 내사재천을 모시고 있다.

이 도시에서 동쪽으로 20여리 가면 부처님께서 도리천에 어머니를 제도하고 내려오신 삼보도계(三寶道階)가 있다. 부처님은 가운데 금계단으로 내려오시고 범천은 손에 흰 불자를 들고 오른쪽 계단으로 내려 왔으며, 제석천은 보석함을 들고 왼쪽 수정계단으로 내려 왔다 한다.

그런데 그때 그 계단은 다 무너져 없어지고 나라의 왕들이 모형을 만들어 놓았는데 살아 움직이는 것과 같았다.

또 보계 가까이에 사리불이 앉았던 곳과 산책하던 곳이 있으며, 여래께서 목욕하던 곳 선정하여 발자국이 남아있다.

또 부처님께서 천상에서 내려오실 때 먼저 뵙고자 연화색비구니가 전륜성왕의 옷을 입고 마중갔는데 부처님 앞에 이르자 본래의 모습이 되어 깜짝놀라자,

"수보리는 석실에 연좌하고 있으면서도 나를 제일먼저 맞았는데 너는 어찌하여 비구니가 큰스님들 앞에 섰느냐."

꾸짖었다.

여기까지가 제4권이다. 다음은 제5권으로 들어간다.

제5권

1. 카냐쿠브자국(羯若鞠闍國)과 실라디티야 (尸羅阿迭多)

카냐쿠브라국은 둘레가 4천리이고 도성 서쪽은 20여리, 폭 14,5리로 갠지스강가에 잇닿아 있다. 단단한 해리가 있고 여러 층으로 된 망루도 있다.

성안에는 꽃나무가 심어져 있어 물 색깔까지 아름답다. 귀하고 특이한 보물도 많고 소박한 인심이 친절하다. 단정하고 잘 생겼으며 옷차림이 화려하다.

학문을 좋아하여 말이 간단하면서도 의미심중하다. 불교와 외교가 절반씩 있는데 불교사원은 100곳 정도에 스님들은 1만명 정도 된다. 대·소승이 함께 공부한다. 외교사원은 200곳 정도 되고 신자들은 수를 헤아릴 수 없다.

옛날 부라마닷타(梵授) 왕이 있어 후덕하였다. 아들이 1000명 딸은 100명 정도 되는데 용기와 지혜를 겸비하고 꽃같이 아름다웠다.

갠지스강가에 살던 신선(大樹仙人)이 딸들이 노는 것을 보고 딸 하나를 얻고자 왕에게 갔으나 얻지 못하고 돌아왔는데 오직 한 딸이 아버지의 고민을 알고 시집가기를 원하여 가자 선인이 화를 내어 99명의 여인들이 모두 허리가 구부러지게 하였으므로 그 성의 이름을 곡녀성(曲女城)이라 부르게 되었다 한다.

카냐쿠브자국왕은 바이샤출신으로 이름이 하르샤바르다나(曷利沙伐彈那)이고 호가 실라디티야(尸羅阿迭多)다.
그가 왕위에 오르기 전에도 그의 가족들이 나라의 왕을 계승해 오고 있었다. 그의 아버지는 프라바카라 바르다나(波羅羯羅伐彈那)이고 그의 형은 라자바르다나(曷邏闍伐彈那)인데 아버지가 죽은 뒤 형이 그 뒤를 이어 나라를 다스렸다.

동인도 카르나수바르나국(羯羅拏蘇代剌那國)은 카냐쿠브자국의 위협이 두려워 라자바르다나를 암살하였다. 우두머리가 없으면 나라가 혼란에 빠지는 법이라 대신들이 모여서 의논하였다. 이때 바니(波尼) 대신이 말하였다.
"나라에 군주가 없으면 안됩니다. 왕의 동생 하르샤바르다나가 어질고 자비로우며 사랑을 베풀줄 안다고 들었습니다. 그를 왕위에 올리는 것이 어떻습니까?"

하르샤바르타나의 인품이 어질어 대신들의 찬성으로 그를 왕위에 오르게 하고자 권하였다. 그러나 그는 재능과 학식이 부족한 것을 핑개로 왕위에 오르는 것을 거절하고 갠지스강가에 모셔져 있는 관세음보살 앞에 가서 식음을 전폐하고 기도하였다. 그때 관세음보살이 물었다.

"무엇 때문에 이렇게 정성을 기울이고 있는가!"

"대신들의 뜻을 어떻게 받아들여야 할지 모르겠습니다."

"그대는 원래 숲속의 스님이었는데 열심히 수행한 덕분에 왕자로 태어나 있으나 그대가 왕위를 계승하여 폭정을 제압하고 불법을 널리 펴면 그 공덕이 백성들에게 미치지 않겠는가. 그대의 행이 진정으로 어질다면 모든 신들이 그대를 도울 것이다."

그는 보살이 가르쳐준대로 왕위에 올라 가르쳐준대로 행하였다. 그러나 절대로 먼저 왕위와 같이 하지 않고 실라디타야라는 이름으로 대신들과 함께 힘을 합하여 나라를 다스렸다. 왕자는 직접 군대를 이끌고 주변의 여러 나라를 정벌해갔다. 6년에 걸친 전쟁으로 전인도를 통일하였다. 군대의 규모가 처음보다 30배나 불어났으며 그 후로 30년, 전국은 안정되고 천하가 태평하였다.

그는 대신들과 이웃나라 임금들과 서로 이름을 부르며 우정을 나누고 근검절약, 백성들의 뿐이 되었다. 때로는 초막에 머무르면서 불도를 널리 폈다.

살생을 함부로 하지 않게 하고 곳곳에 사원을 짓고 스님들이 불법을 연구하는데 장애가 없도록 하였다. 3개월 동안 비가 와서 밖에 나가지 못할 때에는 연회를 베풀어 각 교파 스님들과 식사를 나누며 불법을 어기는 사람들을 제재하였다. 그는 왕위에 올라 있는 동안 3분의 1을 국가 대사를 치르는데 쓰고 나머지 시간은 선을 쌓는데 온 정성을 바쳤다.

내가(현장) 쿠마라왕의 초청을 받아 마가다국에서 카다루바국으로 가고 있을 때 마침 카춘카라국(羯朱哩祇邏國)을 순행하다가 실라디티야가 쿠마라왕과 함께 연회에 참가해 달라고 초청하였다. 그래서 만나 대화를 나누던 중 실라디티야가 나에게 물었다.

"당신은 어느 나라에서 무엇하러 왔습니까?"

"당나라에서 불경을 구하러 왔습니다."

"당은 어느 곳에 있고, 어떤 길로 와 여기 얼마나 머물렀습니까?"

"동북 몇만리 밖에 당나라가 있으며 인도사람들은 그 나라를 마하치나국(摩訶至那國)이라 부릅니다."

"그 나라에 어진 진왕(秦王)이 있다 들었는데 그의 어진정치가 진왕파진악(秦王破陳樂)이라는 이름으로 이 나라까지 칭송이 자자했는데 사실 그렇습니까?"

"맞습니다. 옛날에는 진나라 불렀지만 지금은 당이라 부르는데 그는 천하를 통일하고 거기서 거두어진 세금으로 귀천을 가리지 않고 골고루 나누어 풍족을 얻게 했으며, 형벌을 가볍게 하고 세금을 적게 거두었습니다."

"정말 위대한 업적이요. 현명한 군주를 만나면 백성들은 행복해지기 마련이요."

실라디티야는 진왕의 이야기를 듣고 감탄하였다.

실라디티야가 카냐쿠브자로 돌아가 법회를 열고자 하자 수십만명이 갠지스강가에 모여 있었는데 쿠마라왕도 카냐쿠브다로 가고자 하여 북쪽 해안에 모여 90일 만에 카냐쿠브다에 도착하였다.

실라디티야는 강 서쪽에 큰 절을 세우고 보석으로 누각을 장식한 뒤 한 가운데 금불상을 모셔 공양하였다.

한편 이 누각의 남쪽에는 금불상을 목욕시키기 위해 보석으로 단을 만들고 동북 14,5리 정도 떨어진 곳에 행궁을 세워 2월 초부터 21일 동안 스님들과 브라만들에게 귀한 음식을 대접하였다. 풍악대를 세워 아름다운 음악을 연주하고 금불상을 꺼내어 아름다운 옷을 입히고 코끼리에 태운 뒤 주위장막을 쳤다. 실라디티야는 제석천의 옷을 입고 손에는 양산을 바치고 두 나라 왕은 부처님 좌우에 서 500명의 코끼리 부대가 에워싸고 각각 100마리의 악기부대가 코끼리 위에 올라앉아 풍악을 울렸다.

실라디티야는 걸으면서 금은보석과 꽃을 뿌리고 3보께 공양했으며 그리고 높은 산위에 올라 향유로 금불상을 목욕시키고 손수 금불상을 등에지고 서쪽 단위로 옮겨 모셨다. 진귀한 보석과 화려한 비단은 금불상을 공양하는 봉헌품으로 썼다. 의

식이 끝나면 밥을 먹고 각 학파의 사람들을 초대하여 불법에 대한 토론을 펼쳤다.

이렇게 종일토록 불사를 경영하다가 땅거미가 질무렵에는 수레를 몰아 행궁하였다. 이러한 의식은 법회가 끝날 때까지 계속되었다.

그런데 마지막 날 갑자기 불이 일어나 사원건축들이 모두 화염에 휩싸였다. 실라디티야는 "이는 내 신앙이 부족한 탓이다" 탄식하며 기도하였다.
"이를 대대에 물려주어 조상의 공덕을 기리고자 하였으나 불이나 모두 타버렸으니 차라리 죽는 것만 같지 못합니다."
하고 통곡하자 모두가 울음바다가 되었다.
그런데 불은 갑자기 그치고 더 이상 타지 아니하였으므로 모두가 향을 사르고 예를 올렸다.
"만일 우리가 외도를 믿었다면 이를 모두 신의 장난으로 알고 우왕좌왕 하였을 것인데 제행이 무상이라 만들어진 모든 것들은 언젠가 멸한다는 부처님 가르침을 되새길 수 있도록 되었으니 우리 어려운 일을 당하더라도 흔들리지 말고 삽시다."
하여 모두 환호성을 올리며 불탑에 가서 참배하였다.

그때 한 자객이 나타나 왕을 죽이려 하였다. 왕은 뒤로 물러서 자객을 잡아 물었다.

"나는 너에게 잘못한 것이 없는데 왜 나를 죽이려 하느냐?"

"이교도들이 불화살로 궁을 태우고 또 저에게 임금님을 죽이라 하여 나왔습니다."

"그렇다면 이는 그대의 잘못이 아니니 교주 한 사람만 처리하고 그대를 놓아주리라."

하고 놓아주었다. 곡녀성 부근에는 여래의 머리카락·손톱·치아를 공양하는 곳이 있고, 불법을 강의하는 곳, 네 부처님들이 경행하던 곳과 갖가지 정교한 불상들이 많이 있다.

이 성에서 동쪽으로 100여리를 가면 나바데바쿨라성(納縛提婆矩羅城)이 있고 다시 거기서 동남쪽으로 600리를 가면 갠지스강을 건너 아유다국이 나온다.

2. 아유다국(阿踰陀國)과 프라야가국(鉢羅耶伽國)의 불교

아유다국은 북부 파테푸르지역이고 프타야가국은 알라하바드지역이다.

아유다국은 둘레가 5천여리이고 수도의 둘레는 20여리이다. 갖가지 곡물과 과일이 많이 난다.

기후는 덥지도 춥지도 않아 사람들은 비교적 선량 온순하고 부지런하며 기술을 많이 배운다.

절은 100여곳, 스님들은 3천명, 대·소승불교가 한데 어울려 공부한다. 외교는 사원 열곳 정도이고 신자들이 많지 않았다.

도성에 바수반두가 10여년 동안 머물며 대소승 불전을 편집했다는 절이 있고, 그 옆에 왕·승려·브라만·재능있는 사람들에게 불법을 가르친 장소가 있었다. 부처님께서 불법을 강의한 곳도 도성 근처에 있는데 부처님의 머리카락과 손톱 등이 모셔져 있다.

또 도성 이남 5,6리 암라숲으로 가니 아상가가 많은 살마들을 가르치던 오래된 사원도 있고, 아상가가 밤이면 천궁에 올라가 미륵보살에게 유가사지론(瑜伽師地論)·장엄대승론(莊嚴大乘論)·중변분별론(中邊分別論) 등을 배우고, 낮에는 그것을 사람들에게 가르쳤다. 그 숲에도 부처님의 머리카락과 손톱을 모신 탑이 있는데 탑옆의 유적은 바수반두가 하늘에서 내려와 이상가를 만난 곳이라 하였다.

아상가는 불멸 후 1천년경에 태어나 마이샤시카(彌沙塞部)에 출가, 대승불교를 공부하였다.

그런데 그의 동생 바수반두는 소승불교 설일체유부에 출가한 뒤 설일체유부를 공부하고 막내동생 붓다싱하(佛陀僧訶)도 출가해 있어 서로 약속하였다.

"우리 셋 가운데 누가 먼저 하늘에 올라가 미륵보살을 만나는지 보자."

붓다싱하는 일찍이 죽고 3년 후에 바두반두도 죽었다. 6개월이 지났는데도 소식이 없자 다른 교파 사람들이 비웃었다.

"아마 그들은 천한 곳에 태어나 약속을 지키지 못하는가 보다."

그런데 어느 날 아상가가 문하생들에게 불법을 강의하고자 할 때 공중이 갑자기 밝아지면서 한 천신이 내려와 아상가에게 경의를 표했다. 아상가가 물었다.

"왜 이리 늦었느냐?"

"저는 죽은 뒤 투시타천(도솔천)으로 가서 미륵보살의 연꽃 속에 태어나 칭찬을 받고 오다 보니 조금 늦었습니다."

"그럼 붓다싱하는?"

"내가 연꽃을 돌아볼 때 잠깐 인간계에서 즐거움 받는 것을 보았습니다."

하고 자시보살의 생김새와 강의내용을 말하였다.

"그 용모는 말로 표현할 수 없고 강의는 제가 공부하던 것과 다름이 없었습니다. 다만 목소리가 맑고 시원하며 말투가 부드러워 매우 감동적이었습니다. 강의를 듣는 이들 가운데 한 사람도 싫어하는 사람을 보지 못했습니다. 강의를 들으면 도리어 피로가 풀렸기 때문입니다."

아상가가 강의하던 곳에서 북서쪽으로 40여리를 가면 오래된 사원하나가 있는데 바수반두가 대승불교를 공부하던 곳이다. 바수반두가 북인도에서 이곳으로 왔을 때 아상가가 문하생에게 바수반두를 만나라 하여 아상가의 제자는 창밖에서 바수반두를 기다리다가 밤이 깊어지자 10지경을 외우기 시작하였다. 그런데 바수반두는 잠깐 듣고 "이것은 소승불교로 대승불교를 비방하는 것이다" 하고 그 혀를 칼로 자르려 하는데 형님이 와 말했다.

"그 잘라 없앨 혀로 대승불교를 칭찬하면 소승불교의 죄가 없어지니라."

그리하여 진짜 대승불교 신자가 되었다.

프라야국은 주위가 500리 정도 되고 도성둘레는 20여리로 갠지스강과 야무니(閻牟尼) 강이 맞닿은 곳에 있었다. 농작물도 수목도 풍부하였다. 기후가 온화하고 쾌적하였다. 이곳 사람들은 기술을 즐겨 배우고 외교를 믿었다. 불교사원은 두 곳뿐 소승불교 스님들이 중심이었다. 외교사원은 120여개가 있었다.

도성에서 멀지 않은 곳에 부처님께서 외교를 굴복시킨 자리에 부처님의 머리카락과 손톱을 넣어 만든 탑이 있고, 부처님께서 산책하던 곳도 있다. 탑 근처에 오래된 사원이 있는데 데바보살이 광백론(廣百論)을 써서 소승을 누르고 외교를 굴복시킨 곳이다.

처음 데바보살이 남인도에서 이곳에 왔을 때 불교는 없고 오직 외도들 뿐이었다. 어떤 사람이 와서 물었다.

"당신의 이름은 무엇입니까?"

"하늘이요."

"하늘은 누구요."

"나요."

"나는 누구요."

"개요."

"개는 누구요."

"당신이요.'

"당신은 누구요."

"개요, 나요, 당신이요, 하늘이요."

하여 외도가 깨달아 그를 더욱 존경하게 되었다 한다.

성외곽에 하느님을 모신 천사(天祠)가 있는데 영험이 특별하다 하여 사람들이 줄을 섰다. 천사 앞에는 무성한 큰 나무가 있는데 절에만 들어가면 죽어 그 해골이 길거리에 즐비하였다. 한 바라문이 그 마귀를 시험코자 나무에 올라가 떨어졌지만 친구들이 옷을 깔아 살렸다.

성 동쪽 갠지스강과 야무나강이 만나는 지점에 폭이 10리쯤 되는 땅이 있는데 그곳은 여러 나라 왕족들이 보시하는 장소로 대시장(大施場)이라 하였다.

외롭고 쓸쓸한 사람들이 이곳에 와서 자살을 많이 하므로 하르샤바르다나왕 같은 이들도 부처님과 스님·학자·대제사장들에게 선대대로 보시하였다.

어떤 사람은 뗏목을 타고 해를 바라보고 윤회를 희망하다가 죽었는데 동물들도 거기오면 먹지 않고 단식하다가 죽었다.

여기서 서남쪽으로 가면 맹수가 많고 수림이 없어 사람들은 여러 사람이 모여서 갔다.

여기까지가 제5권이다. 다음은 제6권이다.

제6권

슈라바스티국과 카피라바스투국

제6권에는 슈라바스티(室羅伐底國)과 카필라바스투국(劫比羅伐窣堵國)에 대하여 나온다.

슈라바스터국은 지금 인도 바람푸르 부근이고, 카필라바스투는 네팔 부근이다. 슈라바스터국은 둘레가 6천리~2천리나 되고 도성은 분위기가 황량하다. 쓰려져 가는 집이 많은데 수리하지 않고 성벽도 깨지고 무너져 있다. 1년내내 날씨가 좋아 농작물은 풍성하다.

소박한 풍속에 공부를 즐겨 사람들이 선하다. 원래 사원이 수백 곳 있었으나 대부분 폐허되고 스님들도 거의 없다. 외교는 사원이 수백 곳에 이르며 신도도 많다.

부처님이 세상에 계실 때는 프라세나지트왕(鉢邏遲那恃多王)이 다스리던 곳이다. 왕궁 동쪽에 여래를 위한 대법당이 있었고 그 옆에 프라자파티(鉢羅闍鉢底)를 기리는 탑이 있으며, 거기서 다시 동쪽으로 가면 수닷타(蘇達多)가 살던 집이 있고 그 옆에 앙굴라마라 동굴이 있다.

앙굴라마라는 나쁜 스승 이야기를 듣고 사람들을 99명을 죽여 손가락으로 꾸미를 만들어 목에 걸고 다녔는데 부처님을 만나 스님이 되어 깨달음을 얻었다.

도성 남쪽 5,6리 지점에 제타림 아난타핀디카 사원이 있는데 이곳은 프라세나지트왕이 대신 수닷다가 부처님을 위해 지은 것이다. 수닷다는 부모 없는 자식(孤兒) 자식없는 부모(獨人)들에게 배급(給)을 잘 주어 급고독(給孤獨)이라 불렸는데 그가 왕사성 사는 집에 갔다가 부처님을 뵙고 절을 짓기 원하므로 부처님께서는 사리불을 따라 보내 기타태자의 동산이 좋겠다 하여 금전을 가득 깔아 땅을 사고 그의 나무를 지원 받아 절을 지으니 그 이름이 기수급고독원이다.

기타숲에서 동북쪽으로 가면 병든 스님을 치료했던 곳이 나온다. 너무 게을러 자신의 공부는 하지 않으면서도 남만 나무랬던 스님이 병들어 죽게 된 것을 부처님께서 직접 보살펴 주신 곳이다.

아난타핀디카 사원 서북쪽에 거대탑(擧大塔)이 있는데 이곳은 사리불과 목건련이 신통과 지혜를 겨룬 곳이다. 부처님께서 아나타탑파 못에 사람과 천인들을 모은 일이 있는데 사리뿟따가 옷을 깁느라 늦어 목건련을 시켜 데려오도록 하였는데 목건련이 신통을 부려도 꼼짝달싹 않더니 와서 보니 벌써 사리불이 와 있어 그곳에 기념탑을 세운 것이다.

또 아나타사원 부근에 부처님을 비방하려던 여인이 죽어 묻힌 구덩이가 있고, 데바닷다가 독약으로 부처님을 해치려 하다가 빠져 죽은 함정도 있다. 이 구덩이 남쪽에 바라문녀 친챠(戰遮)가 빠져 죽은 함정도 있다.

비두우바다가 석가족을 멸하기 위해 갈 때 부처님께서 마른 나무지에 앉아 그를 말렸던 곳, 500명 석가족 여인들을 노예로 삼아 항거하자 두 손과 발을 자르고 호수에 빠뜨려 죽인 곳, 마침내 비두우바다왕이 물속에 빠져 죽은 곳에 주석탑(誅釋塔)이 세워져 있고 두 눈이 파인 도둑들이 눈을 되찾은 득안림(得眼林)도 이곳에 있었다.

거기서 60여리쯤 가면 가섭존자가 태어난 곳이 있고, 다시 그곳에서 500리쯤 가면 카필라바스투가 나온다.

카필라바스투국은 둘레가 4천여리 도성 둘레는 14.5리쯤 된다. 슈라바스티국보다 도성이 훨씬 더 심각하게 파괴되어 있다. 자연환경과 사람들의 성품은 슈라바스티와 비슷하였다.

부처님께서 태어나셨던 궁전은 모두 무너졌고 궁전 터에 절이 세 개 남아 있었다. 궁전은 정반왕과 마야부인이 살던 곳,

그리고 부처님께서 태어나신 곳, 세 곳으로 나누어져 있으며, 부처님이 태어나신 날짜에 대해서는 5월5일이라고 하는 자도 있고 5월8일이라 하는 자도 있었다.

사람들은 부처님이 태어날 때 상황과 아시타선인이 와서 관상본 이야기를 들려주었고, 성 남문 밖에 코끼리를 던져 패인 곳에 상타갱(象墮坑)이 있고, 내성 50여리 밖에 현겁 천불중 크라쿠찬다불(迦羅迦村駄佛)이 태어난 성이 있고, 동북쪽엔 카나카모니불(迦羅迦牟尼佛)이 태어난 성이 있다.

성 서북쪽에 수많은 탑이 있는데 이것이 곧 비루디카왕이 석가족을 정벌한 곳이고 그 서남쪽에 네 개의 탑이 있는데 석가족 네 장군이 항거하다 죽은 곳이다.

또 부처님께서 성도 후 처음으로 고향에 와서 아버지를 만난 곳에 절이 세워져 있다.

거기서 동북쪽으로 얼마쯤 가면 부처님이 탄생하신 룸비니가 있는데 지금도 차고 더운 물이 흐르고 있다.

또 정반왕이 태자를 앉고 궁으로 돌아오다가 천사(天祠)를 참배한 일이 있는데 그곳의 신들은 아직도 서 있었다.
이것이 제6권의 내용인데, 대부분 그 내용을 잘 알고 있기 때문에 간추려 정리하였다. 다음은 제7권이다.

제7권

바라나시국과 바이샬리국

제7권에는 바라나시국(比羅疵新國)과 바이샬리국(吠舍釐國)
에 대한 내용이 기재되어 있다.

바라나시는 둘레가 4천여리, 도성은 18,9리이고 폭이 5,6리
정도 되었다. 서쪽에는 갠지스강이 흐르고 주민들은 순박하였다.
재능과 예술을 중시하고 보편적으로 풍족한 생활을 하였다.

대부분 외교를 믿고 불교를 믿는 사람이 적었으며 기후는
사람살기에 적당하고 늘 농작물이 풍성하고 과일이 많이 났다.
절 10여 곳에 스님들은 3천명 정도 되는데 대부분 소승불
교의 정량부이었다. 외교사원은 10여 곳에 신자는 1만명쯤 되
었는데 대부분 대자재천을 믿고 고행하면서 생사대해에서 벗
어나기를 바랐다.

어떤 신도들은 머리카락을 잘랐고, 어떤 신도들은 길게 늘어뜨렸으며, 발가벗은 채 몸을 재로 바르고 수행하는 신도도 많았다.

도성 동북쪽에 아쇼카왕이 세운 불탑이 있는데 100자 넘는 탑앞에 돌기둥이 서있다. 돌기둥은 청동거울처럼 빛나고 반질거려 늘 부처님 상이 나타났다.

거기 여덟 구역으로 구분된 사르나트 사원이 아름답다. 스님들은 1500명 정도 모두 정량부 스님들이었다. 경내에 200여자가 넘는 정사가 붉은 벽돌로 되어 있는데 설법하는 부처님도 계셨다.

정사 서남쪽 석탑 앞에 미륵보살의 돌기둥이 있는데 그곳이 바로 초전법륜지라 하였다.
돌기둥 가까이에 정반왕이 보냈던 5비구가 설법을 들은 장소가 있고, 사원 옆에 세 부처님이 앉아 계셨는데 미륵보살(아일다)이 그곳에서 설법(예언)을 들은 곳이다. 그 이야기는 옛날 부처님께서 영축산에서 설법했던 이야기다.
"장차 미륵 부처님이 이 세상에 태어나 3회 설법으로 내가 제도하지 못한 중생들을 모두 다 제도할 것이다."

미륵보살이 예언 받은 곳에서 서쪽으로 가면 연등부처님께 석가모니 부처님이 예언 받았던 곳이 있고, 사원을 둘러싼 벽

서쪽에 못이 있는데 거기 부처님이 전생에 코끼리가 되어 사냥꾼들에게 상아를 빼어준 이야기와 원숭이·새·코끼리와 서열을 정하기 위해 니그로다를 본 이야기, 데바닷다가 사슴왕이 되어 새끼밴 사슴을 살린 이야기를 주고 받은 것이 조각으로 만들어져 있었다.

또 다섯 비구가 부처님을 처음 영접하던 곳에 불영탑(佛迎塔)이 있었다. 그리고 그 시록림 동쪽으로 2,3리쯤 가면 신선이 되려다 못되어 열사를 죽여 못에 던진 열사못(列士池)이 지금은 말라 있었다.

또 그곳 서쪽에는 현겁초에 여우·토끼·원숭이가 제석천왕께 공양하여 회토(懷兔)의 설화를 남긴 삼수탑(三獸塔)도 있었다.

다음 바이살리국 둘레는 5천여리, 토지는 비옥하여 채소와 과일이 잘되었다. 기후는 온난하고 풍속은 순박하여 사람들은 선과 복을 심는데 힘쓰며 공부를 좋아하였다.

사원은 수백 곳 있었지만 대부분 훼손되었고 10분의 3정도 남아 있었다. 스님들은 적고 천사는 많아 여러 교파들이 모여서 살았다.

바이살리성은 그 터만 해도 둘레가 60~70리 정도 되었지만 주민은 적고 궁 둘레가 4,5리쯤 되었다.

궁정 부근에 불탑이 있는데 비알라기르타(毘摩羅詰 ; 유마힐)가 있던 곳이라 한다. 이곳에서 멀지 않은 곳에 돌을 쌓아 만든 신사(神舍)가 있는데 이곳에서 유마힐이 병을 핑계로 설법하였던 곳이라 한다. 유마힐의 아들 보적(寶積)이 살던 곳에 암바발리(庵沒羅女)의 집도 있었다.

부처님께서 마지막 열반을 예언하시고 가다가 바이살리성을 마지막으로 바라보았던 곳에 사원이 있고 불탑이 있다. 그 불탑에서 남쪽으로 조금만 가면 암바발리가 바쳤던 땅에 불탑이 세워져 있다.

암바녀 사원 옆에 부처님께서 아난에게 세 번 물었으나 마라에 끄달려 답변을 못했던 자리, 부처님께서 마라에게 흙을 집에 중생교화의 원력을 이야기했던 자리, 아난존자가 큰 나무가 광풍에 쓰러지는 꿈을 꾸었던 자리가 바로 그곳에 있었다.

또 부처님이 열반을 예언한 곳 가까이에 천불탑(千佛塔)이 있는데, 옛날 한 선인이 개울에서 사슴과 교접하여 딸 하나를 낳았는데 그 딸이 불을 빌러 가는데 그 발자국에서 연꽃이 피어나자 범예왕이 그것을 보고 그 여자를 데려와 아내로 삼자 예언자가 "이 여자는 천 명의 아들을 낳을 것이다" 예언 하였는데 연꽃 하나를 낳았다.

연꽃이 점점 크면서 천 개가 되어 거기 다 아이들이 하나씩 앉으니 후궁들이 불길하다 하여 강에 버렸다. 그런데 그때 웃디야나왕이 목욕갔다가 그들을 길러 범예왕의 나라를 침범하자 어머니가 보고 젖을 뿌려 자식인 것을 확인하고 두 나라가 평화스럽게 지내게 되었는데 장차 그들이 성불하여 현겁천불이 되었다는 것이다.

이로 인하여 거기 천불탑이 세워지게 된 것이다.

부처님께서 열반에 드신 뒤 110년 후 아난타의 제자 야사타(耶舍陀)가 삼보가(三菩伽)·레바타(釐波多)·사라(沙羅)·쿠브자소비타(富闍蘇彌羅)들과 함께 베살리성에 초대되어 와서 보니 비구들이 비법을 실천하고 있었으므로 700비구들을 모아 비법을 척결하니 이것이 제2 결집이다.

아난다의 탑은 남북 강변에 각각 하나씩 있는데 마가다국과 바이샬리국 중간에서 돌아가셨으므로 사리를 반반씩 나누어 탑을 세운 것이다.

아난다는 경을 잘못 읽는 비구에게 바른법을 가르쳐 주었으나 늙은 사람이 틀렸다 하고 듣지 않는 것을 보고 곧 열반에 들었다 한다.

여기까지가 제7권이다. 다음은 제8권에 들어간다. 제8권에서는 마가다국 이야기가 중심이 된다.

제8, 9권 마가다국(摩揭陀國)의 도성과 감옥

1. 왕사성과 파탈리프트라성(波吒釐子城)

마하다국은 지금 인도 비하르주 동서부 지역이다. 둘레가 5천여리, 덥고 습한 기후에 토지가 비옥하여 작물을 키우기에 알맞다. 이곳에서 특이한 벼가 나는데 낱알이 굵고 고소한 냄새가 난다. 이곳 사람들은 "대인에게 바치는 쌀"이라 한다.

한편 초여름부터 가을까지는 물에 배를 띄울 수 있다. 주민 수가 매우 적고 주로 고원에 산다. 이들은 소박하고 학문을 중시 여기어 불법을 깊이 믿는다. 절 50여 곳에 스님들이 1만 명이고 대승불교를 믿는다. 외도들도 많고 신을 모신 사당도 수십 곳이 된다.

갠지스강 남쪽에 성이 하나 있는데 둘레가 70여리, 황폐해진 지 오래지만 터는 남아있다. 원래 이 성은 꽃이 많아 쿠스

마프라(香花喜城)라 부르다가 파탈리프트라성으로 바뀌었다.

옛날 재주가 많고 학식이 많은 브라만이 제자 수천명을 거느리고 있었다. 한 제자가 시름시름 하자 친구들이 가짜로 양가 부모가 되어 파탈리 나무 밑에서 결혼식을 시켜주었다. 그런데 저녁이 되자 피리 젓대 소리가 나더니 예쁘게 차려 입은 처녀가 수백의 하객들과 와 정말로 아름다운 결혼식을 올려주어 1년 만에 사내아이를 낳아 살아 그 마을이 번성하게 되었으므로 그 마을 이름을 파탈리푸트라성이라 하게 되었다.

왕궁 북쪽에 수십자 높이 돌기둥이 있는데 아쇼카왕이 만든 감옥이다. 불멸 후 100년경 아쇼카왕이 도읍을 왕사성에서 파탈리프트라성으로 옮겼고 지금은 터만 남았다.

아쇼카왕은 성질이 폭악하여 죄인을 혹독하게 다루었는데 처음에는 높은 담안에 뜨거운 화로를 놓고 흉악한 사람들을 모아 죄인을 지지고 볶아 죽였는데 나중에는 근처를 지나가는 사람까지 잡아서 죽였다. 한 스님이 지나가다가 잡혀 들어갔는데 죄인을 순식간에 손과 발을 자르고 토막내어 죽이는 것을 보고 무상을 깨달아 득도하였다. 옥주가 뜨거운 물속에 던졌으나 붉은 연꽃이 되어 동동 떠다니니 놀라 임금님께 아뢰었다.
임금님이 와서 보고 매우 후회하자 옥주가 말했다.
"임금님도 승낙없이 오셨으니 죽어야 합니다."

"너는 어찌하여 죽지 않고 살아 있느냐?"
하여 불속에 던지고 감옥을 없애 지금은 평지로 남아 있다.

2. 계원사와 아말라카탑

계원사(鷄園寺)에 아말라카라는 큰 불탑이 있는데 아쇼카왕
이 병들어 죽을 때 대중스님들께 마지막 공양하여 이를 기념
하여 세운 탑이다. 이 탑 서북쪽 옛 절터에도 탑이 있다. 거기
귀신의 말을 듣고 논쟁을 잘하는 바라문이 있었는데 그 말을
들은 아시바 고사가 임금님의 증명 아래 그와 논쟁하여 승리
하였다. 그래서 그곳에 이 탑을 세워지게 된 것이다.

성 서남쪽으로 200리쯤 가면 옛 절터에 탑이 하나 서 있다.
있따금씩 빛이 나고 기도드리면 영험이 있었다. 과거 4불이
앉고 산책하던 곳이라 하였다.

3. 델라디카사원과 구나마티사원

옛 사원에서 서남쪽으로 100여리 가면 델라디카(草羅攝迦)
사원이었다. 경내에 4불이 있고 경행하던 자리가 있고 관(觀)
과 각(종) 3층으로 나누어져 있다. 포주 빔비사라왕의 마지막
자손이 세운 곳이다. 재주있는 사람들을 대접하여 멀고 가까

운데서 사람들이 많이 왕래하였는데 현재는 스님들이 1천명이 넘는다.

질 지붕 위에는 세 개의 윤상(輪相)이 있고 네 모퉁이에 방울을 달아 놓았다. 이 세 기관에는 여러 층을 쌓고 복도에 부처님 입상 다라보살상 관음보살상을 모셨는데 문·창·서까래·들보·담장·계단 장식에는 황금을 써 아름답게 장엄하였다. 불·보살의 영험을 사람들의 힘이 미치지 못하는데까지 미쳤다.

델라디카사원에서 서남쪽으로 90여리를 가면 큰 산이 있는데 구릉과 돌이 많다. 마치 선인들이 사는 곳처럼 느껴진다. 독사·난폭한 용·들짐승들이 숲속에 몸을 숨기고 있다. 산꼭대기에 큰 바위가 있고 그 위에 10여자 높이의 탑이 있다. 그 자리에서 부처님께서 입정하여 천인들이 그곳에 모여 공양했던 곳이다.

그 산에서 서북쪽으로 30여리를 가면 구나마티(瞿那末底)사원이 있는데 대승불교를 하는 50여 명의 스님들이 있었다. 옛날 구나마티보살이 외도들을 항복받고 지은 절이라 한다.

그 때 이 산에는 마가바(摩沓婆)라 하는 학문이 깊고 덕망이 높은 사람이 살고 있었는데, 남인도 구나보살이 3년을 예정하고 오자
"머리 깎고 기묘한 옷을 입은 사람은 이 마을에 들어오지

못한다."

하자 임금님께 고하여 서로 논회를 가지게 되었으나 그는 "집에 가서 생각해 본뒤 답하겠다" 하고 4일 동안 다니다가 그만 피를 토하고 죽었다. 마다바가 죽자 아내는 시체를 숨겨 놓고 스스로 자신이 토론장에 나갔다.

"그대 남편이 죽어 그대가 대신 왔지만 어쩔 수 없다."

하자, 그만 눈물을 흘리며 돌아가자 왕이 확인하고 구나마티를 칭찬하여 이 절을 세웠다고 한다.

4. 가야성과 전정각산

가야성(伽耶城)은 매우 험한 곳이었다. 주민들은 적고 브라만들이 사는 집은 천여 채, 성 북쪽 30여리에 맑은 샘이 솟았다. 인도 사람들이 물을 성수로 여겨 마시거나 씻으면 다생의 죄업이 없어진다 생각하였다.

성 서남쪽으로 5,6리쯤 가면 풍경이 매우 수려하고 산세가 험한 영산이라 불려지는 가야산이 있다. 오래 전부터 왕은 이 산에 올라 제사를 지냈다. 산꼭대기에는 아쇼카왕이 세운 석탑이 있다. 부처님께서 이 자리에서 보문경을 설했기 때문이다.

여기가 3가섭(迦耶迦葉·波捺地迦葉·波捺) 등이 불을 섬기고 있던 곳이다.

가야산에서 동쪽으로 강 하나를 건너면 프라그보디산(鉢羅笈菩提山)이 있다. 가야산에서 6년 동안 고행한 부처님은 자리를 옮겨 수행코자 했으나 천지가 진동하여 한 동굴로 들어가니 용암이 흐르고 있어 거기에 부처님의 그림자가 나타났다.

원주민의 말을 듣고 14,5리쯤 떨어진 곳 필발라수가 있는 곳으로 갔으므로 이곳을 정각을 이루기 전에 올랐다 하여 전정각산(前正覺山)이라 한다.

정각산에는 주변에 기와를 쌓아 만든 담장이 있는데 정문은 나이란자나강을 향해 있고, 남문에는 큰 연꽃이 있으며, 서쪽은 험한 땅, 북쪽이 사원으로 통한다.

담장 안에는 불탑과 정사 등 성스러운 흔적이 많다. 모두 잠부주의 왕신·호족들이 부처님의 가르침을 따라 세운 것이다.

5. 보리수와 금강보좌

보리수 밑에 현겁 초기에 나타난 금강보좌가 있다. 현겁 천불이 여기에 앉았었기 때문에 금강좌라고 한다.

보리수는 부처님 당시 수백자 였으나 지금은 4,5장쯤, 줄기는 황백색이고 가지와 잎은 파란데 겨울에도 잎이 떨어지지

않고 광택도 변하지 않았다. 해마다 부처님 열반일이 되면 잎
이 떨어졌다 다시 소생한다고 하였다. 부처님 열반재일에는
왕신·승속 수만명이 와서 향수와 향유를 붓고 음악 연주를
하여 꽃과 향을 올린다.

한때 아쇼카왕은 부인의 교사로 사도를 믿고 보리수를 베어
토막을 내었는데 이튿날 아침에 보니 다시 잎이 피고 가지가
자라 원상복귀 되어 그때부터 마음이 달라져서 주위에 돌담을
치고 보호하게 되었다 한다.

요즘도 샤상카왕(沒嘗迦王)이 외도를 믿고 불교를 배척해
사원을 핍박하고 보리수를 베어내고 뿌리까지 파내고 그 땅에
불을 질렀으나 없애지 못하고 아쇼카왕의 마지막 자손 푸르나
바르마왕(補剌拏伐摩王)이 이 말을 듣고 수천 마리의 소젖을
짜 공양하고 아쇼카왕보다 더 높은 담을 싸서 보호하고 있었다.

보리수 북쪽에 부처님께서 산책하던 곳이 있는데 거기 열여
덟 송이 연꽃이 피었다. 북 왼쪽에 큰 정사가 있는데 거기 불
상이 모셔져 있었다. 눈은 위를 바라보고 있는데 깨달음의 나
무에 감사하는 표시라 하였다. 보리수 서쪽 정사에도 놋쇠로
만든 불상이 동쪽 뒤로 서 있었다.

부처님 성도 후 범천왕은 칠보당(七寶堂)을 세웠고 제석천
은 칠보좌를 만들었는데 부처님께서 거기 앉아 삼매에 들어
그곳의 모든 보석이 돌로 변했다 한다.

마왕이 여래를 괴롭힌 자리에 탑을 세웠는데 그것이 동쪽 길위 좌우에 있는 두 개의 탑이다.

6. 향상지(香象池)와 붓다바나산(佛陀伐那山)

보리수 동쪽 나이란자나강을 건너면 큰 숲에 불탑이 있다. 눈먼 코끼리가 어머니를 모시고 있던 어린 향상이 틈나는 대로 나와 풀도 뜯고 연뿌리도 캐 어머니를 봉양하였는데 하루는 길 잃은 사람이 있어 길을 안내해주었더니 고향에 돌아가 임금님께 아뢰어 향상을 잡게 되었다.

향상이 잡혀와 몇일이고 먹지 않으므로 물으니

"우리 어머니는 굶고 있는데 내가 어찌 홀로 먹을 수 있겠습니까?"

하여 놓아주고 거기 기념탑을 세웠다 한다.

그 옆에는 옛날 4불이 좌선하여 경행하던 자리에 돌기둥을 세워 유적지를 표시해 놓았다.

돌기둥 동쪽 마하강(莫訶江) 건너 숲에 돌기둥이 하나 서 있는데 이곳은 외도들이 입정하고 저주를 내린 곳이다.

옛날에 은둔자 우드라카라마푸트라(鬱頭藍子)가 거기 있었기 때문에 마가다국왕이 종종 청해 공양대접을 하였는데, 왕이 먼 거리를 가게 되어 그의 딸에게 이 일을 부탁하였더니 공양하러 왔다가 색심을 일으켜 공부가 제대로 되지 않았다.

간신히 집에 들어가 앉았으니 원숭이 말이 마구 뛰고 까마귀 ·물고기 소리가 들려 역시 공부가 되지 않았다. 그래서 내생 에는 몸통 30여개 날개 1500리 되는 괴물이 되어 천하의 욕 (欲)을 마음껏 누려보겠다 서원하고 죽어 아직도 그 과보를 받고 있다 하였다.

붓다바나산은 험하고 가파른 벼랑이 잇는 산이다. 한때 부 처님이 이곳 석실에 머물렀는데 옛날 부처님들과 500나한을 위해 범천왕이 우두산 전단목을 돌에 문질러 그 즙으로 마사 지 하게 했으므로 지금도 향내가 남아 있다.

7. 장림(丈林)과 가야세나의 법사리(法舍利)

붓다바나산 골짜기를 따라 동쪽으로 30리쯤 가면 대나무가 무성한 야시피(減瑟知) 숲에 이른다. 한 브라만이 부처님의 키를 재기 위해 대나무로 지팡이를 만들었으나 결국 재지 못 하고 만 곳이다. 그런데 그 지팡이가 숲을 이루었다 하여 그 곳을 장림(杖林)이라 부른다.

또 이 야시타숲에 서인도에서 온 유명한 학자 자야세나(闍 耶犀那)가 있어 왕실들의 존경을 받았다. 그는 100세가 넘을 때까지 경전을 쓰고 읽어 법사리(法舍利)를 일곱 개나 만들었 는데 30년 동안이나 공적을 남기었다고 한다.

8. 아수라궁과 쿠샤그라푸라성(矩奢揭羅補羅城)

숲 근처 산 절벽에 석실이 있고 그 서남쪽 귀퉁이에 굴이 있는데 이것을 아수라궁이라 하였다.

옛날 남 흉보기를 좋아하는 주술사가 친구 열여섯을 만나 그 굴에 들어갔는데 30,40리쯤 들어가니 금·은·유리로 만들어진 아주 넓은 방이 나왔다. 아름다운 여인들이 향기로운 꽃으로 맞으며 향탕에 목욕하고 들어오라 하여 시키는대로 하자 정신이 몽롱하여 아무런 생각이 나지 않았다. 이튿날 정신을 차리고 보니 굴이 아니라 허허벌판에 누워있었다.

큰 산에서 동쪽으로 60리 남짓 가면 쿠샤그라푸라성에 이르는데 이곳이 마가다국의 최초 도읍지다. 서쪽은 계곡, 동쪽은 산, 동서로 길고 남북으로 좁은 성처럼 되어 있는데 그 길이가 150리 정도 된다. 성안에는 길상향모(吉祥香矛)와 가르니가라나무(羯尼樹)가 심어져 있어 그 잎이 금빛을 발하기 때문에 봄이면 온통 황금물결로 파도친다.

그 성문 밖에 데바닷다가 술취한 코끼리로 부처님을 죽이려다가 실패한 곳이 있어 부근 밖에 탑이 하나 더 있다.

9. 사리푸트라의 깨달음과 시리굽타(室利鞠多)의 참회

술취한 코끼리 탑 부근에서 사리푸트라가 아시바지트(阿濕波侍) 설법을 듣고 깨달음을 얻었다.

사리푸트라가 깨달음을 얻은 곳에서 북쪽으로 얼마 안가면 큰 구덩이가 있는데 시리굽타가 바라문들의 이야기를 듣고 부처님과 제자들을 초청하여 불구덩이 위에서 독약탄 음식을 주려다 실패한 곳이다.

궁성에서 동쪽으로 14,5리를 가면 그리드라쿠타산(吉陀羅矩吒山)에 이른다. 빔비시라왕이 법문을 듣기 위해 계단을 만들어 탈 것에서 내려(下乘) 서서 올라가던 길과 일반 사람들은 더 이상 올라가지 못한 퇴범(退凡)이었다. 여기에서 데바닷다는 돌을 굴렸고 마왕이 독수리로 변해 아난다를 겁낸 곳이다.

산정 부근 서쪽에 비풀라산(毗布羅山)이 있는데 여기 500군데 이상에서 온천이 난다. 사람들은 이 물을 귀신물(鬼神水)이라 하였으나 부처님은 땅속에 불이 들어 있어 그곳을 거친 물은 이렇게 뜨겁게 데워져 나온다 말씀하였다.

온천 서쪽에 핍발라굴이 있어 귀신들이 나온 굴이라 하였는데, 한 비구가 축문을 읽어 한 소녀를 교화한 뒤로는 다시 사고가 나지 않았다 한다.

10. 죽림정사(竹林精舍)와 날란다 사원

 죽림정사를 칼란다카 죽원이라 부른다. 기초는 돌로 되어 있고 방은 벽돌로 되어 있다. 문은 동쪽으로 나 있는데 지금은 여래의 키와 똑같은 불상이 모셔져 있다.

 원래 이곳은 칼란다카 대신이 외도들에게 주어 머물게 한 곳인데 부처님께서 오시자 빔비사라왕과 의논하여 부처님께 시주하였다.

 죽원에서 서남쪽 5,6리를 가면 핍발라산 북쪽 대숲석실이 있다. 가섭존자가 3장6통을 얻은 999명을 모아 3장을 결집한 곳이다.

 아난다는 소달요장(素呾繞藏) 우팔리는 비나야장(毘奈耶藏) 가섭파는 아비담장(阿毘曇藏)을 각각 결집하였다.

 거기에서 서북쪽으로 가면 아난다가 나한과를 얻은 곳에 불탑이 있고, 그곳에서 다시 20여리를 가면 아쇼카왕이 이 3장 결집을 기념하여 세운 불탑이 있다.

 죽림정사 북쪽 조금 떨어진 곳에 칼란다카 못이 있고 못에서 서북쪽으로 2,3리 걸어가면 불탑이 있고, 그 불탑에서 동북쪽으로 가면 라자그리하성이 있다.

 빔비사라왕이 쿠샤그라푸라성에 도읍을 정한 뒤 화재가 자주 나 불안했으므로 죄인들은 한림(寒林)으로 보내는 법규를 만들었는데 얼마 있지 않아 궁중에서 불이 나므로 왕궁을 한림으로 옮기게 되었다.

바이살리 왕이 이 소식을 듣고 침범하였으나 백성들의 덕에 성을 지키고 수리하여 주민들과 함께 삶으로 장차 이 성을 왕사성이라 부르게 된 것이다.

라자그라하성 북쪽 30리에 나란다 사원이 있다. 부처님께서 전생에 왕이 되어 많은 선행을 베풀던 곳이다.

이곳은 원래 숲이었으나 상인들이 사서 부처님께 바쳐 3개월 이상 머물며 설법하던 곳이다. 부처님께서 입멸하신 뒤 샤크라티야왕(鑠迦羅阿逸多王)이 절을 세우자 붓다굽다왕과 타파가타굽다왕·발라디타야왕이 동·남·동북쪽에 절을 세워 전인도적인 낙성식을 가졌다.

또 나중에 빌라디티야왕이 스님이 되었는데 맨 말석에 앉게 되자 그 절만이 나이 따라 앉게 하였다.

어떤 사람들이 절에 들어올 때는 문지기와 먼저 문답해야 하고 들어가서도 누구의 말에도 통과 하여야만 제자리에 들어가 앉게 하였다. 그러므로 이 절 출신의 스님들 가운데서 큰 선지식들이 많이 배출되었다.

11. 목련존자의 고행과 빔비시라왕

나란타 사원에서 8,9리 떨어진 지점에 목련존자의 고향 틸리카(拘理迦) 마을이 나온다. 여기에도 아쇼카왕이 목련존자의 사리를 모셔 탑을 세웠다.

콜리카 마을에서 3,4리 가면 빔비시라왕이 여래를 맞이한 곳에 불탑이 있다.

또 거기서 동남쪽으로 가면 사리풋트라의 탑이 있다. 바로 인드라샤일라구화산 30리 전이다. 두 개의 불사리가 있는데 동쪽 봉우리 암석에 부처님이 머물던 석굴이 있다. 제석천이 이곳에 마흔두 가지 질문한 것을 그림으로써 그려 부처님께서 푸는 방법을 가르쳐 주셨다.

여기에는 부처님의 성인상이 또렷하게 조각되어 있는데 과거 4불의 흔적도 있다.

또 인도 라샤일라구하 산 동쪽 봉우리 사원 앞에 항사(亘娑)가 있는데 한 비구가 하늘에 날아가는 기러기를 보고 "오늘 점심이 부족했는데 조금 있으면 저 고기를 내려줄 때가 되리라" 하자 순간 기러기 한 마리가 날아와 죽음으로써 여래의 영험을 기리기 위해 거기 기러기 공덕탑을 세웠다.

항사 동북쪽 50~60리를 가면 가포타가(迦布德迦) 사원에 이르는데 손에 연꽃을 들고 머리에 불상을 인 관자재보살상이 있어 매월 7일 14일, 혹은 1개월 정도 안식하여 선정하는 모임을 갖는다.

옛날 남해 싱할라국(僧伽羅國) 왕이 새벽에 거울을 보니 이 보살상이 나타나 천신만고로 이곳을 찾아 참배하고 이곳에 정사를 세워 이 불상을 섬겼으므로 여러 나라 임금님이 연차적으로 참배하였다고 하였다.

여기서 동쪽으로 큰 숲을 지나 200리를 가면 이란냐 파트바타국에 이르게 된다.

여기까지가 8,9권의 내용이고 다음은 제10권 이야기다.
제10권에는 이란냐파르바타국과 카마루파국·가르나수바르나국·코살라국 등 여러 나라 불교성지가 나온다.

돈황의 막고굴

제10권

1. 이란냐파르바타국(伊爛拏鉢伐多國)과
카마루파국(迦摩縷波國)

이란야파르바타국은 현 인도 몽기르지역으로 둘레가 3천여 리다. 도성 북쪽은 갠지스강에 잇닿아 있고 둘레는 20여리 정도 된다. 농작물이 풍부하고 꽃과 과일이 많다.

절 10여 곳에 스님은 4천명 정도이고 대부분이 소승 정량부 스님들이고, 천사는 20여 곳이 있다.

근데 이웃나라 왕이 이 나라왕을 쫓아내고 절이나 성에 사원 두 곳을 지어 스님들께 시주하였다. 그 절에 스님들이 거의 천여명 머물고 있는데 대부분 설일체유부 스님들이었다.

갠지스강 부근에 아란냐산이 있는데 해와 달 별이 늘 안개 속에 가려져 있어 천인들이 내왕하는 곳으로 생각하고 있다.

부처님도 이곳에서 3개월 동안 설법하여 도성 남쪽에 불탑이 있다.

과거 3불이 산책하던 곳 서쪽 멀지 아니한 곳에 불탑이 있는데 200억 비구가 태어난 곳이라 한다.

옛날 한 부자가 자식이 없어 관상을 보니 늦게나마 2백억이라는 아들을 낳을 것이라 하여 200억을 상금으로 주고 기다리니 과연 아들을 낳아 아들 이름을 200억이라 불렀다. 히말라야 중턱까지 길을 닦아 그를 구경시키고 세상에 있는 것을 모두 다 맛보도록 하였는데, 하루는 목련존자가 그의 태양신전에 나타나자 태양신이 내려왔다 하고 향반(香飯)을 베풀었다.
목련존자가 성안에 들어오자 온 성안이 향내로 진동하자 이 말씀을 듣고 그를 뵙고자하여 특별히 사람을 보내니 아버지는 운하를 파 아이를 데리고 왔다. 목련존자를 보고 예를 올리자 "임금님 앞에 가서는 털을 보이면 안되니 가부좌하고 앉으라" 하여 시키는 대로 하니 임금님이 예의 바르다고 퍽 좋아하였다.

그런데 왕궁에서 나와 부처님을 뵈오니 목련 같은 태양신이 제자가 되어 있고, 부처님이 계시므로 감격하여 부처님의 제자가 되었는데 직접 걸어다니며 밥을 얻어 먹다보니 발이 터져 피가 나므로 집으로 가려하자 부처님께서 물었다.
"너는 집에서 무엇을 잘했느냐?"

"거문고를 잘 탔습니다."

"거문고 줄을 늘이거나 지나치게 조이면 소리가 나더냐?"

이 소리에 도를 깨닫고 중도를 실천하여 즉시 아라한이 되었다.

가마루파국은 현 인도 아삼지역으로 둘레가 1만 리 도성이 30여 리나 된다. 강이 도시를 에워싸고 있어 곳곳에 호수와 못이 있고, 풍성한 과일이 많다. 언어는 중인도와 약간 다르나 사람들은 작고 피부가 거무스름하였다. 성격은 난폭하지만 공부를 좋아한다. 천신을 주로 믿어 불교를 좋아하지 아니하므로 절도 없고 스님들도 없다. 외도 사원은 수백 곳이 되고 신도 또한 수만이나 된다.

지금 왕은 나라야나천(那羅延天) 자손으로 이름이 바스카라바르만(婆塞羯羅伐摩)으로 호가 쿠마라다. 이미 천년 전에 넓은 국토를 가지고 대대로 왕이 되어 현재에 이르렀으며, 학문을 좋아하여 백성들의 존경을 받고 있었다. 따라서 불법을 믿지 않지만 학식있는 스님들을 만나면 존경하였다.

내가 지나국에서 와서 날란다에 머문다는 소식을 듣고 직접 그곳으로 와서 불법을 들었다. 그는 내 강연에 감명하여 초청하였지만 응하지 않았으나 시라비드라(尸羅跋陀羅) 논사의 말을 듣고 갔더니 칭찬하였다.

"내 비록 재능은 없으나 당신처럼 학문이 깊은 사람을 존경

합니다. 공부인은 각국에 내보내 자유롭게 공부할 수 있게 한 왕은 얼마나 훌륭한 분입니까. 저도 이곳에서 진망파진악을 듣고 감동한 바 있습니다. 나도 인과 덕을 갖춘 임금님께 조공을 바치고 싶습니다."

하여 국제외교(印中)를 트게 되었다.

2. 카르나스바르나국(羯羅拏蘇伐剌那國)과 코살라국(憍薩羅國)

카르나스바르나국은 현 갠지스강 서쪽 무르시다바드지역이다. 둘레가 4500리 정도 되고, 도성은 20리 정도 되었다. 많은 사람들이 풍요한 생활을 하였다. 기후가 쾌적하고 토지가 비옥하여 갖가지 꽃과 귀한 과일이 많이 났다. 학문과 기예를 숭상하고 외교와 불보를 함께 믿었다.

절은 열 개 정도 되는데 소승 정량부 2천여 명의 스님들이 있었고, 그 중에는 데바닷다 종단 사찰도 셋이나 되었다. 외교 사원은 50여 곳에 많은 신도를 가지고 있었다.

도성 옆에 락타마티(結多朱知) 사원이 있었는데 웅장한 건물이 밝고 넓었다. 재능이 뛰어나 학식이 높은 사람들이 모두 이곳에 모여 공부하였다.

원래 이 나라 사람들은 남인도 외도들로서 허리띠를 매고 머리에 등을 띠고 석장을 짚고 의기양양하게 이 성에 들어와 북을 치자

"당신은 어찌하여 이렇게 이상한 차림으로 다니느냐?"

"내 지식이 많아 배가 찢어질까 걱정되기 때문이고 어두운 세계를 밝히기 위해 등불을 켜는 것이오."

하자 그 누구도 그와 대적할 사람이 없었다. 그때 남인도에서 온 은둔 사문이 왕의 청을 받아 나왔다.

외도가 3만 단어로 설교하자 사문은 몇백 단어로 줄여 묻고 외도의 교의를 캐물으니 답을 하지 못했다.

그래서 그 사문의 은혜를 갚기 위해 절을 지으니 이것이 이 절이 지어지게 된 동기이다. 이 절에서 멀지 않은 곳에 여러 개의 탑이 있는데 아쇼카대왕이 부처님께서 설법하신 것을 기념하여 세운 것이다.

코살라국은 현 인도 중부지역이다. 둘레가 6천리 정도 되고 도성은 40리 정도 된다. 토지가 비옥하여 생산물이 많다. 사람들은 체형이 크고 피부가 거무스름하며 성격은 용감하고 거칠다. 외교와 불교를 같이 믿어 학문과 예술이 다른 나라에 비하여 높다.

크샤트리아 출신인 왕도 불법을 숭상하여 매우 인자하다. 절은 100곳에 스님들은 1천여명 대승불교를 믿고 외교사원은 70곳 정도 된다. 도성 남쪽 멀지 아니한 곳에 옛 사원이 있는

데 부처님께서 이곳에서 신통력으로 이교도들을 항복 받아 기념으로 아쇼카왕이 세운 것이다.

이 사원에서는 나가르주나가 머물면서 널리 불법을 폈던 곳이다.

집사자국(執師子國)에서는 데바 보살이 나가라주나와 문답하고자 문지기에게 묻자 나가르주나가 즉시 항아리에 물을 채워놓고 그를 들여보내라 하였다. 그는 들어오면서 바늘 하나를 던져 자신이 온 뜻을 밝혀 법을 전해 받았다.

나가르주나는 약물학에 뛰어나 나이는 들었어도 얼굴은 언제나 청춘이었다. 사타바하나 왕에게도 약을 가르쳐 주어 백 살이 넘었는데도 정정하였다.

그의 왕자가 나가르주나에게 전생에 부처님들의 사신행(捨身行)을 말하며 그의 목을 요구하자,
"내가 죽으면 당신 아버지도 죽게 될 것이다."
하여 마른 나뭇잎으로 목을 베어 죽으니 아버지 왕 또한 그 소리를 듣고 죽어 아들이 왕위를 계승하게 되었다.

나라 서남쪽 300리에 브라마 라기리산이 있는데 사타바아하 왕이 그곳에 절을 지어 나가르주나에게 주었다. 산에서 10여 리 떨어진 곳에 긴 복도를 가진 5층 누각이 있어 꽃밭을 이루고 투명한 창 사이로 맑고 깨끗한 물이 흘러 마치 천상과

같이 아름다웠다.

그런데 그 절을 반도 짓기 전에 나라의 재정이 바닥이 나자 임금님의 얼굴에 걱정이 생겼다. 나가르주나가 물었다.

"무슨 근심이 있소?"

"일이 제대로 안됩니다."

"걱정하지 마시고 여행이나 떠나십시오."

"절은요?"

"그대로 놓아두고."

그래서 밖에 나가서 돌아다니다가 숲속에서 황금덩어리를 발견하여 그것으로 불사를 완성하였다.

건물 1층에는 불상과 각종 경론이 있고, 맨 위층에는 스님들을 돕는 시자들이 있었는데 나머지 공간에도 스님들이 서 있었다.

당시 건축시 사용한 소금만 9억냥이나 들었다고 한다.

3. 다냐카타국(馱那羯磔迦國)과 동서산사(東西山寺)

다냐카타국은 지금 남부인도 크리슈나강 어귀에 있었다. 둘레가 6천여리 도성이 40리 정도 되었다.

토지가 비옥하고 기후가 온난하여 농업이 발달하였다. 옛날에는 사원이 많았으나 지금은 20여 곳에 천여 명 승려가 있을 뿐이고, 외교사원들은 100여 곳이나 된다. 도성 동쪽이 산과 붙어 있는데 거기 동산사가 있고 서쪽에는 서산사가 있었다.

산을 깎아 누각을 짓고 절벽을 파서 산봉우리에 이르는 길을 만들었다. 산신들은 이곳을 보호하고 수행승들은 거기서 공부하고 있었다.

불멸 후 천여년 동안 천명의 스님들이 이곳에 모여 공부하였다. 안거가 끝날 때 모두 깨달음을 얻어 신통력으로 날아가 천년 중 백년 동안에 스님이 한 명도 없을 때도 있었다. 때로는 산신이 표범이나 원숭이로 변해 길을 막았으므로 절을 찾는 이가 없어 지금은 텅텅비어 있었다.

도성 남쪽 멀지 않는 곳에 바비베카 논사가 아수라궁에 머물며 미륵보살이 성불하기를 기다린 장소였으므로 그곳을 바비베카(婆毘吠伽)라 불렀다. 도량이 넓어 공부하기 좋았으므로 마가다국에 다르자팔라를 따르는 사람들이 많았으므로 갔으나 만나지 못하고 돌아와 관자재보살 앞에서 수원즉득다라니(隨願卽得陀羅尼)를 외우며 3년 하니 다냐카타카국 도성 남쪽 절벽 집금강신 앞에 가서 집금강다라니를 외우라 하여 3년을 외우고, 또 아수라궁에 들어가 3년을 하여 9년 만에 여섯 명의 논사와 함께 미륵보살을 만난 뒤 아직까지 소식이 없다고 하였다.

여기까지가 제10권이다. 다음 11권에는 싱갈라국 말라바국 불교 유적지가 소개된다.

제11권

1. 싱할라국(僧伽羅國)의 불교

싱할라국은 지금의 스리랑카이다. 둘레는 7천여리, 도성은 40리 정도 되었다. 토지가 비옥하고 꽃과 과일이 많아 풍족한 생활을 하고 있었다.

사람들의 피부는 거무스름하고 몸집은 작으나 성격이 난폭하고 강직하였다. 불법을 공부하고 덕을 쌓는데 힘을 쓰고 있었다.

전설에는 이 나라는 원래 보물이 많으나 귀신이 살았다고 한다. 남인도 어떤 왕이 딸을 시집보내다가 길가에서 사자를 만나 공주를 버리고 모두 도망쳤는데 가마에 앉아 있던 공주가 죽기를 기다리고 있으니 사자가 공주를 업고 산골짜기로 들어가 사슴고기와 과일로 그를 살렸다.

몇 년이 지난 뒤 공주는 1남 1녀의 어머니가 되었는데 아이들은 겉모양은 사람이나 성격이 짐승과 같았다. 아이들이 자라자 사자와 어머니가 만난 내력을 듣고 마을로 도망가 있다가 마침내 아버지 사자를 죽이고 상금을 타 스리랑카로 유배되어 거기서 보물 캐러 온 사람의 딸과 결혼하여 집사자국을 세우고 살았고, 딸은 페르시아 서쪽에 이르러 신귀(神鬼)와 살며 서대여국(西大女國)을 형성하였다 한다.

그러나 불전에는 옛날 옛적에 이 나라에는 나찰녀 500명이 살았다. 성루에 깃발을 달아 길흉을 표하고 있다가 상인들이 탄 배가 닿으면 미녀로 변해 그들을 유혹하여 철궤속에 가두어 놓고 한명씩 잡아먹었다.

그런데 잠부주의 거상 싱가(僧伽)의 아들 싱할라가 상인 500명을 이끌고 보물을 찾아갔다가 그들의 유혹에 빠져 그곳 여왕과 결혼해 아기까지 낳고 1년을 살았다.

늦게야 그 여인들이 나찰녀라는 것을 안 싱할라는 천신의 가호로 바닷가에 나가 천마를 얻어 타고 본국으로 돌아왔으나 나찰녀가 따라와 아버지 왕을 유혹함으로써 아버지와 그의 권속들이 모두 나찰녀들에게 잡아먹혔으므로 본인이 왕위에 올라 나찰국을 정복하여 나라를 세웠으므로 싱할라국이라 이름을 붙이게 되었다 한다.

싱할라국에는 오래전부터 외도를 믿었다. 불멸 후 100년 경에 아쇼카왕의 동생 마헨드라(摩醯因陀羅)가 신통력으로 이 나라에 들어와 불교를 전파하였으나 승려들이 두 파로 나누어 싸우고 있었다.

하나는 대승을 배척하는 마하비하라를 믿고, 한 파는 대·소승을 함께 공부하여 아바야기리라 하였다. 왕궁 옆에 보물로 장식한 정사가 있는데 그 안에 금불상이 있었다. 이 나라 선왕의 몸을 본따 만든 것으로 진귀한 보석으로 장식되었다.

어떤 도둑이 이 보석을 훔치려고 갔으나 첩첩이 잠겨 있어 땅굴을 파고 들어갔다. 그런데 갑자기 불상이 커져 기가 막혀 앉아 울었다.

"여래께서는 전생에 수행하실 때 모든 것을 아낌없이 주셨는데 어찌하여 지금은 커져서 가져갈 수 없게 하십니까?"

그랬더니 부처님이 고개를 숙이고 보석을 주었다. 그래서 시장에 와서 그것을 팔았는데 산 사람이 이상히 여겨 나라 왕에게 밀고하였다. 왕이 그를 잡아 물었다.

"어떻게 하여 부처님 몸에 있는 것을 이렇게 훔쳤느냐?"

사실적으로 이야기 하자 왕은 그에게 죄를 묻지 않고 그것을 가지고 와서 더욱 큰 신심으로 부처님을 장식하였다. 그래서 그곳 부처님은 지금까지도 고개를 숙이고 있다고 하였다.

2. 말라바국(摩臘婆國)

말라바국은 지금 인도 말라 지역이다. 말라강 동남쪽에 있는데 둘레는 6천리 정도 되고 도성은 30리 가량 된다.

토지가 비옥하여 농작물과 과일이 풍부하다. 초목이 무성하고 특히 보리가 많이 나 빵을 주식으로 한다. 사람들은 온순하고 선량하며 총명하여 아름다운 언어와 학문을 가지고 있다.

5인도에서 학문을 중시하는 나라가 둘이 있는데 하나는 북동쪽 마가다국이고 하나는 바로 말라바국이다. 도덕을 존중하고 인의를 숭상하고 학문을 사랑했다. 외도와 불교를 함께 믿는데 사원 수백 곳에 스님들이 2천명 정도 되었는데, 대부분 소승 정량부를 공부하였다. 외도 사원은 많고 신자들도 많았다.

말라바국 실라디티야왕은 지혜롭고 박학다식하였다. 백성들을 사랑하고 불교를 숭상하여 화를 내지 않고 코끼리와 말까지 물을 걸러 먹여 살생하지 않았다. 그가 50년 동안 정치하는 가운데 주위 야수들도 보호하여 사람들이 무서운 짐승을 두려워하지 않았다. 왕궁 옆에 절을 지어 불상 7구를 모시고 공양하였다. 해마다 무차대회를 열어 각 지방 스님들이 사사공양을 하고 때로는 세 벌의 승복까지 시주한다고 하였다.

도성 서북쪽 20여리에 브라만 마을이 있는데 옆 웅덩이가 있었다. 불법을 비방하던 브라만이 빠져죽은 곳이라 하였다.

박학다식한 브라만이 안하무인으로 붉은 전단으로 대가전과 바수데바 나라야나 불세존을 조각하여 자기의 의자 네 발로 삼아 가지고 다니면서 토론하였다.

이 소식을 들은 서인도 스님 마드라루치가 와서 임금 앞에서 격파하니 임금님께서 "나라와 백성들에게 속인 대가"로 사형을 내렸다. 울며 용서를 빌자 마드라루치 스님이 죽이지 말아 달라고 부탁하여 죽이지 않고 조리를 돌렸는데 피를 쏟고 몸부림 치다가 그만 땅이 꺼지면서 그를 삼켜버렸다.

여기까지가 11권의 내용이다. 다음 12권에는 지구다국·다르마 스티티국·카르반다국·우사국·코스타니국의 불교유적지가 소개된다.

간다라 불교조각

제12권

1. 자구다국(漕矩吒國)과 다르마스티티국
(達磨悉鐵帝國)

　자구다국은 지금 아프카니스탄 동부이고, 다르마스티티국은 아프카니스탄 와칸이다. 자구다국의 둘레는 7천여리, 도성 가즈니(鶴悉那)의 둘레는 30여리이다. 가즈니는 험한산에 둘러싸여 있어 견고하다. 토질이 메말라 보리와 울금향을 심기에 적당하다. 이 성에서 솟아나는 샘은 4방으로 흘러 농업용수로 쓰이고 있다.

　날씨는 매우 춥고 서리와 눈이 많다. 사람들의 성격은 경솔하고 남을 잘 속인다. 그래도 공부는 중시하고 총명·기예가 뛰어나다. 이웃나라와 다른 언어를 쓰며 불교을 믿는 사람이 많다. 사원은 수백 곳이 있고 스님 또한 1만명이 넘는다. 모두 대승불교인들이다.

이곳에는 천사도 몇군데 있는데 대부분 태양신을 믿는다. 예전에 태양신이 카피시국의 아문나산에서 나와 이 나라 남부 슈나시라산에 옮겨 와 살며 사람들에게 복을 내리기도 하고 나쁜짓을 저지르기도 하였다.

태양신은 믿는 사람에게는 소원을 들어주고 불신자에게는 재앙을 내렸다. 풍속이 다른 이웃나라에게도 약속이라도 한 듯 일시에 금은보화나 소·말 등 가축을 바친다. 그래서 이 나라에는 금·은·보화가 많고 양과 말이 많다. 태양신의 저주를 받은 사람들은 감히 그것을 훔칠 생각을 하지 않고 그저 시주하고 공양하는데만 정성을 쏟았다.

독신자들은 오랜 세월 끝에 축문을 전수받고 술법을 얻어 질병을 치료하는 기술을 얻어 여러 사람을 돕기도 한다.

다르마스티국은 두 산 사이에 있는데 동쪽은 옛 토카라국에 맞닿아 있다. 동서의 길이는 1500~1600리, 남북은 4,5리 정도 되는데 폭이 1리쯤 되는 곳도 있었다.

야무다라야강을 끼고 높은 산을 등진 모래지대로 찬바람이 분다. 주로 보리와 콩을 심고 과일은 전혀 나지 않는다. 이들이 기르는 말은 체구는 작아도 힘과 참을성이 강하다.

사람들은 대개 폭력을 좋아하고 생김새는 거칠다. 눈은 푸르고 아름다우며 절은 10곳 정도 되어 스님도 많지 않다.

칸다타성(看駄多城)은 나라의 도성으로 절이 하나 있는데 전대왕이 암벽을 파서 골짜기를 메꾸어 만든 것이다. 이 나라가 세워진 뒤 몇백년 동안 외교만 믿다가 한 왕자가 병이 들어 백방으로 수소문해도 병이 낳지 않다가 천사에 가서 기도하니 주지가 천신인양 가장하고 "꼭 나을 것이니 걱정하지 말라" 위로 하였다.

왕이 말을 듣고 매우 기뻐 돌아오는 길에 한 사문을 만나 물으니 "조상은 다시 살릴 수 있어도 왕자는 쉽지 않습니다" 하니 그 말을 듣고 급히 집으로 와서 보니 왕자가 벌써 죽어 있었다. 왕은 초상을 치르고 내색을 하지 않았다. 왕은 사원 주인에게 다시 가 물었다. 주지는 전과 같이 대답하므로 그 자리에서 묶어 사형시켰다. 그리고 천사의 보상을 부셔 아무 다라야강에 던져버렸다.

왕이 궁으로 돌아가던 길에 다시 그 스님을 만나 궁으로 모시고 와서 왕자의 장례를 잘 치르고 함께 살기를 청하자 절을 하나 지어달라 하여 이로부터 불교가 일어났다.
절에는 큰 부처님을 조성하고 그 위에는 금동으로 돔을 만들고 갖가지 보석으로 장식하였다.
사람들이 불상주위를 돌면 돔도 따라서 돌고 그만 멈추면 돔도 멈춰 신기한 일이 일어났다.

2. 가르반다국(羯盤陀國)과 우사국(烏鎩國)

가르반다국은 지금 아프가니스탄 동부지역이고, 우사국은 아르칸느강 유역이다. 가르반다국의 둘레는 2천여리, 도성은 아르칸느강에 잇닿아 있었다. 도성은 바위에 있으며 둘레가 20리쯤 된다. 산봉우리가 이어져 거의 평원이 없다. 보리와 콩 말고는 농작물이 거의 나지 않는다. 과일과 나무와 꽃은 거의 없다. 사람들은 난폭하고 못생겼으며 털로 짠 옷을 입고 있다. 절은 여남은 곳, 500명 정도의 스님들이 소승인 설일체유부를 믿고 있다.

지금 왕은 후덕하고 소박하며 몸가짐이 바르다. 그의 선조는 원래 파미르고원에 살았다고 한다. 오래 전에 페르시아왕이 한 나라에서 신부감을 얻어 본국으로 돌아가다가 마침 이곳에서 전쟁이 나서 불안하므로 조용히 피난하고 있다가 전쟁이 끝나자 다시 고국으로 가려는데 신부가 아이를 가져 매우 당황하게 되었다.

"왕께서 신부를 데려오라 하였는데 여기서 아기를 가졌으니 이 일을 어찌하여야 된단 말인가."

하고 걱정하자 시자가 "태양신의 아들인 것 같습니다. 가도 죽고 여기 있어도 죽기는 마찬가지이니 이곳에 궁을 짓고 공주를 왕으로 모시고 우선 살아봅시다"하여 석봉산 아래 궁을 짓고 살다보니 공주가 귀한 사내아이를 낳아 왕위를 계승하게 되었다. 여왕은 죽으면서 자신의 시신을 절벽 석굴에 묻어달라 하여 그곳에 모셔놓고 때에 따라 옷을 갈아입히고 있는데 지금도 잠자는 사람과 같이 얼굴색 하나 변치 않고 있다.

이 나라 사람들은 한나라 여인이 태양신과 관계하여 아들을 낳아 나라를 세웠으므로 한일천신(漢日天神)의 자손이라 하여 긍지를 가지고 사니 사방에서 조공이 들어와 큰 나라가 형성되게 되었다 한다.
그래서 이들의 옷은 중국 것을 많이 닮았다.

아쇼카왕이 왕위에 있을 때 궁중에 불탑을 세우고 또 궁을 동북쪽으로 옮기고 동수논사를 위해 절을 짓고 불상을 모시니 넓고 큰 누각에 위엄에 찬 불상이 만들어졌다.

탁실라국 사람인 동수는 어려서 출가하여 날마다 3만3천자를 암송하고 3만2천자를 쓰는 등 불학에 전념하여 누가 무엇을 물어도 바르게 답하여 사견을 설복시켰다. 그래서 5인도 각 나라에서도 그를 따라 경량부의 창시자가 되었다.

당시 동쪽에는 아시바고샤, 남북에는 데바, 서쪽에는 나가르주나, 북쪽에는 동수가 있어 네 태양이 비추던 때라고 말한다.

왕은 병사를 일으켜 탁샤실리국에 쳐들어가 동수를 모셔 사원을 세움으로써 뒷사람들이 참배하게 되었다.

도성 동남쪽 300여리에 석실 두 개가 있는데 각각 나한이 들어가 입적하였다. 조금도 흔들림없이 앉아 있기 때문에 그만 병들어 있는 것 같다. 피부와 살이 전혀 썩지 않고 7,8년 이상을 지나니 머리카락이 계속 자라므로 매년 이발을 시켜준다.

　다음 우사국은 둘레가 천여리이고, 도성 10리 정도 되었다. 남부는 야르칸느에 닿아있고 토지가 비옥하여 농사가 잘된다. 또 숲이 울창하고 꽃과 과일도 많으며 흑·백·청색 등 여러 가지 옥이 많다. 스님들은 천여명 소승 일체유부를 신앙하고 있다.
　도성에서 200여리 가면 큰 산이 나오는데 늘 그 꼭대기에는 안개가 끼어 있다. 절벽이 험해 무너질 것 같은데 산꼭대기에는 기이한 불탑이 있어 전설이 많다.
　몇백만년전 절벽이 무너졌는데 그 속에 흔들림 없이 앉아있는 스님이 있었다. 키가 크고 마른 얼굴에 수염과 머리카락이 길게 늘어져 얼굴과 어깨를 가리고 있었다. 그를 본 사냥꾼이 나라에 알려 왕이 직접 가서 공양을 올리고 물었다.
　"당신은 누구요?"
　"멸진정에 든 나한입니다."
　그래서 그 몸에 향유를 부어 피부를 윤기가 나게 한 다음 북을 치고 종을 울려 그를 깨웠다. 그때 나한이 눈을 뜨고 물었다.
　"당신들은 누구요?"
　"스님입니다."
　"그러면 내 스승인 부처님은 어디 계시오."

"열반에 든지 오래되었습니다."

스님은 한숨을 쉬고 한참 있다가 몸을 일으켜 허공에 올라 신통력으로 몸을 불태워 그곳에 탑을 세우게 되었다 한다.

3. 고스타나국(瞿薩旦那國)의 누에사원(麻射寺院)

고스타나국은 지금 중앙아시아 타림분지 남부지역이다. 대부분 사막지대로 둘레가 4천리 정도 된다. 사람들은 온화하고 예의 바르며 절반 정도는 말과 농사를 짓고, 절반 정도는 방직기술에 종사하며 양탄자를 많이 만들어 내고 있다.

그들은 비단이나 면으로 된 옷을 입고 법답게 행동하는데 노래와 춤을 즐기며 갖가지 기예도 가지고 있다. 문자는 인도문자와 비슷한데 경전공부를 즐겨 사원 100여 곳에 5천여명의 스님들이 대승불교를 신행하고 있다.

사람들이 없을 때는 비사문천왕이 살았는데 아쇼카왕의 태자가 탁샤실리국에서 눈이 뽑히자 분노한 왕이 그 보좌관을 이곳으로 추방해 이 나라 서북에 살게 한 것이 나라의 시초라 한다. 이웃나라왕도 비슷한 처지였다.

그런데 하루는 두 나라 왕이 사냥갔다가 만나 승부를 가리는 전쟁을 하기로 하고 날짜를 정해 싸우다가 서쪽나라 왕이 패해 죽으니 동쪽나라 왕이 통일하여 권속을 다스리게 되었다 한다. 그래서 진리에 밝은 사람을 구해 굽이굽히 흐르던 물이 없어진 곳에 도성을 세워 지금까지 유지하고 있다 하였다.

도성 동남쪽 100여리에 가면 서북방향으로 흐르는 물이 있는데 사람들은 오래전부터 그 물로 농사를 짓고 살았다. 그런데 어느 날 갑자기 물이 없어져 버려 스님들게 물으니,

"강속에는 용이 살고 있으니 용왕제를 지내면 될 것이다."

하여 지냈더니 한 여인이 나타나

"제 남편이 죽어 물이 끊어졌으니 새 남편이 생기면 물이 다시 흐르게 될 것입니다."

하여 용감한 대신이 그의 계부(繼父)를 보내 물이 다시 흐르게 되었다 한다.

용신은 백마를 타고 물속으로 들어가 편지와 북 하나를 보냈는데

"저를 위해 절을 하나 지어주시고, 이 북을 절에 걸어두면 무슨 일이 생기면 저절로 북이 울릴 것입니다."

하고 절을 짓고 북을 걸어 놓았는데 지금까지 아무탈 없이 잘 지낸다 하였다.

도성 동남쪽 5,6리에 고스타나왕이 왕비를 위해 지은 마자 사원이 있다. 원래 이 나라에는 누에치는 기술이 없었는데 동쪽나라에 사람을 보내 기술을 익혀 달라고 하였으나 가르쳐주지 않으므로 고스타왕이 꾀를 내어 청혼하였다.

이에 허락이 되자 공주에게 "누에고추를 가지고 와 옷을 만들어 입으라" 몰래 부탁하니 누에고치를 모자속에 숨겨가지고 와 누에고치를 치게 되었다 한다.

누에를 치기 위해서는 먼저 뽕나무를 심고 음력 4월부터 누에를 쳤는데 처음에는 뽕이 없어 다른 것을 먹이다가 차차 누에고치 뽕을 먹이게 되었다. 그래서 이 나라에서는 번데기를 먹지 못하게 하였다. 누에의 번성을 위해서 누에가 나비가 되어 날아간 뒤에 실을 뽑았는데 왕비는 누에를 위해 잠신(蠶神)을 모시는 절을 지었다.

고스타국의 도성에서 동쪽으로 타끌라마칸 사막으로 들어가면 모래바람 때문에 방향을 분별할 수 없이 땅에 남은 흔적을 따라갈 수밖에 없다.

여기까지가 대당서역기 본문이고, 현장스님은 번성한 나라 덕분에 넓은 세계를 보고 왔다고 칭찬하면서 마지막으로 다음과 같은 글을 썼다.

"이 책에 서술한 자연환경이나 지리·풍토·생활상 등은 각 지역 특징을 골라 적은 것이다. 철저한 고증이 어려워 보고 들은대로 적은 것이니 실효하다고는 볼 수 없다.

태양이 지는 곳으로부터 태양이 뜨는 곳까지 대왕의 은혜와 폐하의 성덕으로 통일위업을 이루지 아니했다면 어찌 머나먼 서역여행을 마칠 수 있었겠습니까?"

義淨法師
의 정 법 사

求法高僧傳
구 법 고 승 전

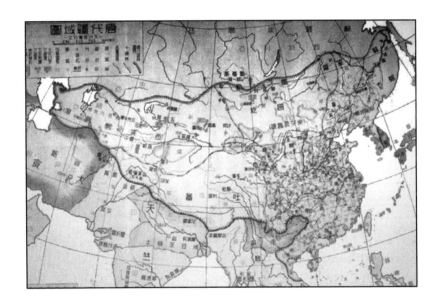

의정(義淨)스님

　의정스님은 당나라 사람이다. 서기 672년 11월 1일 39세의 나이로 광동(옛 番禺)을 출발 12월 초순 수리비자(毫利佛逝 ; 쟈바 爪哇, 혹 스마트라 파렘방?)를 거쳐 15일 후 말라유국(末羅瑜國 ; 스마트라 말라카해협)에 가서 2개월간 머물렀다.

　함형 3년 7월 말라유국왕의 선박을 타고 15일간 항해하여 갈타국(羯茶國 ; 말레이반도 마락카 서해안 케다)에 이르러 4개월간 체류하다가 그해 12월 나체로 사는 사람들의 나라(裸人國 ; 니코바르군도)에 이르렀다. 그리고 함형 4년 2월8일에는 탐마립저항(耽摩立底國 ; 인도 갠지스강 河口)에 이르러 1년간 범어를 배우고, 이듬해 6월 대승등사(大乘燈師)와 함께 나란타사(那爛陀寺)에 이르렀다. 이어서 여러 성적(聖跡)을 보고 상원 2년 쿠시나가르에 이르러 대승등사가 병들어 죽었다. 685년(당, 垂共 원년)부터 10년간 중국 출신 무행선사·행지율사와 함께 불교교리를 전공하였다. 다시 탐마립저항으로 가다가 도적을 만나 죽을 고비를 겪고 12월에야 겨우 배편을 얻어 수공 2년 2월에야 갈파국에 이르러 한 겨울을 지냈다.

　이듬해 정월 갈타국을 출발 약 한달만에 말라유국에 이르러 잠깐 쉬었다가 다시 말라유국 수리비자에 이르러 689년까지 3년간을 쉬었다.

　영창 원년에 우연히 상선을 만나 광동으로 돌아와 정고·도

빔비사랑왕이 조성한 왕사성

세계최초의 나란다불교대학 유적

수자타가 부처님께 공양올리는 모습

보리수 밑의 금강보좌

6년 고행의 모습

신통을 자유자재로 부린 호법신장들

붓트카라 승원의 폐허화된 수투파

나호르 박물관 전경

아쇼카대왕의 선대 찬드라굽타 왕

말타고 행진하는 아쇼카 왕의 모습

당 태종

현장이 당나라에 돌아온 장면. 측천무후가
궁중의 대관들을 모시고 나와 현장법사를 환영하고 있다

당 왕조의 원찰 법문사 불사리탑

파미르고원, 달마대사도 여기서 송운을 만났다

기원정사에서, 기적의 천불을 화현한 모습

부처님의 깨달음을 기념하기 위하여 조성된 정각탑

광 등 4인과 함께 수리비자 광동으로 왔다갔다 하면서 역잡경
론(譯雜經論) 10권과 남해기귀내전(南海寄歸內傳) 4권을 정리
하고 다시 거기서 대당서역구법고승전을 써서 조정에 보냈다.

그리고 광도에서 정고·도광 등과 함께 광동으로 왔다가 이
듬해 1월 다시 광동을 출발 5월에 본국에 이르니 측천무후가
상동문 밖에까지 나와 환영해주었다. 낙양으로 돌아오니 그의
나이 61세나 되었다.

대당고승전은 당시 인도에 유학하고 있던 60여명의 고승들
의 역사를 보고 들은대로 기록한 것인데 그 가운데는 신라스
님 7명과 고구려 스님 1명이 들어 있다.

이제 그 명단을 적어보면 다음과 같다.

1. 태주 현조법사(太州 玄照法師)

2. 제주 도희법사(齊州 道希法師)

3. 제주 사편법사(齊州 師便法師)

4. 신라 아이야발마법사(新羅 阿離耶跋摩法師)

5. 신라 혜업법사(新羅 慧業法師)

6. 신라 구본법사(新羅 求本法師)

7. 신라 현태법사(新羅 玄太法師)

8. 신라 현각법사(新羅 玄恪法師)

9. 신라 복유법사 이인(新羅 復有法師 二人)

10. 도화라 불타발마사(兜貨羅 佛陀跋摩師)

11. 병주 도방법사(幷州 道方法師)

12. 병주 도생법사(幷州 道生法師)

13. 병주 상민법사(幷州 常愍法師)

14. 병주 상민제자 일인(幷州 常愍 弟子 一人)

15. 경사 말저승하사(京師 末底僧訶師)

16. 경사 현회법사((京師 玄會法師)

17. 질다발마사(質多跋摩師)

18. 토번공주 이모식 이인(吐藩公主 孏母息 二人)

19. 융법사(隆法師)

20. 익주 명원법사(益州 明遠法師)

21. 익주 의랑율사(益州 義朗律師)

22. 랑율사 제자 일인(朗律師 弟子 一人)

23. 익주 지안법사(益州 智岸法師)

24. 익주 회녕율사(益州 會寧律師)

25. 교주 운기법사(交州 運期法師)

26. 교주 목차제바사(交州 木叉提婆師)

27. 교주 규충법사(交州 窺沖法師)

28. 교주 혜염법사(交州 慧琰法師)

29. 신주법사(信冑法師)

30. 애주 지행법사(愛州 智行法師)

31. 애주 대승등선사(愛州 大乘燈禪師)

32. 고창 피안지안 이인(高昌 彼岸·智岸 二人)

33. 낙양 담윤법사(洛陽 曇閏法師)

34. 낙양 의휘논사(洛陽 義輝論師)

35. 또 대당승 삼인(又大唐僧 三人)

36. 신라 혜륜법사(新羅 慧輪法師)

37. 형주 도림법사(荊州 道琳法師)

38. 형주 담광법사 또 대당 일인(荊州 曇光法師 又大唐 一人)

39. 형주 혜명선사(荊州 慧命禪師)

40. 윤주 현규율사(潤州 玄逵律師)

41. 진주 선행법사(晋州 善行法師)

42. 양양 영운법사(襄陽 靈運法師)

43. 예주 승철선사 제자 이인(澧州 僧哲禪師 弟子 二人)

44. 낙양 지홍율사(洛陽 智弘律師)

45. 형주 무행선사(荊州 無行禪師)

46. 형주 법진선사(荊州 法振禪師)

47. 형주 승오선사(荊州 乘悟禪師)

48. 양주 승여율사(梁州 乘如律師)

49. 예주 태진법사(澧州 大津法師) 등이다.

법을 구해서 장장 만리 타크마라칸(중·신강성 돈황서쪽 파밀고원 동서 6천리 남북 1500리 타림분지 안의 대사막) 타림분지(천산 동남 아구스하와 남쪽 곤륜산맥의 비단길의 대도시 코탄 눕눌호가 있는 곳) 철문(아람해 천연적으로 만들어진 6천피트나 되는 관문인 힌두쿠슈산맥 끝 북인도의 관문) 동주(현 월남 하노이) 토하라(그리스 인도인들) 강국(康國 ; 사르하와 오크하와 사이 자와프산하 유역에 자리잡고 있는 여러 도시들. 지금의 소련 우즈베키스탄 공화국 수도)을 거쳐 10만리 길을 걸었으니 쇠도 녹고 돌도 부셔졌으라.

의정스님은 이들 가운데 모두 18인을 골라 상·하 양권으로
편집하였으므로 여기서도 그를 간추려 정리하였다.

고대 도시 씨르캅의 불교유적

대당서역구법고승전 서
(大唐西域求法高僧傳序)

　　옛날부터 신주(神州 ; 중국)에서 세상의 삶을 버리고 불법에
목숨을 바친 분들을 보건데 현법사(顯法師 ; 東晉人) 같은 스
님들이 처음으로 거치른 길을 개척하셨고, 현장스님(奬法師)
이 그 중간 무렵에 올바른 길을 개척하였다.

　　그 사이에 혹은 서쪽으로 만리장성을 넘어 홀로 떠나고, 혹
은 남으로 넓은 뱃길을 타고 떠나기도 하였다.

　　(이분들은)모두 성지를 순례하여 이 몸을 받쳐 귀의하는 것
을 희망하였고 돌아와서는 네가지 은혜(四恩 ; 천지・국가・부
모・중생)에 보답하기를 희망하였다.

　　그러나 인도까지 가서 불교의 진리를 찾으려는 그 길은 험
악하고 멀기 때문에 가다가 목숨을 잃는 분들이 열 손가락 하
나에 미치지 못하였다.

　　참으로 끝없이 넓은 타크마라칸(Taklama-kan)의 대 사막과
길고도 긴 강물 타림하(Tarim河)는 모래 사막길로 먼지로 뒤
덮여 아침 해가 뜰 때와 저녁 해가 질 때는 그 빛이 붉고 크

게 보여 (여행자에게) 공포심을 주고, 넓고 넓은 바다의 산더
미같이 밀어닥치는 파도에도 홀몸으로 가야 했습니다. (그 험
악한) 철문(鐵門 ; 아할해 입구에 있는 철문)을 걸어서 지나
만겹으로 싸인 산중에 몸을 던지고 (또는) 홀로 동주(銅柱 ;
월남 하노이 경계)의 앞에 몸을 던져 천강(千江)을 건너 목숨
을 바쳤다.

[발남국(跋南國 ; 현 캄보디아)에 천강구(千江口)가 있다.]

혹은 며칠을 굶고 여러 날 물을 마시지 못한 일도 있었다.
정신은 희미하게 되고 시름과 피로로 사람은 제 정신을 찾을
수 없게 된 때도 있었다.

그곳을 찾아 가는 분의 수는 반백(半百)에 찰 수 있으나 머
물고 있는 분은 고작 몇 분이나 되는지. 가령 서국(西國)에
도착할 수 있었던 분들도 당나라에서는 사찰에 머물러 마음놓
고 손님이 되어 수행할 만한 곳이 없었던 까닭에 여유를 가지
지 못한 채 이곳저곳으로 옮겨 다녀야 했으며, 한 곳에 있을
수 있다는 것은 극히 드문 일이었다.

몸이 편안하지 못하니 어찌 수행에 열중할 수 있겠는가. 아!
참으로 그 분들의 뜻은 높이 칭송되어야 할 것이다.

그분들의 거룩한 행적을 후세에 남겨 전하고자 대략 들은
바를 따라 적어본다. 이 가운데 적어 남긴 차례는 대략은 그
가 인도로 갔었던 때의 연대·거리, 생존자·사망자 등을 고
려하여 앞뒤를 삼았다.

    태주 현조법사(太州 玄照法師) 이하 56명이나 되지만 그 가운데 돌아가셨거나 행방을 알 수 없게 된 분이 많다. 의정인 내가 돌아올 때 무행(無行)·도림(道琳)·해륜(慧輪)·승철(僧哲)·지홍(智弘) 스님의 다섯 분이 계셨던 것을 보았다.

    돌이켜보건대 (당의) 수공원년(垂拱 AD. 685)에 무행스님과는 서국(西國 ; 인도)에서 헤어졌는데 지금 어디에 있는지 생사조차 알 수 없다.

쓰왓지방 마애불(높이 7m), 우리나라 서산 마애불과 같다.

대당서역구법고승전
(大唐西域求法高僧傳) 상권

1. 현조법사(玄照法師)

스님 현조법사(玄照法師)는 태주의 선장 사람(太州 仙掌人)
이다. 인도 이름은 프라카샤마티(般若迦舍末底; Prakasyamati
唐名 照慧)라고 한다. 그의 할아버지와 아버지는 대부(大夫)
이상의 높은 벼슬을 하여 내려왔던 집안이다.

성년이 되기도 전에 머리의 빗을 뽑고 속세를 떠나 승려가
되어 어른이 된 나이게 불교의 성지를 순례하는 뜻을 품게 되
었다.

드디어 서울(장안)로 찾아가서 불교의 경과 학설을 듣고
(태종의) 정관년간(AD. 627~649)에 대흥성사(大興聖寺)의
현증(玄證)스님이 계시는 곳에서 처음으로 범어(梵語)를 배웠다.

이에 이르러 지팡이를 끌고 서쪽(인도)에 건너가 기원정사
(祇園精舍)에서 수행하려는 뜻을 품고 (비단길로 가는 요충지)

금부(金府 ; 현 蘭州)를 떠나 타크라마칸의 큰 사막으로 나와 철문(鐵門)을 지나 힌두쿠슈에 올라가서 향지(간디스강·인다스강의 발원지)에서 몸을 닦고 널리 사홍서원(四弘誓願)을 다 할 것을 결심하고 총부(蔥阜 ; 파미르고원)에 올라가서는 정성 껏 삼유(三有 ; 3계의 업)를 극복할 것을 맹세하였다.

길은 속리(速利 ; 토카라의 속리국?)를 거쳐 토카라를 지나 멀리 호인(胡人)의 나라들을 뚫고 티벳트에 이르렀다. 문성공주(당 종실의 스룽찬감부의 부인이 되다)의 전송을 받으며 북부인도로 가서 쥬룬다국(자란다야국)으로 향하며 발길을 서둘렀다.

미처 도착하기 전에 멀고도 험악한 이 길에서 도적에게 잡히게 되었다. 이미 더 여행할 수 있는 계책도 막히고 그렇다고 호소할 곳조차 없었다.

드디어 신사(神寫)를 빌려 보이지 않는 여러 거룩하신 신에게 빌었더니 꿈속에서 도움이 있음을 깨달았다. 잠에서 깨어보니 도적의 무리들은 모두 잠자고 있었다. 가르침에 따라 가만히 도적무리들로부터 빠져나와 겨우 그 난을 면하였다.

쥬룬다국에 머물러 4년간을 지냈다. 국왕으로부터 깊은 환영과 존경을 받게 되어 이곳에 머물러 공양을 받으면서 경과율을 배우고 범문(梵文)을 배워 조금은 알게 되었다.

그 후 점차 남으로 올라가 마하보리(莫訶菩提 ; Mahabodhi,

붓다가야)에 이르러 다시 네 여름(四夏)을 지냈다. 이 세상에 태어나 거룩하신 분을 뵙지 못한 것에 대해 스스로 안타까움을 품고 있었다. 다행히 거룩한 부처님이 남긴 자취를 보았고 자씨(慈氏 ; 미륵)가 마련한 화상(畵像)을 바라볼 수 있었다. 이는 정성을 나타내게 되어 거룩한 불타를 뵙는 것과 다름이 없는 일이라 믿어 거룩하신 부처님을 더욱 존경하게 되었고, 구사학(俱舍學 ; 세친 저, 對法藏論) 연구에 깊이 뜻을 두어 대법(對法 ; 유위법과 무위법)을 깊이 알게 되었다. 계율의 준칙인 계의(戒儀)를 순화(醇化)하는데 있어서도 뜻을 가져 이에 대승 소승의 두 교리에도 밝게 되었다.

뒤에 나란타사에 가서 여기에서 3년간 머물렀다. 승광법사(勝光法師)로부터 중론(中論 ; 용수의 8불중도론) 백론(百論 ; 제바의 百偈)을 배우고, 또 보사대덕(寶師大德)으로부터는 유가십칠지(瑜伽十七地 ; 유가사지론 100권)를 배워 선(禪)을 수행하는 분야에 있어서는 넘치는 듯한 깨달음의 경지에 종교적인 즐거움을 누릴 수 있게 되어 그 깊이를 더하였다.

이에 갠지스하(Ganges河)의 북으로 가서 국왕 잠푸(苦部, Champu ; 베살리국의 안마하발국왕)의 공양을 받고 신자사(信者寺 ; 王寺) 등에서 머물러 또 3년을 지냈다.

뒤에 당나라의 사신으로 왔던 왕현책(王玄策 ; 중국 사신)이 고향으로 돌아가서 황제에게 글을 올려 그의 학식과 덕망을 알림으로서 드디어 명령서를 내려서 다시 그로 하여금 인도로 건너가 현조를 찾아 당나라의 서울로 돌아오도록 하였다.

돌아오는 길은 네팔(nepal ; 泥波羅)로 정하여 그곳에 들렸다. 국왕은 사람을 시켜 길을 안내해 주었다. 티벳트에 들려 다시 문성공주를 뵈었던바 깊이 예우하고 도움을 주어 당나라로 돌아가게 하였다. 이에 서번(西蕃)을 걸어서 동쪽인 당나라에 이르렀다. 9월에 잠푸국왕의 나라를 떠나(다음해) 정월에 낙양에 도착하였으니 다섯 달 동안 걸어온 것이다. 길이 만리나 되었다.

이때가 인덕연간(麟德 ; AD. 664~665)이었으며 고종(高宗) 황제께서는 낙양에까지 납시었다. 궁전에서 황제를 뵈었던 바, 드디어 황제의 뜻을 받들어 카슈미르국(Kashmir, 羯濕彌羅國)까지 가서 장년 바라문(長年婆羅門, Brahman) 즉 로카야타(盧迦溢多, Lokayata ; 순세파 향락주의자)파의 방사(方士)를 찾아오게 하였다.

낙양에 있어서는 여러 스님들과 서로 만나서 대략 불법의 올바른 자세를 논하였다. 경애사(敬愛寺)의 도율사(導律寺)·관법사(觀法寺) 등 살바다부율섭(薩婆多部律攝 ; 설일체유부)을 번역할 것을 청하였던 것이다.

이미 황제의 명이 있어 인도로 갈 것을 독촉받아 그가 품고 있던 소망도 이루지 못한 채 가지고 온 범어의 불서를 모두 서울에 남기고 이에 거듭 타클라마칸의 대 사막을 넘어 다시 적석(磧石 ; 카라코름)을 지나가게 되었다. 좁고 구불구불하며 높이가 고르지 않고 험악하여 걸어서는 갈 수 없는(카라코람, Karakoram) 산길을 기어서 오르고 인더스하(indus河)의 깊은 물속에 노끈으로 얽어 놓은 흔들다리 위를 온몸을 노끈에 매달려 건너갔다.

티벳트 도적들을 만나서 목을 내놓았으나 살아남은 일도 있고, 야만족의 강도들과 마주쳐 겨우 목숨을 건져낸 일도 있었다. 여행을 계속하여 북인도의 경계에 이르렀을 무렵에 당나라 사신이 로카야타(盧迦溢多)를 인도(引導)하고 오는 것을 만나게 되었다. 이 로카야타는 다시 현조 및 아랫사람 수 명으로 하여금 서인도의 라다국(羅茶國 ; 마하 라타국)에 가서 장년약(長年藥)을 가시고 오도록 하였다.

이에 길을 (토카라지방의) 바르흐(Balkh, 縛渴羅 ; 철문 옆)를 지나 나바비하라(Navavihara, 納縛毘訶羅 ; 새절)에서 석가모니께서 몸을 씻으시던 곳 및 여러 성적(聖跡)을 찾았다.

다시 길을 서둘러 가필시국(迦畢試國)에 이르러 석가모니의 정골(頂骨)에 예배하고 향화(香華)를 갖추어서 바치고 그 인문(印文)을 얻어 내생의 선악을 살펴보았다.

다시 신도국(信度國 ; 인더스 하류에 있는 나라)을 지나 겨우 나다국(羅茶國)에 도착하였다. 왕의 예우와 존경을 받으며 4년 동안 수행하였다. 남인도를 이곳저곳으로 다니며 여러 가지 잡약(雜藥)을 구하여 동으로 중국에 되돌아 가려 하였다.

금강좌(金剛座)에 이르렀다가 다시 돌아 나란타사에 와서 의정(義淨)과 서로 만나 이 세상에서 품고 있던 소망을 다 풀고 더불어 내세에서는 용화(龍華 ; 미륵세계)에서 만날 것을 맹세하였다.

그러나 네팔로 통과하는 길은 티벳트가 가로막고 있어 지나갈 수 없고 가필시(迦畢試)로 가는 길은 사라센(Saracen) 사람들이 침입하여 (불교도를 해롭게 하고 있어) 통과하기 어려운 실정이었다. 이에 잠시 영취산(靈鷲山)에서 수행하고 죽원(竹苑)에도 머물러 보려고 하였다.

항상 불법을 널리 포교할 뜻을 품고 있었다 할지라도 가을이 되어 나뭇잎이 떨어지는 것과 같이 몸이 늙어 기(氣)가 떨어지는 것은 어찌할 수 없었다. 어어! 슬픈 일이다. 불법을 널리 펴려고 몸과 목숨을 던져 정성을 다하여 먼 외국을 이곳저곳으로 돌아다녔으나 중생에게 도움을 주려는 뜻을 이루지 못한 채 많은 소원을 품고 중부 인도에서 날개 부러진 새같이 떨어지고 말았다.

중부 인도 암마라발국(菴摩羅跋國 ; 잠푸)에서 병을 얻어 세상을 떠나셨다. 나이는 60세였다. [여기에 '다씨(多氏)라고 하는 것은 즉 대식국(大食國)을 말하는 것이다.] 그의 죽음을 슬퍼하며 읊었다.

뛰어난 큰 뜻,
이 세상에서는 찾아볼 수 없는 그 뜻
자주 나라안 여러 곳을 거쳐 몇 번이나
험한 기련(祁連 ; 말리강 성의 중접지 양관)의
산줄기를 거닐고
상하(詳河 ; 붓다가야의 나이란자야)에 몸을 씻고
죽림정사에 발자취를 남겨
뛰는 그 마음, 깊이 깊이 간직하고 있었던 것은
다만 불법을 널리 펴보려는 소망뿐,
보리(菩提)의 한 평생같이
슬프도다. 그뜻 이루지 못하고,
마음 아프도다. 헛된 소원.
양하(兩河 ; 인더스와 간디스)에 몸을 가라 앉히고
팔수(八水 ; 낙양의 伊水)에 그 이름을 남겼노라.
장하도다. 목숨으로서 올바른 길 지켜
지혜로써 그 참뜻 다 하였노라.

2. 도희법사(道希法師)

도희법사(道希法師)는 제주(齊州)의 역성(歷成) 사람이다. 인도의 이름은 슈리데바(室利提婆, Srdeva ; 중국명은 吉祥天) 라고 한다.

그의 가문은 예의를 지킬 줄 아는 명문의 집안으로 이어 내려왔다. 어렸을 때 불교계에 몸을 담아 일찍부터 굳게 불도를 지킬 것을 다짐하였던 것이다.

이에 넓고 끝없는 타크라마칸의 대 사막을 거쳐 중인도에서 불교의 진리를 살펴 신심을 더하고 카라코람산맥의 금잠(嶔岑)을 넘어 목숨을 가벼이 여기고 불법을 위하여 스스로를 희생하였던 것이다.

그의 (인도에 있어서의) 자취는 티벳트를 향하고 있으나 그 도중의 길이 위험하여 계검(戒檢)의 지키기 어려움을 두려워하고 드디어 더 이상의 여행을 잠시 멈출 수밖에 없었던 것이다. 이와 같은 일은(티벳트의) 서쪽(네팔)에서도 다시 겪었다.

인도에서는 여타 나라를 두루 여행하고 마하보디에 이르러 성스러운 유적 즉 부다가야의 보리수 금강좌 등을 삼가 우러러 보고 여기서 몇 년을 지냈다. 이미 나란타사에도 머물렀고, 또 구시국(俱尸國)에도 갔었다. 암마라발국(菴摩羅跋國)에서는 국왕의 극진한 존경과 대접을 받기도 하였다.

　나란타사에서는 열심히 대승불교를 연구하였고 수파반나(輪婆伴娜 ; 열반상)에 머물고 있을 때에는 오로지 불교 계율에 관한 불교서적의 연구에 힘썼다. 또 성명학(聲明학學 ; 언어·문자)을 배워 자못 깊은 학문적인 견지에 이르렀다. 문장에도 능하고 초서(草書)·예서(隸書)도 잘 썼으며 대각사(大覺寺) 즉 '마하보리'에 있을 때에는 당의 비(碑) 한 수(首)를 만들었던 일도 있다.

　그가 올 때 가지고 왔었던 당나라의 신구경론(新舊經論 ; 현장 번역과 그 이전의 경론) 4백권은 모두 나란타사에 있다. 의정 자신이 인도에 있을 때는 미쳐 서로 만나지는 못하였다. 암마라발국에서 머물다가 병에 걸려 죽었다. 그의 나이가 50여 살이었다. 뒤에 순례길에서 도희법사가 살았던 집을 보고 그 불행을 슬퍼하여 칠언절구(七言絶句)를 지었다.

　　온갖 고생도 두려워하지 않고
　　머나 먼 길을 홀몸으로 떠났도다.
　　4은을 마음 깊이 간직하여
　　널리 펼 것을 다짐하였건만
　　어이 하리.
　　아직 전등(傳燈)의 뜻을 못이루고
　　멀고 먼 이 땅에서
　　뜻 이루지 못한 채 길 막혀버렸네.

3. 아리야발마(阿離耶跋摩)

아리야발마(阿離耶跋摩, Āryavarma)는 신라 사람이다. 당 태종의 정관년간(AD. 627~649)에 장안(長安)의 광협(廣脇 ; 왕성산)을 떠나 인도에 와서 불교의 정법을 추구하고 성스러 운 불교유적을 몸소 순례하였다.

나란타사에 머물면서 불교윤리의 율(律)과 이론의 학문인 논(論)을 익히고 여러 가지 불경을 간추려 베꼈다. 슬픈 일이 다. 돌아올 마음이 많았으나 그것이 이루어지지 못하였다. 동 쪽 끝인 계귀(雞貴 ; 신라)에서 나와 서쪽 끝인 용천(龍泉 ; 나 란타사)에서 돌아가셨다. 즉 이 절에서 이 세상을 떠나셨던 것이다. 나이가 70여세였다. [계귀(雞貴)는 인도말로는 '구구 차의설라(矩矩吒醫說羅)'이며 인도 남부의 토어인 파리어(巴 利語)로는 쿠꾸타이싸라(Kukkutaissara)라고 한다. '구구차'는 닭(雞)이며 '의설라'는 귀(貴)라는 뜻이다. 즉 고려국인 것이 다. 서로 전하는 바에 따르면 그 나라(즉 신라)에서는 닭의 신(神)을 받들어 모시기에 그 날개 털을 꼽아 장식으로 한다 고 하였다. 나란타사에 못(池)이 있다. 이를 용천(龍泉)이라고 부른다. 서방에서는 고려를 일컬어 '구구차의설라'라고 한다.]

4. 혜업법사(慧業法師)

혜업법사(慧業法師)는 신라 사람이다. 정관년간에 서쪽나라로 가서 보리사(菩提寺 ; 대각사)에 머물면서 성스러운 불교 유적을 순례하고 나란타사에서 오랫동안 강의를 듣고 불서를 읽었다.

의정 자신이 이곳의 당나라 불서를 조사하다가 우연히도 양론(梁論 ; 攝論)의 아래 '불치목(佛齒木) 나무밑에서 신라승 혜업이 베껴서 적었다'한 글이 적혀 있는 것을 보게 되었다.

이에 이 절의 스님에게 물어 보았더니 그는 이곳에서 세상을 떠나셨다고 하며 나이는 60에 가까웠다고 한다.

그가 베꼈던 범어 책은 모두 나란타사에 보관되어 있다.

5. 현태법사(玄太法師)

현태법사(玄太法師)는 신라 사람이다. 인도의 이름은 살바진야제바(薩婆眞若提婆, Sarvajinādeva) [당에서는 일체지천(一切智天)이라고 한다] 이다. 영휘년간(永徽 650~656)에 티벳트를 경유하는 길을 잡아 네팔을 거쳐 중부 인도에 이르렀다. 보리수(菩提樹)를 예배하고 불교의 경과 여러 논(論)을 상세히 조사한 후 발걸음을 동쪽 땅(즉 중국)으로 돌렸던 것이다.

토욕혼(土峪渾)에 이르러 도희법사(道希法師)와 만나게 되어 다시 더불어 발길을 인도로 돌려 대각사(大覺寺)에 돌아왔었다. 그 뒤 당으로 돌아왔으나 그가 죽은 것을 알 수 없다.

6. 현각법사(玄恪法師)

현각(玄恪)은 신라 사람이다. 현조법사(玄照法師)와 더불어 정관(貞觀)년간에 다같이 대각사(大覺寺)에 이르렀다. 그곳을 예경(禮敬)하는 소원을 풀고 나서 병에 걸려 죽었다. 나이는 고작 40을 넘었을 뿐이었다.

7. 신라의 다른 두 스님

또 다시 신라스님 두 분이 있었는데 (죽은 뒤에 지어주는 이름인) 휘는 알 수가 없다. 장안에서 출발하여 멀리 남해(南海)로 갔었다. 배를 타고 슈리비쟈국(室利佛逝國 ; 자바)의 서쪽 파로사국(波魯師國)에 이르러 모두 병에 걸려 죽었다.

8. 상민선사(常愍禪師)

상민선사는 병주(幷州) 사람이다. 머리를 깎아 빗을 버리고 옷을 승복으로 갈아입고부터는 매우 부지런하고 게으름 없는 염송(念誦)의 생활을 하여 왔다.

항상 극락에 태어나고자 하는 큰 서원을 내어 청정한 업을 짓고 부처님 명호를 칭송하고 생각하여 복의 기틀이 이미 넓어 상세히 헤아리기가 어려웠다.

뒤에 장안(서울)과 낙양(둘째 서울인)에 와서도 오로지 불교의 신앙을 높이는데만 힘썼으며 그 그윽한 정성과 은근한 조짐(兆朕)에도 느껴지는 바 있게 되었다.

드디어 만 권이 차도록 반야경을 베끼는 원을 세웠고, 또 멀리 서쪽 인도로 가서 석가여래께서 종교 활동하시던 성스러운 유적을 돌아 배례할 뜻을 품기에 이르렀다. 이 세상에서 좋은 복된 일을 많이 지어 극락정토로 회향(廻向)하는 길을 닦으려는 것이었다.

드디어 궁궐에 글을 올려 여러 주(諸州)를 교화(敎化)하여 반야경을 베껴 쓰도록 할 것을 간청하였다.
일편단심으로 뜻을 이루어 보려는 곳에는 반드시 하늘도 무심하지는 않은 것이다. 곧 황제로부터 그 뜻을 허락하는 내용의 칙서(勅書)를 받기에 이르렀던 것이며, 이에 양자강 남쪽으로 발길을 옮겨 삼가 반야경을 베껴 씀으로써 황제의 은혜에 보답코자 하였다.

마음의 준비도 가다듬어져서 드디어 해변으로 향하여 배를 타고 남으로 하릉국(訶陵國 ; 자바)으로 갔었다. 여기서부터 다시 배를 타고 말라유국(末羅瑜國 ; 수마트라)에 가서 다시 여기에서 중부인도로 가려고 하였다.

  그러나 그가 탔던 선박에 실린 물건들이 너무도 무거워 닻줄을 풀어 배를 띄워 아직 목적지에 도착하지도 않은 채 큰 파도에 휩쓸려 반나절도 못되어 가라앉았던 것이다.

  이 배가 가라앉을 때 상인들은 앞을 다투며 작은 배로 옮겨 타려고 서로 싸움을 하고 있었다. 그 배의 주인은 일찍부터 불교에 신심이 두터웠다. 목소리를 높여
  "스님이 오셔서 이 배를 타십시오!"
  라고 외쳤다. 이때 상민스님께서는
  "다른 사람을 타도록 하시오. 나는 가지 않겠소. 만약 목숨을 아끼지 않고 이 세상을 위하여 다른 좋은 일을 한다면 그것이 곧 보리심(菩提心)에 맞는 일이오. 자기를 죽이면서 다른 사람을 도우면 그것이 곧 보살의 행위 되는 까닭이오"
  라고 하였다. 그렇게 하고 나서 서쪽 인도쪽을 향하여 합장하고
  "나무아미타불(南無阿彌陀佛)"
  을 불렀다.
  "나무아미타불"
  이 되풀이 되는 사이에 배는 가라앉고 그의 몸이 사라지고, 목소리도 끊어져 그의 생애는 끝났다. 나이는 50 몇 살이었다.
  그의 제자가 한 사람 있었는데 어디 사람인지는 알 수가 없다. 흐느껴 가며 슬피울더니, 또 '아미타불'을 부르면서 그의

스승과 같이 죽었다. 그때 살아남은 사람이 상세히 이 일을 말하여 주었다.

9. 명원법사(明遠法師)

명원법사는 익주(益州)의 청성(靑城) 사람이다. 인도 이름을 진다데바(振多提婆, Cintādeva ; 思天)라고 하였다.

어려서는 불법의 가르침을 따랐고 성장하여서는 더 깊이 불법을 연구하였다. 그 용모는 아름답고 맑았다. 중관론(中觀論)과 백론(百論)에 밝았으며 장주(莊周)에 대하여도 깊은 지식을 지니고 있었다.

일찍이 칠택(七澤 ; 호수가 많은 호북, 호남지방)을 고루다녔고, 뒤에는 삼오(三吳 ; 강소 절강)의 땅을 거치기도 하였다. 거듭 불교의 경·논을 배웠고, 다시 선(禪)도 배웠었다. 이에이르러 여봉(廬峰 ; 구강, 번양호가 있는 산)에서 속세와 관계를 끊고 한 여름을 지냈다.

슬기로운 가르침인 불교가 이미 여러 갈래로 쪼개져 있는것을 원통하게 여겨 드디어 지팡이를 흔들며 남쪽 교지(交趾 ; 하노이)까지 와서 거기서 배를 큰 파도위로 몰아서 하릉국(訶陵國)에 이르렀다.

이어 사자주(師子洲 ; 스리랑카)에 도착하여 군왕(君王)으로
부터 예우와 존경을 받았다. 곧 모습을 숨겨 각(閣)안에 가만
히 들어가 몰래 석가여래의 치아(齒牙)를 훔쳐 중국으로 가져
와서 불법을 일으키려 생각하였다.

그러나 불아(佛牙)를 손에 넣었다가 도리어 빼앗겨 그 뜻이
컸던 계획은 소망을 이루지도 못하고 자못 모욕을 받아 남인
도로 향하였다. 사자주의 사람들이 전하여 알려주는 바로서
그는 대각사로 갔다고 하나 중부인도에서는 그의 소식을 전혀
들을 수 없다. 그는 여행길에서 객사(客死)하였을 것이 틀림
없다. 나이가 몇 살이었는지 자세히 알 수 없다.

그 뒤부터 사자주는 석가여래의 치아를 지키는 것이 대단히
엄하게 되었다. 눈은 누(樓)위에 두고 몇겹으로 큰 자물쇠를
잠구어 자물쇠에는 진흙으로 봉하여(泥封) 5관(官)이 니봉(泥
封)에 인(印)을 찍었다. 만약 문을 하나만 열어도 곧 그 앞으
성곽(城郭)과 통하게 된다.

매일 향과 꽃을 공양하여 내려오며 만약 정성으로 기도하여
청한다면 즉 불아(佛牙)는 꽃위에 나타나고 혹은 이상한 빛을
나타내 여러 사람들이 모두 바라본다. 전하는 말에는 만약 이
사자주가 불아를 잃게 되면 모두 나찰(羅刹)에게 잡혀먹힌다
고 한다. 그래서 이와 같은 불행을 미리 막기 위하여 대단히
힘써 지킨다는 것이다.

또 전하는 말에는 불아는 반드시 지나(支那 ; China)에 간다고 한다. 이와 같은 일은 성스러운 힘을 멀리서 얻어야 하는 것이며 감(感)하여야만 곧 이루어지는 성격의 일이다. 어찌 사람의 힘으로 이루어지겠는가. 억지로 사리에 맞지 않은 말을 하고 있는 것일 뿐이다.

10. 대승 등선사(大乘燈禪師)

대승 등선사는 애주(愛州)의 사람이다. 법명은 마하야나발지이파(莫訶夜那鉢地已波, Mahānadira ; 大乘燈)라고 하였다. 어렸을 때 부모를 따라 배를 타고 두화라발저국(杜和羅鉢底國 ; 타이·방콕 부근)에 가서 비로소 출가하여 승려가 되었다.

뒤에 당의 사신 담서(郯緖)를 따라 당나라의 서울로 왔고 자은사(慈恩寺)에 들어가 삼장법사 현장(玄藏)의 곳에 가서 구계(具戒)를 받아 수년간 서울에 있으면서 널리 불경을 읽고 성스러운 불교유적을 순례하고 서방극락세계와 인연을 맺고자 하는 뜻을 품게 되었다.

몸에는 충성스런 마음을 가지고 성품은 품행이 올바르고 깔끔하며 모든 것을 계율에 맞도록 힘쓰고 선(禪)의 수행에도 힘썼다. 생각하기를 현실의 속세를 영원한 것이라고 굳게 믿는다는 것은 잘못된 마음의 작용에서 일어난 허무한 생각이며,

이러한 그릇된 생각을 가진 사람은 오랫동안 속세에 빠져서 구제할 수가 없다. 그러므로 속세에서 되풀이되는 생(生)과 멸(滅)의 그 헛된 현상에서 벗어나 영원한 깨달음의 세계에서 살아가려면 생과 멸은 서로가 도와 생은 멸의 원인이 되고, 또 멸은 생의 원인이 되어 되풀이 되는 것이라는 것을 깨달아 생과 멸의 헛된 생각을 극복하는 올바른 지혜를 얻는데 정진하여야 한다고 믿게 되었던 것이다.

이에 왕성인 장안에서의 생활을 끝내고 인도의 죽원(竹苑)에 가서 불교 신앙에 방해되는 여덟 가지 난(八難 ; 3악도·울단월·무상천·불전불후·세지변총·맹음아)을 극복하고 동·서·남·북의, 사방제불(四方諸佛)의 설법을 들어야 한다고 생각하였다.

드디어 불상을 모시고 불교의 경론을 휴대하여 남해를 건너 사자국에 가서 모든 영험을 갖춘 불아(佛牙)를 뵙고 예배하였다. 남인도를 지나 다시 동인도에 이르러 탐마립저국(耽摩立底國, Tamralipti ; 수마트라)에 도착하였다. 이곳에서 당으로 되돌아오려고 배를 탔으나 배가 갠지스하의 강어귀에 들어가 도적을 만나 배는 부서지고 겨우 목숨만 살아남았다.

이 나라에서 12년을 머물게 되어 범어를 아주 잘하게 되었으며 연생등경(緣生等經 ; 방등경)을 송(誦)하고 아울러 복 지을 행위를 두루 배웠다. 같이 가자는 상의를 받게 되어 나(義

淨)와 같이 중인도로 갔다.

먼저 나란타사에 갔다가 처음으로 부다가야의 금감보좌에 들려 벽사리(薜舍里)를 거쳐 뒤에 구시나가라에서는 무행선사(無行禪師)와 만나 이곳에서 같이 지냈다.

대승등선사께서는 언제나 한탄하여 말하기를, "나는 불법을 널리 펴는 것이 본래의 소망이었다. 거듭 동쪽 중국으로 가려 하여도 왜그런지 뜻대로 되지 않는다. 나는 이제 어느 사이에 늙은 몸, 비록 오늘 뜻을 이루지 못하였다고 하더라도 내생(來生)에는 반드시 이 뜻이 이루어질 것을 바란다"고 하였다.

그러나 항상 도사다천(覩史多天 ; 도솔천)의 업을 다하여 미륵보살에 뵙기를 바라고 매일 용화(龍花) 한 두 장을 그려 지성껏 마음속에 간직하고 있었다.

대승등선사는 가려고 하는 목적지까지의 길 안에 있기에 도희법사(道希法師)가 살고 있던 옛집의 그 방을 지나갔다. 당시의 그분께서는 이미 죽어 이세상에 없으나 한자(漢字)로 된 서적은 아직 남아 있고 범어로 된 불경꾸러미도 그대로 두어져 있었다. 이것을 보고 남모르게 눈물이 쏟아져서 옛날 장안에서는 같은 법석에서 놀았지만, 지금 다른 나라에서 그의 비어있는 방만 볼 뿐이라고 한탄하였다.

11. 혜륜선사(慧輪禪師)

혜륜선사는 신라 사람이다. 범명(梵名)은 반야발마(般若跋摩, Prajāvarmah)라고 한다. 자기나라에서 출가하여 승려가 되어서 성스러운 불교유적을 순례할 뜻을 품고 뱃길로 중국의 복건(福建)에 상륙하여 육로를 걸어서 장안에 도착하였었다. 그 후 칙명을 받들어 인도로 가기로 된 현조법사(玄照法師)의 시자로 따라가게 되었다.

인도에 가서는 고루 성스러운 불교유적을 돌아 참배하고 갠지스하 북쪽의 암마리발왕국(菴摩離跋王國)에 가서 그 국왕이 세운 신자사(信者寺)에서 10년을 살았다.

요사이는 동쪽으로 가서 북방의 토카라 스님들이 사는 절(覩貨羅僧寺)에 머물고 있다. 원래 이 절은 토카라 사람이 그 본국의 승려를 위하여 세운 것이다. 이 절은 매우 돈이 많고, 자산(資産)이 충분하여 공양·식사차림이 이 이상 더할 것이 없다 생각되었다. 이 절 이름은 건타라산다(建陀羅山茶)라고 하였다.

혜륜은 여기에 머물렀다. 범어를 잘하였고 또 구사론도 깊이 연구하였다. 의정 자신이 중국으로 돌아올 때에도 그는 이 절에 있었다. 나이는 40을 바라보고 있었다. 북방의 승려로서 이 절에 머무는 사람은 모두 주인(主人)의 대접을 받는다.

대각사 서쪽에는 가필시국의 절이 있다. 이 절도 재산이 많으며 여러 석학과 수행에 뛰어난 분들이 많으며 모두 소승불교를 연구한다. 북방에서 오시는 스님들도 이 절에 머문다. 절은 '구나절리다(窶拏折里多 ; 衡寺)라고 부른다.

대각사의 동북 두 역(兩驛)가량 되는 곳에 굴록가(屈錄迦 ; 남인)라는 절이 있다. 남방의 굴록가 왕이 지은 곳이다. 절은 비록 가난하기는 하나 계율을 지키는데 있어서는 맑고 엄하다. 근래에 일군왕(日軍王, Adityasēna)이 다시 옛절의 곁에 절을 하나 지었는데 이제야 겨우 새로이 완성하였다. 남쪽 나라에서 온 스님들은 대부분이 이 절에 머문다.

(이와 같은 성격의) 절이 여러 곳에 산재해 있다. 이러한 절들을 통하여 그 본국과의 불교 교류가 이루어진다. 신주(神州 ; 즉 중국)만은 한 곳도 없어 인도에 왕래하는 스님들로 하여금 갖은 고생을 겪게 하고 있을 따름이다.

나란타사에서 동쪽으로 40역(驛) 가량 갠지스하를 따라 내려가면 밀율가실타발나사(蜜栗伽悉他鉢娜寺 ; 鹿園寺)에 이른다. 이 절에서 얼마 떨어지지 않은 곳에 옛절 하나가 있다. 그러나 전(塼)으로 만들어졌던 자리가 남아 있을 뿐이며, 그 이름은 지나사(支那寺)라고 하였다.

옛 노인들 사이에 전하여 내려오는 말로는 그 옛날 실리급

다대왕(室利笈多大王)이 지나국의 승려를 위하여 세웠던 것이라고 한다.

촉천양장도(蜀川牂牁道)도 이 절에서 500여역 거쳐서 마하보리(莫訶菩提 ; 大覺寺)에 가서 배례하였다. 왕은 이를 보고 경중(敬重)히 여겨 드디어 이 땅을 주어 거기서 멈추어 쉬게 하고 대촌(大村) 24소를 봉(封)으로 비용에 쓰도록 주었다.

뒤에 당나라 스님으로서 이곳에 숙박하는 자가 없어지자 봉으로 주었던 마을을 거두어 들여 다른 사람들에게 나누어서 맡도록 하였다. 지금도 세 마을은 녹원사의 소유에 들어가 있다.

지나사를 헤아려 보건대 지어진지 5백여년이나 된 것 같다. 지금은 이 지역은 동인도 왕의 영토가 되어있다. 그 왕의 이름은 제바바마(提婆婆摩, Devavamuan)이다. 언제나 말하기를, "만약 대당의 천자가 있는 곳에서 몇 사람의 스님이 이곳으로 온다면 내가 다시 이 절을 일으켜 옛날 이 절에 주었던 촌봉(村封)을 되돌려주어 중단시키지 않을 것이다" 하였다.

참으로 한심한 일이다. 힘을 들이지 않아도 머물 곳이 있다고는 하나 불법수행을 통하여 복을 누릴 사람은 만나기 어렵다. 만약 마음을 널리 도우는데 두어 천자에게 승려를 보낼 것을 주청(奏請)하여 불교를 널리 편다면 그 효과는 결코 적지 않을 것이다.

금강좌(金剛座)가 있는 곳에 있는 대각사(大覺寺)는 즉 승가라국왕(僧訶羅國王)이 세운 것이다. 옛부터 사자주(師子洲)의 스님들은 이곳에서 머무신다.

대각사에서 동북으로 일곱 역(七驛)을 가면 나란타사에 도착한다. 즉 이것은 옛날 왕인 실리샥갈라슌저(室利鑠羯羅眹底)가 북인도의 필추할라사만사(苾芻曷羅社槃社)를 위하여 세운 것이다.

이 절의 처음 기틀은 겨우 사방이 도(堵 ; 一丈五板) 남짓하였다. 그 뒤에 왕의 후손들이 이어서 절을 확장하였다.
절의 규모는 매우 커서 인도 전역에서는 이보다 더 큰 절은 없다. 따라서 그 절의 규모를 상세히 설명할 수는 없기에 겨우 그 구역만을 대략 적어볼 뿐이다. 그런데 그 절의 형태는 정사각으로써 마치 중국 성곽 같으며 4면에는 직선의 처마(簷)로 된 집이 지어져 있고 장낭(長廊)은 고루 이들을 둘러 이어져 있다.

이들은 모두 전(塼)으로 만든 방들이며 높이는 3층으로 지어졌고 각층의 높이는 1장(丈) 남짓하다. 대들보(樑)에는 판자를 옆으로 붙였으며 원래 서까래로 지붕을 채우지 않고 또 기와는 전(塼)을 평면으로 깔았다.

절은 일직선으로 반듯하게 지어서 제 마음대로 돌아 자기

방으로 들어갈 수 있도록 되어있다. 뒷벽은 곧 바깥면을 이루고 있다. 전을 쌓아 올려 높이 3~4장(丈)으로 만들었고, 그 위에 사자 머리를 만들었는데 그 머리 부분의 높이는 사람의 키과 같다.

그 승방은 언제나 태양이 바깥벽을 바로 쪼인다. 하나하나의 방은 모두 그 안이 대략 1장(丈)가량 된다. 뒷면은 창문을 통하여 처마(簷)를 바라보게 되어 있다. 그 방의 문은 매우 높아서 열고 닫는 것이 마음대로 되는 문짝이 있을 뿐이다. 모두 마주 바라보면서 발(簾)을 쳐놓고 그 안에서 편안하게 있지 못하게 되어 있다. 밖에 나와서 바라본다면 사면에서 모두가 서로 바라보며 행동을 살피게 되어있다. 어찌 조금이라도 사사로움이 있겠는가. 건물의 한구석 위쪽으로 복도(複道)를 만들어 절위로 갔다 왔다 한다. 네 모퉁이에는 각각 전으로 집을 지어 유명한 큰 스님들이 여기에 계신다.

절의 문은 서쪽으로 향하고 있으며 날아가듯이 지은 누각은 하늘을 찌르며 그 조각은 기묘하게 새겨져 장식의 묘(妙)를 최고도로 나타내고 있다.

그 문은 곧 방과 서로 이어져 문과 방이 따로 만들어진 것이 아니나 다만 문은 앞으로 두 걸음(兩步)을 내서 네 기둥을 모두 안정시키고 있다. 그 문은 비록 지나치게 크지는 않다 하더라도 그 구조 전체는 참으로 탄탄하게 만들어졌다. 식사 때마다 문을 큼직한 자물쇠로 걸어 잠근다. 이것은 성스러운 가르침을 따른 것이며 절 안의 사사로운 생활을 외부에 보이지 않도록 하기 위한 것이다.

절 안에 포장을 한 공지는 사방이 대략 30보이며 모두 전(磚)이 깔려 있다. 작은 절의 공지(空地)는 10보 혹은 5보의 것도 있다.

무릇 지붕 위, 처마 앞, 방 안을 덮고 있는 바닥은 헐어서 못쓰게 된 전의 조각을 대추만한 크기로 잘라 진흙과 섞어서 절구공이(杵)로 가루를 만들어 전면에 편편하게 발랐다. 석회에 삼줄기(麻筋) 및 기름과 삼찌꺼기, 물에 담근 껍질 따위를 섞어서 며칠 동안 물에 적셔 두었다가 이것을 전 바탕위(塼地)에 바르고 푸른 풀로써 덮어 둔다.

수삼일 지나서 그것이 마르려고 하는 것을 보아 다시 활석(滑石)으로 말끔히 닦아내고 붉은 흙물 또는 단주(丹朱)같은 것으로 닦는다. 그 뒤에 기름을 입히면 맑고 선명한 것이 거울과 같게 된다.

그 당전(當殿) 계단은 모두 이렇게 한다. 한번 마련해 놓으면 그 후는 사람들이 제멋대로 밟아도 어떤 때는 1~20년 지나도록 부서지지 않아 석회수(石灰水)로 적신 것 같지 않아서 벗겨지지 않는다.

이와 같은 것으로는 모두 여러 승방(僧房)이 지어져 있으며, 위는 모두 편편하게 지어져 규모는 서로 닮았다.

절의 동면(東面)에는 하나 또는 세 개의 방을 잡아놓고 석가여래의 존상(尊像)을 모셔 놓았다. 또는 그 면(面)보다 다소 앞으로 내서 따로 대관(臺觀)을 마련하여 불전(佛殿)으로 삼고 있다.

절의 서면에는 큰뜰의 바깥쪽에 대솔도파(大窣堵波, Stupa ; 사리탑) 및 여러 제저(制底 ; 유물탑)가 나란히 있다. 그 수는 100을 넘어 성스러운 유적은 잇따라 줄지어져 그 장관은 적을 수도 없다. 금과 보배로 빛나게 장식한 그 아름다움은 실로 이 세상에서 드물게 볼 수 있는 것이다.

그 안에서의 스님들이 지켜야할 규칙, 출납의 일은 상세히 중방록(中方錄) 및 기귀전(寄歸傳 ; 남해기귀전)에 기술하였다.

절 안에서는 다만 가장 늙은 상좌를 존주(尊主)로 삼으며, 그 덕을 말하지 않는다. 절에 가지고 있는 모든 열쇠는 매일 저녁 봉인하여 이를 상좌에게 맡긴다. 다시 따로 사주(寺主)나 유나(維那) 같은 것은 두지 않는다.

절을 만든 사람은 사주(寺主)라는 이름을 붙인다. 범어로는 비하라사미(毘訶羅莎彌, Vihārasramin)라고 하였다.

절을 번갈아 지키며 문을 열고 닫는 일을 맡아 보고 승려들의 화합을 꾀하며 모든 잡무를 지령하는 사람을 비하라파라(毘訶羅波羅, Vihārapala)라고 한다. 중국말로 번역하면 호사(護寺)가 된다.

또 건치(健稚 ; 종)를 울리고 절의 식사에 관한 일을 맡아보며 잡무를 처리하는 사람을 갈마타나(羯磨陀那, Karmadāna)라고 이름짓고 있으며, 중국말로 번역하여 수사(授事)라고 한다. 이를 유나(維那)라고 하는 것은 약칭이다.

여러 스님들 가운데서 무슨 일이 있어 나가게 되면 누구나 차별없이 모두 모아놓고 호사(護事)로 하여금 돌아다니며 고백시킨다. 한 사람 한 사람씩 그 앞에 걸어가서 합장하고 제각기 그 일에 대하여 스스로를 밝히도록 한다. 만약 한 사람이라도 그것을 듣지 않으면 일이 이루어지지 않는다. 그렇다고 여러 사람 앞에서 회초리로 때려 고문으로 고백을 강제하는 일은 절대 없다. 만약 스스로 밝히지 않는 것을 보면 이치로 그를 설득시킬 뿐 강제로 압력을 가하여 그것을 요구하지는 않는다.

창고지기, 사원소속 농장의 일꾼, 신분이 낮은 무리들 몇 사람이 일을 저질렀다 할지라도 창고 책임자나 농장의 감독을 보내어 합장하여 스스로 밝히도록 한다. 그가 만약 이에 승복한다면 그대로 그 사람에게 일을 시킨다. 참으로 혼자서 제멋대로 처리한다는 불합리한 일은 없다.

만약 고백하지 않고 혼자서 공공의 재물을 쓰는 사람은 그것이 아주 적은 좁쌀 반되(半升)에 이르기까지도 많은 사람으로부터 배척받아 쫓겨난다.

세도를 부려 사찰 재산을 혼자서만 쓰고, 승려의 기강에 관한 집무를 단독으로 처리하고도 대중에게 밝히지 않는 사람을 구라발저(俱羅鉢底, Kulapati)라 하는데, 중국말로 번역하여 가주(家主)라고 한다. 이는 곧 불법(佛法)의 큰 병(大病)이어서 사람과 귀신이 모두 원망하는 바이다. (그러한 사람이) 절에 비록 이익이 있다 할지라도 끝내는 죄를 짓는 것이 깊어질 뿐이다. 지자(智者)는 반드시 하지 않는 법이다.

또 불법의 진리를 믿으려 하지 않고 자기들의 고집을 주장하는 여러 외도는 옛날에는 96파가 있었으나 지금은 다만 40여파 뿐이다. 만약 재(齋)의 모임이 있어 모이게 되면 각 파마다 한 곳에 모이며 결코 승니(僧尼)와 앞뒤를 다투는 일은 없다. 이미 믿고 있는 종교적 진리가 다른 이상에는 이치로써 행동을 같이할 수는 없는 일이다. 제각기 그가 믿는 바의 종지(宗旨)를 배울 뿐이며 같이 앉아서 서로 의견의 교류같은 것은 하지 않는다.

이 절의 사제(寺制)는 극히 엄격하다. 보름마다 (절 일을

맡아 보는) 전사(典事)와 (그를 보좌하는) 좌사(佐史)로 하여
금 방을 돌아다니며 사제(寺制)를 읽게 해서 (스스로 되새겨
지켜나가도록 하였다) 여러 스님들의 이름은 국가의 호적에
넣지 않는다. 그 가운데서 죄를 범한 사람이 있으면 승려들이
스스로 벌을 주며 국가에서 간섭은 하지 않는다. 이런 까닭에
승려들은 모두가 서로 존경하고 또 두려워한다.

　그 절을 유지하기 위한 수입원은 비록 한정되어 있으나 이
로움이 있도록 더 보태어 넉넉하게 유지한다. 옛날을 되돌아
보면 당의 서울인 장안에 있을 때 어떤 사람이 그런 기원(祇
洹)의 절 모양을 보았는데 이는 모두 아무 근거도 없이 상상
(想像)에 따라 그려진 것이었다. 색다른 견문을 넓히기 위하
여 그 대략을 적어본 것 뿐이다.

　또 인도를 중심으로 그 영향을 미치는 주변지역의 이와 같
은 큰 절에는 그 군왕(君王)이 모두 물시계를 놓도록 하고 있
다. 이 까닭에 밤과 낮, 계절을 헤아리는 것은 어렵지 않다.
불교의 율(律)의 가르침에서는 밤을 셋으로 나누어 초(初)와
후(後)에는 제도적으로 선(禪)과 불경을 송(誦)하게 하고 그
중간의 시간은 마음대로 쉬도록 하고 있다. 그 물시계 쓰는
법은 내가 지은 기귀전(寄歸傳)에서 상세히 설명한 것과 같다.

　또 여기에서 비록 절의 모양을 설명한다 하더라도 뒤에 다
른 일이 일어나면 혼동될 것을 두려워하며 여기에 그림을 그

려서 붙인다. 바라는 바는 목격(目擊)하는 사람으로 하여금
엇갈리지 않게 하려 함이다. 만약 천자에게 일러 청하여 그
양식에 따라 이를 만들 수만 있다면 인도의 왕사(王舍), 즉
불교 본거지와 중국과는 이치상으로는 이루어지는 것이 다를
바 없을 것이다.

이에 한탄하여 글을 한 수 짓는다.

많은 아름다움은 옛과 같이 늘어져
남아 있건만
뛰어난 여러 분들은
이미 옛과 지금으로 갈라졌으니
또 삶과 죽음의
가름을 알게 되노라.
어찌 마음의 서글픔을
느끼지 않을쏘냐.
<절의 모양은 지금 없어져 남아있지 않다.>

여기의 이것은 실리나란타마하비하라(室利那爛陀莫訶毘訶
羅)의 모습이다. 중국말로 번역하면 길상신용대주처(吉祥神龍
大住處)라고 한다.

인도에서는 무릇 군주 및 고관(高官)에 속하는 사람과 아울
러 큰 사찰의 이름을 부르는데 있어서는 모두 먼저 실리(室
利)라는 말을 붙이는데 그 뜻은 길상(吉祥) 존귀(尊貴)라는

말이다. 나란타(那爛陀)는 곧 용(龍)의 이름이며 근처에 용이 있어 이것을 나란타라고 불렀기에 이를 이름으로 삼았다. 비하라(毘訶羅)는 곧 '사는 곳'이라는 뜻이며, 이것을 절(寺)이라고 한 것은 올바른 번역이 아니다.

한 절만을 보아도 나머지 일곱 절이 같음을(안다). 옥상은 편편하고 바르게 되어 있어 사람들이 그곳을 거쳐 왕래한다. 무릇 절의 모양을 보려는 사람은 반드시 남서(南西)에서 이를 보아야만 한다.

서쪽으로 그 문을 나서게 한다면 비로소 그 참다운 전체의 모습을 알 수 있을 것이다. 문의 남쪽 둔덕길로 대략 20보(步) 가량 되는 곳에 솔도파(窣堵波)가 있다. 높이가 100척 가량 된다. 이것은 석가여래께서 옛날에 여름 석달 동안 수양하며 계시던 곳이다. 인도의 이름으로는 모라건타구지(慕攞健陀俱胝)라고 하며, 당나라에서는 이를 근본향전(根本香殿)이라고 부른다.

문의 북쪽 둔덕길로 50보 가량 되는 곳에 또 대솔도파가 있는데 앞의 그것보다 더 높다. 이것은 유일왕(幼日王)이 만든 것이다. 모두 벽돌로 만들었으며, 그 장식은 정묘하고 금으로 만든 상(金床)과 보배(寶地), 공양은 희유하였다. 그 가운데에는 석가여래께서 설법하시는 상(像)이 안치되어 있다.

이에 이어 서남쪽에는 적은 제저(制底) 또는 지제(支提)가 있으며 높이는 1길 남짓하였다. 이것은 브라만(波羅門, Brahman)이 새를 잡아서 청문(請問)한 곳이며, 당나라에서 작리부도(雀離浮圖)라는 이름으로 알려진 것이 곧 이것이다.

근본전(根本殿)의 서쪽에는 불치림(佛齒林)이 있다. 그 나무는 (중국에서 끝을 여러 갈래로 잘게 쪼개서 양치질 하는) 버드나무가 아니다.

그 다음으로 서쪽 둔덕길에는 계단이 있으며 그 사방은 당의 대척(大尺)으로 대략 한 길 남짓하다. 편편한 땅위에 전을 겹겹으로 쌓아서 구축한 것이며 단(壇)의 높이는 대략 두 길 가량 된다. 담안에 있는 좌기(坐基)는 높이가 5촌(寸) 가량이며 가운데 작은 제저(制底)가 있다.

단의 동쪽 전각(殿角)에는 석가여래께서 경행(經行)하시던 터가 있다. 벽돌을 겹쳐 쌓아올려서 만들어졌다. 넓이는 양주(兩肘) 가량이 되고 길이는 14, 15주(肘)가 되며 높이는 대략 양주(兩肘) 남짓하다. 위에는 석회로써 연꽃이 피어나는 모양을 새겨 만들었으며 높이가 2촌 가량, 넓이가 약 한 자 가량 되는 15, 16개의 석가여래 발자욱이 있다.

이 절은 즉 남으로 왕성(王城)을 바라보아 겨우 30리이며, 영취산(靈鷲山), 죽원(竹苑)은 모두 그 성 곁에 있다. 서남쪽으로는 대각사를 향하고, 정남은 존족산(尊足山)이 있어 모두 대략 일곱 역(驛) 가량의 거리다. 북의 벽사리(薜舍里)까지는 35역이고, 서쪽으로 녹원(鹿苑)을 바라보면 20여 역이다. 동으로 탐마립저국(眈摩立底國)으로 향하면 6,70역이면 도착한다. 즉 해구(海口)로 배를 타고 당으로 돌아가는 곳도 있다.

이 나란타사 안에는 승려의 수가 3500명이 되며 절에 속하는 마을과 농장은 201소(所)인데 모두 역대의 군왕이 그 인호(人戶)를 바쳐 길이 공양에 충당한 것이다. 거듭 글을 한 수 지어 본다.

용지(龍池)와 변두리가 못에 둘러싸인
나란타사여, 땅은 하늘의 끝과 맞붙어
길은 아득하여 말타고 달려도
길을 거니는 사람 찾아볼 수 없도다.

지금에 와서 전하는 이야기
그 올바른 것 찾아보기 힘들고
그 모습 지은 사람 바뀌었고
지어진 그 솜씨는 오래되어
옛 냄새 고루 풍겨도 새롭게만 보이는
그 모습에 놀란다.

바라건대 보는 사람 마음 가다듬어
부처님 보듯 신심 올리기를.

대당서역구법고승전
(大唐西域求法高僧傳) 하권

1. 도림법사(道琳法師)

도림법사는 형주 강릉 사람이다. 인도식의 이름은 시라발파(尸羅鉢頗, Silaprabha)이고, 중국말로는 길상천(吉祥天)이다.

아직 그의 나이가 어렸을 때 검은 승복을 입고 속세에서 출가하였으며, 어른이 되어서는 친구를 찾아 참된 삶을 물어보기도 하였다.

계율에 관한 불교서적을 찾아서 계(戒)를 지켜 옥같이 빛나고, 선(禪)의 실천에 힘써 수행에서 얻게 된 마음은 잔잔한 물같이 맑았다. 천성은 깔끔하고 높은 지조는 어디까지나 곧았다.

청계(青溪 ; 신선도량)에서 몸을 닦아 그 뜻을 가라앉히고 옥천(玉泉 ; 절강성 청련사 우물)에서 이를 닦아 마음을 가다

들었다. 항상 앉아 있고 눕지를 않았으며 한 끼니의 식사에도 정성을 다하였다.

뒤에 다시 불교가 동으로 흘러 중국에 들어와 많은 세월을 겪었지마는 선의 깊은 경지에 들어간 사람이 적고 계율에 관한 서적이 많이 모자라는 것을 개탄하여 드디어 그 근원지를 찾아 멀리 인도로 가려 하였다.

곧 지팡이를 짚고 먼길을 떠나 남해에서 배를 타고(하노이 부근에 세워진) 동주(銅柱)를 넘어 낭가(郎迦 ; 방콕 동쪽에 있는 페트 일대)에 이르렀다가 하릉(訶陵)을 거쳐 나국(裸國)에 이르렀다. 그는 들렸던 곳의 국왕으로부터 지극한 예우와 대접을 받았었다.

수년을 지내서 동인도의 탐마립저국(耽摩立底國)에 이르러 3년을 지나면서 범어(梵語)를 배웠다. 이에 (중국에서 받은) 계를 버리고 다시 받았으며 일체유부(一切有部)를 연구하였다.

율만을 배운 것이 아니라 불교연구는 선정(禪定)과 지혜(智慧)를 겸하였고, 주장(呪藏)에도 깊이 뜻을 두게 되었다. 뒤에 다시 중부인도로 가서 부다가야에 있는 석가여래께서 성도하신 자리인 금강보좌(金剛寶座)와 성스러운 보리수에 엎드려 예배하였다.

여기서 다시 나란타사에 가서 대승불교의 경론을 찾아 읽고 구사학에 깊은 관심을 가지고 그 연구에 젖으며 수년을 지냈다. 영취산 장림(杖林) 산원(山園) 혹수(鵠樹)를 찾아가서 고루 예배하고 정성을 다하였다.

그 후 남인도로 가서 여러 보살들이 종교 활동한 거룩한 자취를 찾아다니기도 하고, 서인도로 향하여 라다국(羅茶國)에 이르러 그 해를 지냈다. 다시 영단(靈壇)에 서서 거듭 명주(明呪)를 익히게 되었다.

나(의정)는 일찍이 시험삼아 이에 대하여 생각하여 보았다. '명주'라고 하는 것은 범어로는 비태다라필댁가(毗睇陀羅必㮹家)라고 한다. '비태(毗睇, VarYa)'는 중국어로 번역하면 명주(明呪)이며, '타라(陀羅, dhārani)'는 선법(善法)을 지켜 흩어지지 않도록 하고, 악법을 일으키지 않도록 하는 작용을 말하는 '지(持)'로 번역되고 필댁가(必㮹家, Pitaka)는 간직한다는 뜻의 '장(藏)'으로 번역하니 이는 마땅히 '지명주장(持明呪藏)'이라고 하여야 한다. 그런데도 일찍부터 여태까지 이를 주장(呪藏)이라고 불러 내려왔다.

범어로 된 책은 10만송(頌)이 있다. 당나라 글로 번역하면 300권은 될 것이다. 지금 이것을 찾아보려고 하여도 대부분은 없어졌고 완전히 남아있는 것은 적다.
그런데 석가여래께서 이 세상을 떠나신 후로는 아리야 나가라주나(阿離耶 那曷樹那, Āryā-Nāgārjuna), 즉 용수보살께서 그 중요한 내용에 대하여 잘 알고 있었다.

그때 그의 제자 가운데 난타(難陀, Nanda)라는 분이 있었는데 총명하고 박식하였다. 뜻을 이 책(典)의 수행에 두고 서인도에서 12년 있으면서 주법(呪法)의 가르침을 실천하였는데 온갖 힘을 기울여 드디어 믿음이 신령(神靈)에 통하게 되었다.

식사 때마다 음식이 공중에서 아래로 내려왔다. 주(呪)를 읽어서 소망하는 것은 무엇이든 들어주는 병인 여의병(如意瓶)을 오래되지 않아 곧 얻을 수 있게 되었던 것이다.

이래서 병안에서 경(經)을 얻어 기뻐하여 그것을 읽었더니 주(呪)를 읽는 것이 끝을 맺기 전에 그 병은 사라지고 말았다. 이에 난타법사는 명주(明呪)가 없어지는 것을 두려워하여 곧 1200송(頌)을 찾아 모아서 독자적인 체계를 이룩하였던 것이다.

매송(每頌)마다 주법의 글귀를 떼고 붙여서 비록 그 말이 전의 것과 같고 글자가 같다고 하나 실은 뜻이 다르고 쓰는 목적이 달랐다. 따라서 입을 통하여 서로 가르치고 배우지 않고서는 참으로 그 깊은 참 뜻을 깨달을 길이 없었다.

그 뒤에 진나론사(陳那論師, Diṅnāga)께서 난타의 주장(呪藏)을 보았던 바 그 현묘함은 사람의 지혜를 넘어선 경지였고 사고(思考)는 할 수 있는 정신적인 작용을 다하였던 것이다.

그래서 경(經)을 쓰다듬으면서 감탄하여 말하기를, "먼저 이

현자(賢者)로 하여금 뜻을 인명(因明)에 두게 하였더라면 내가 또 무슨 얼굴로 주장(呪藏)을 말하겠는가"라고 하였다. 지혜를 가진 사람은 자기 스스로의 할 수 있는 한계를 알고, 어리석은 자는 다른 사람이 지닌 사고의 얕고 깊은 것을 모른다는 것은 이 진나론사의 말에서도 잘 알 수 있다.

그런데 이 주장은 동쪽에 있는 중국에서는 아직 알려져 퍼지지 않고 있다. 이에 도림은 뜻을 그 깊은 종교적인 영험을 캐는데 두었던 것이다. 즉 주장은 하늘에 올라가서 용을 타고 온갖 신통을 부려가며 삶을 이롭게 하는 길이라고 하며 오로지 주(呪)에만 마음을 쏟았다.

나 자신도 나란타에 있어서 자주 단장에 들어가 마음으로 그 주법의 핵심을 알아보려고 하였다. 그러나 끝내 그 뜻을 이루어 그 깊은 뜻을 깨우치지는 못한 채 마침내는 그 뜻을 버리고 말았다. 우리가 모르는 것을 널리 알리기 위하여 대략 그 줄거리를 적어본 것 뿐이다.

도림은 그 후 인도의 서쪽 끝에서 북인도로 향하여 카쉬미르(羯濕彌羅, Kash-mjr) 지방을 순례하였다. 즉 오장나국(烏長那國, Udyana)에 들어가서 선방을 찾아다니고 반야(般若)를 찾아 구하였다. 그 다음으로는 가필라국에 가서 오솔이사(烏率膩沙 ; 석가여래의 머리 뼈)에 예배하였다.

그 후에는 어디로 갔는지 잘 알 수가 없다. 내가(의정이) 인도를 돌고 남해의 갈다국(羯茶國)에 왔을 때 북방의 호인(胡人)이 왔다고 한다. 두 스님이 계시면서 호국(胡國)에서 서로 만난 일이 있다고 한다.

그들의 모습과 자취를 말하는 것을 들어보니 곧 그 분(도림법사)이 지홍(智弘)을 따라 고국으로 돌아가려 하였던 것 같다. 그러나 도적들에 의하여 길이 막혔다는 것을 듣고 다시 또 북인도로 향하여 되돌아갔을 것이다. 나이는 대략 50세였다.

2. 현규율사(玄逵律師)

현규율사는 윤주강녕(潤州江寧) 사람이다. 성은 호씨(胡氏)이며 지체 높은 명문 집안의 출신이다. 문장과 역사를 잘 하였고 인(仁)을 숭상하고 의(義)를 높이 여겼으며 불교와 승려를 받들어 존경하였다.

나뭇가지와 잎에 매달려 우는 매미 울음소리같이 그의 명성은 끊기지 않았다. 율사께서는 어렸을 때 출가하셨고 성장하여서는 덕을 쌓아올려 진구(進具 ; 온갖 계를 다 갖추어 받은 것)함에 이르러서는 그의 학덕이 뛰어나 일반의 승려와는 달랐었다.

율부(律部)에 들어있는 불경을 고루 익히고 오직 선(禪)의 깊은 경지에 들어가는데 힘을 기울여 그 계율을 지킴이 매우 엄격하였던 것은 그 연배 승려에서는 참으로 찾아볼 수 없었다.

여러 대경(大經 ; 정토삼부경)을 들어 자못 그 깊은 뜻을 깨달았고 널리 붓·벼루·먹 같은 문구(文具)를 다루어 초서와 예서에 가장 능하였다.

인도 승려의 차림을 본받아 가사(袈裟)를 입어 옷깃(衣角)을 왼쪽 팔위에 걸고 오른쪽 어깨는 아무것도 걸치지 않은 채 노출시켰다. 절에 들어가서는 맨발로 다녔고 밖에 나와서는 신을 신었다. 이와 같은 몸차림이 설사 속세 사람들이 비웃음을 사는 일이 있어도 율사께서는 지조를 지켜 굽히지 않겠다는 뜻에서 개의치 않았다.

잠을 잘 때도 옆으로 눕는 일이 없이 장좌(長坐)하였으니 어찌 편히 잠을 자는 자리가 갖추어져 있었겠는가. 두타(杜多)하여 탁발로써 끼니를 이어가는 수행생활에 주식(酒食)에 빠지는 잘못된 일을 저지를 수가 있으리오.

올바른 신심이 없이 인과응보만 믿어 겉치레로 착한 일을 하는 체 하는 못난 승려들은 모두 붉은 가죽신을 신으면 사찰 안의 생활을 감독하며 다스리는 직책을 가진 감자(監者)가 쉽게 그것을 가려낼 것이 두려워 모두 속에 명주를 붙인 초혜

(草鞋)를 즐겨 신어 교묘히 눈을 피하였다. 또 실내에서는 신을 신지 않고 오히려 실외에서 신을 신어서 발로 땅을 밟는 일이 없더라도 그것이 곧 발을 벗는(露脚) 본래 뜻에 충실하여 부처님의 행동과 합치하는 것이라는 따위의 거짓된 행위를 하지 않고 현규율사는 계율을 올바르게 지켜 그들 못난 승려들과는 같지 않았다.

아아, 훌륭하신 이분께서는 속세의 이치에는 밝지 못하였으나 저 굴원(屈原 ; 춘추시대 초나라 靈均)과 같이 홀로 세상일에 분을 터뜨려 스스로의 몸을 멱수(泪水)에 던지는 것 같은 편협하고 격한 감정을 오히려 부끄러이 여기고 세속의 흐름에 따라 그 흐름에 거슬리지 않으면서 더불어 맑은 물결을 일으켰다. 그 분께서는 이 세상의 각성자(覺醒者)였던 것이며, 속인의 무리와 더불어 아침에 취하였다가 저녁에 깨는 따위의 헛된 세월을 보내는 인물은 아니었다.

나는 그와 단양(丹陽 ; 중국의 강소성 단양현)에서 비로소 한번 만나 더불어 남쪽의 뱃길로 인도에 갈 것을 서로 약속한 바 있었다.

형제간의 사이가 너무 좋아 서로 헤어져 있기를 싫어하여 이해(利害)를 버리고 죽음으로 도와 왔었다. 그 형제들은 마치 원숭이가 나무를 타고 올라가듯이 인연에 따라 서로 도와 왔기에 현규율사가 이들과 살아서 헤어지는 그 마음의 아픔은 참으로 헤아릴 수 없는 것이었다. 그러나 불교의 진리를 전하려는 뜻을 품고 있기에 이별의 아픔으로 그 높은 소망을 눌러 앉힐 수는 없는 일이었다.

광주(廣州)까지 갔으나 드디어 그곳에서 풍질(風疾)에 걸려 눕게 되었다. 이래서 그는 처져서 머물게 되어 깊이 품고 있었던 뜻은 이루지 못하였다. 이에 크게 한탄하며 고향인 오초(吳楚)의 땅으로 되돌아가지 않을 수 없었다. 나이는 25, 6세였다.

뒤에 승철사(僧哲師)께서 인도에 이르러 전하여 주는 바에 따르면 그는 이미 죽었다고 한다. 몸에 오래된 병을 간직하고 있었던 까닭이다.

아아, 불행한 일이다. 좋은 일을 하려 하면 앞을 가로막는 방해물이 많다더니 겪어보니 거짓이 아니다.

고향에 돌아가도 제자라고는 없는 그로서는 깨달았던 바 지식을 기울여 후진들을 교육하여 보려고도 하였다. 또 옛날 살던 고향으로 되돌아 가려고 하였을 때는 부모가 계시는 고향을 등지고 이제 불운하게 되어 되돌아가는 것은 마치 사람 없는 곳에서 나쁜 일을 저지른 것과 같아 고향 사람들을 만나는 것조차 싫어져 흡사 묘(墓)길을 밟는 마음이었다. 이에 그를 그리워하며 글을 올린다.

착하신 그 분, 이에 떠나시고
그 누가 또 그를 이어 오리오.
불행히도 짧은 그 목숨
아아 슬프기 그지없네.

9인(仞)까지 높이 쌓아올린 공이
한 삼태기(簣)의 흙 모자라 무너지고
무럭무럭 자랐건만 열매 맺지 못하니
아아 어찌 슬프지 않으리.

아는 일은 어렵지 않으나
실천하는 것은 쉽지 않은 법,
아아, 그대는 어렸을 때
업덕(業德)을 모두 가다듬어
불법의 진리를 전하려 길 떠났으나
모진 병 걸려 그 뜻을 거두셨지

분하게 되었구나, 그대의 그 뜻.
슬프구나, 죽음과 삶의 갈림길
바라건대 그의 높은 기절(氣節) 전하여
빛나는 그 뜻 길이 전하고자 하노라.

그와 헤어질 때 현규율사께서 말하기를, 광주(廣州)를 떠나
더라도 다시 인도로 가는 길인 계림(桂林 ; 廣西省)의 하늘을

바라보며 그 처음 뜻을 굽히지 않겠다고 말하였다. 떠나는 사람이나 머무는 사람들이 모두 슬퍼하여 말이 없었다.

현규율사는 스스로가 지은 시(五言)에서 그 소감을 말하였다.

마음을 다하여 인도에 가려고
정신을 가다듬어 선주(仙洲)에 왔건만
병든 이 몸은 친구들 따르지 못하여
마음 가라 앉히고 정렬을 억눌리다.
떨어진 나뭇잎 다시 모으기 어려워
깨어진 희망 다시 거두기는 힘겨워
그대(義淨)여, 언젠가 배타고 돌아와
높은 불법 많이 전하여 주시옵소서.

나는 함형 원년(咸亨 元年, AD670)에 서경(西京, 낙양)에 있을 때 소문을 들은 바 있다. 병부처(幷部處)의 법사 한 분과 내주(萊州 ; 지금 산동성에 있음)의 홍위논사(弘褘論師) 및 그밖의 두서너 분께서 같이 인도의 불교성지인 영취산(靈鷲山)을 찾고 부처님께서 진리를 깨달으셨던 곳인 그 보리수를 예배할 것을 약속한 바 있었다고.

그러나 이 분들 가운데 한 분은 그 어머니가 늙으셔서 병천(幷川)의 고향 땅을 뿌리치고 떠날 수 없었으며, 홍위선사께서도 모친의 상을 당하셔서 강녕(江寧)에서 그의 부친을 모셔 편안하시도록 하기 위하여 같이 떠나는 것을 사양하였다.

현규(玄逵)는 광부(廣府, 광주)까지 왔었으나 (병든 몸이기에) 품고 있었던 그 뜻을 이루지 못하였다. 다만 진주(晋州) 출신의 어린 승 선행(善行)만 같이 길을 떠나게 되었다.

중국에서의 옛 벗은 뿔뿔이 헤어지고 이제부터 가서 새로 사귀어야 할 인도에서의 벗이라고는 그 어느 분이 될는지 알 수 없다. 떠날 때는 발이 떨어지지 않아 마음이 잡히지 않았다. 실없이 사수(四愁) 즉 여행에서의 시름, 헤어지는 슬픔, 일찍 죽는 시름, 흰머리가 되는 시름에다 겨누어 절귀(絶句) 두 글(兩絶)을 지어 보았다. 오언절구(五言絶句)이다.

내 가야할 길 아득한 수 만리
시름의 씨앗 백겹으로 겹쳐
여섯 자의 이 작은 몸이 이끌고
어찌 홀로 인도의 험한 그 길을 가리.

상장(上藏)은 삼군(三軍)을 업신여겨도
미천한 선비의 뜻 꺾일 수는 없어
아무리 짧은 그 목숨 아껴 본들
어이 영원한 안정 누릴 수 있으리.

때는 함형 3년(咸亨, AD. 672), 양부(揚府)에서 여름을 지내며 수양하였다. 초가을이 되어 뜻하지 않게 공주(龔州)의 사군(使君) 풍효전(馮孝銓)과 만나게 되어 광부(廣府)까지 가서 페르샤의 선주를 따라 더불어 같이 남쪽으로 갈 것을 다짐하였다.

다시 또 공주 사군의 명으로 강주(崗州)에 가서 거듭 단주(檀主 ; 화주)가 되었다. 그리고 그의 아우 효탄사군(孝誕使君)・효진사군(孝軫使君)・군군녕씨(郡君寧氏)・군군팽씨(郡君彭氏) 등 그 집안의 친척관계에 있는 모든 분으로부터 자금과 물품의 도움을 받았다. 서로가 다투어 재물에서도 값진 것만 골라서 기증하였고, 제각기 진기한 음식물을 주기도 하셨다. 항해하는 뱃길에서 부족한 것이 없도록 바라는 마음에서였지마는 험악한 바닷길에 고생스러울 것을 걱정한 것이기도 하였다. 어버이와 같은 슬기를 두텁게 하고 홀로 떠나는 나를 걱정하는 따뜻한 마음을 감사히 여기지 않을 수 없었다. 이분들이 이와 같이 나를 도와주신 것은 더불어 불법에 귀의하여 그 원천인 인도와 인연을 맺고자 하려는데 있었다. 내가 인도에 가서 불타의 성스러운 유적들을 찾아 예배할 수 있었던 것도 풍씨(馮氏)가문의 도움에 힘입었던 까닭이었다.

또 영남(嶺南)의 승려나 신자들은 이별을 아쉬워하여 목이 매이는 것 같았고, 북토(北土)의 뛰어난 유생들도 모두 살아 헤어지는 아쉬움을 나누었다.

11월에 이르러서야 드디어 익(翼 ; 남궁)의 별자리와 진(軫 ; 남)의 별자리로 향하여 번우(番禺 ; 지금의 廣東부근)를 떠나 (인도의) 녹원을 향하였으나 마음은 멀리 계봉(雞峯)을 바라보며 큰 숨을 쉬었다.

탔던 배가 바다로 나오자 동북 계절풍을 몰고 붙어오는 거센 첫 바람은 주방(朱方 ; 서남방)쪽으로 빠져 다른 기(箕 ; 동쪽끝)의 별자리를 벗어나 다음 별자리인 두숙(斗宿 ; 북쪽 끝)으로 향하고 있었다.

이미 동지(冬至)가 되었는데도 해상의 기온은 높아 현삭(玄朔)의 중국에서 겪는 차가운 계절을 모르게 하며 돛대 꼭대기에 달아 붙인 오량(五兩 ; 順風旗)만이 그 끝없이 넓은 바다 위에서 홀로 날리며 배는 넓은 바다를 헤치며 달릴 따름이었다.

산더미 같은 바다의 큰 물결은 뱃길을 가로질러 비스듬히 기울어 거학(巨壑 ; 싱가폴 마나카해협)에 이어져 있으며 구름 같은 큰 물결은 하늘을 적셔 퍼진 뱃길로 20일도 채 못되어 슈리비쟈(室利佛逝)에 도착하였다.

이곳에서 여섯 달 머물면서 차례로 성명(聲明 즉 言語·文法)을 배웠다. 그 나라의 왕은 (내 뜻을) 지지하여 말라유국(末羅瑜國 ; 지금의 슈리비쟈)으로 보내주었다. 다시 이곳에서 두달 동안 머물고 갈다(羯茶)로 향하였다.

12월이 되어 돛(帆)을 올려 다시 말라유국왕의 배를 타고 점차 동쪽 하늘을 향하여 항해하였다.

갈다에서 북쪽으로 10일 남짓하게 항해하여 나인국(裸人國)에 이르렀다. 동쪽으로 향하여 1,2리 떨어진 곳에 해안이 보이는데 다만 야자나무 빈랑(檳榔)나무의 숲이 우거져 예쁘게 보일 뿐이다.

그곳의 주민들은 선박을 보면 가까이와 다투어 타려고 한다. 접근하여 오는 배의 수는 백 척이 넘는 것을 헤아릴 수 있다. 모두가 야자·파초(芭蕉)·등나무와 대나무로 만든 그릇을 가지고 와서 장사하려 한다.

그들이 좋아하는 물건은 쇠(鐵)뿐이다. 크기 한뼘의 쇠로서 야자 열 개는 바꿀 수가 있다. 남자는 모두 발가벗고 있으며 부녀들은 나뭇잎 조각으로 앞을 가렸을 뿐이다. 상인들이 희롱삼아 그 옷을 달라는 시늉을 하면 손을 저으며 쓸데가 없는 것이라고 한다. 들은 바에 의하면 그 나라는 곧 중국의 사천(四川)지방의 서남 변두리 쪽에 있다고 한다.

이 나라는 쇠가 나지 않을 뿐 아니라 또 금과 은도 적다고 한다. 다만 야자와 마(薯)뿌리를 먹으며 벼(稻)나 곡식도 많지 않다. 노가(盧呵, Loka ; 쇠)를 가장 진귀하게 여기고 있다.

그들의 용모는 색이 검지 않으며 몸뚱이는 중형(中形)이다. 단등(團藤)이라는 나무껍질로 함을 잘 짜는 것이 다른 곳과는 겨룰 바가 아니다. 만약 더불어 물자의 교역을 하지 않으면

독을 발라서 만든 화살을 쏜다. 이에 한번 맞아서 다시 되살아난 사람이 없다.

이곳에서 다시 반달 가량 있다가 서북쪽을 바라보며 항해하여 드디어 탐마립저국(耽摩立底國)에 도착하였다. 즉 동인도의 남쪽 경계이다. 대략 마하보리수(석가여래가 진리를 깨달으신 보리수) 및 나란타사(那爛陀寺)에서 60여역(驛)의 거리에 있는 곳이다.

여기에서 비로소 대승등선사(大乘燈禪師 ; 愛州출신)와 서로 만나게 되어 일년 동안 머물면서 범어를 배우고 언어학을 연구하였다. 드디어 등선사와 더불어 같이 길을 서쪽으로 향하여 떠났다. 상인 수백명과 같이 중부인도로 떠났던 것이다.

마하보리수를 떠나서 10일이 되어 큰 산과 못을 지나가게 되었다. 길이 매우 험악하여 그곳을 지나려면 많은 사람의 도움을 받아야 하였다. 절대로 혼자서는 거닐 수 없는 곳이다.

때마침 나는 계절에 따라 걸리는 병에 시달려 신체가 극도로 쇠약하여져 상인들을 뒤쫓아 갔으나 다리는 그 자리를 맴돌아 따라갈 수가 없었다. 비록 스스로의 마음가짐을 단단히 가지면서 앞으로 가려 하여도 5리의 거리에 숨이 차서 더 걸어갈 수 없을 지경이었다.

그때 나란타사의 스님 20여 분과 등(燈)스님이 계셨지마는 모두 앞으로 길을 서둘러 오로지 나 혼자만 뒤에 처져서 남게 되었다. 혼자서 그 험한 길을 빠져 나오니 해는 이미 저물어 갔다.

저녁때가 되어 산적(山賊)들이 밀어닥쳐 활을 당겨 겨누고 큰 소리로 외치며 가까이 다가왔다. 차림새를 훑어본 (그들은) 서로 (나를) 업신여겨 윗옷을 벗기고 다음으로 아래옷도 벗겼다. 허리띠 하나도 남기지 않고 모두 빼앗기고 말았다.

그 당시의 심경이야말로 길이 사람이 사는 이 세상에서 불타의 성스러운 유적을 순례하려는 소원이 끊길 것만 같고 몸은 창날 끝으로 찔려 목숨이 끊겨 마음 깊이 진리를 탐구하려던 희망이 이루어지지 않을 것 같았다. 또 그 나라에서 전하여 내려오는 말에는 만약 몸의 색이 흰 사람을 잡으면 죽여서 하늘에 제사지낼 때 쓴다는 이야기도 들었다. 이 말이 되새겨져 더욱 걱정이 되었다.

이에 진흙 구덩이 속에 들어가 온몸을 잎으로 덮어 가리우고서 지팡이에 기대어 조용히 앞으로 걸어갔다. 해는 이제 완전히 졌으나 가서 머물 곳은 아직 멀었다.

밤 10시 무렵이 되어서야 비로소 같이 동행한 스님들이 있는 곳에 이르렀으며 등스님께서 마을 밖으로 나와 큰 목소리로 나를 찾는 것을 들었다. 이에 서로 만나게 되어 옷 한 벌을 얻고 못에 들어가 몸을 씻고 겨우 마을로 들어갔다. 여기서 다시 며칠을 걸어 먼저 나란타사에 가서 근본탑(根本塔)에 참배하고 다음에는 기사굴(耆闍掘)에 가서 첩의처(疊衣處 ; 佛袈裟를 말린 곳)를 보았다.

뒤에 대각사에 가서 부처님의 참 모습의 상(像)에 예배하고 산동(山東)의 고향 사람들이 보내준 명주를 가지고서 석가여래의 몸에 맞도록 가사를 만들어 삼가 받들어 불상에 입히고 또 복주(濮州)의 현율사(玄律師)로부터 부탁 받아 가지고 왔던 나개(羅蓋) 수만(數萬)도 삼가올렸다. 조주(曹州)의 안도 선사(安道禪師)께 부탁 받았던 보리상(菩提像)에 대한 배례(拜禮)도 또한 마쳤다.

그러할 때 오체(五體)로 땅위를 덮는 (불교에서) 가장 경건한 큰 절을 하면서 정성을 다하여 비는데는 먼저 동쪽에 있는 중국을 위하여 하고 다음 사은(四恩)을 고루 법계(法界)의 함식(含識)들이 다음 용화(龍華)세계에서 같이 만나 자씨존(慈氏尊)을 뵈옵는 것이며, 아울러 불교의 진리를 깨달을 것을 다짐하고 무생지(無生智)를 얻고자 하는 소원이었다.

다음으로 즉 고루 성스러운 불교유적을 순례하여 방장(方丈 ; 유마의 거처)을 지나 쿠시나가르에 들리고, 들리는 곳마다 기꺼이 정성을 다하여 녹원에 들어가 계령(鷄嶺)에까지 가려는 소원이었다.

나란타사에서 10년을 머물면서 불경을 구한 다음 비로소 발길을 돌려 겨우 탐마립저(耽摩立底)에 되돌아오게 되었다. 미쳐 탐마립저에 도착하기 전에 또 큰 도적의 무리들을 만나 겨우 칼에 맞는 화를 면하여 믿을 수 없는 이 목숨만을 지킬 수 있게 되었다.

이에 배를 타고 갈타국을 거쳤는데 범어로 쓴 서적은 3장 50만송이었다. 당나라 글로 번역하면 천 권은 될 것이다. 스리비자에 자리잡고 머물고 있다.

3. 승철선사(僧哲禪師)와 그 제자

승철선사는 예주(澧州) 사람이다. 어려서부터 높은 절개를 지녔으며 일찍이 몸을 불문에 맡겼다.

배움을 받아 깨달음이 매우 빨랐던 것은 병에 넣어 두었던 물을 다른 그릇에 부어 옮기는 것같이 쉬웠고 확실하였다. 또 그의 말솜씨를 본다면 모든 사람에게 추거(推擧)되어 빈객이 앉는 높은 자리에 앉아도 여러 사람을 놀라게 할만한 웅변의 재능을 가지고 있었던 것이다.

깊이 율장을 연구하는데 마음 쏟고 모든 선학(禪學)의 각파

를 연구하여 중론(中論)과 백론(百論)의 두 분야를 오랫동안
(연구하여) 강목(綱目)하였고, 방광대장엄경(方廣大莊嚴經;
八相錄)과 진의 유규(劉虯)의 두 서적(頓;화엄, 漸;나머지
모든 경전)에 있어서도 일찍이 그 깊은 종교의 경지를 터득하
였다.

성스러운 불교의 유적을 사모하여 뱃길을 인도로 향하여
인도에 도착하였다. 남다른 정열과 불교와의 인연으로 성적
(聖蹟)을 거의 고루 순례하고 동인도로 돌아와 삼마저타국(三
摩呾吒國, Meghna;동인도)에 이르렀다.

그 나라의 국왕은 갈라사발타(羯羅社跋吒)라고 하시는 분이
다. 그 왕은 깊이 삼보(三寶)를 존경하여 대오파색가(大鄔波
索迦;남자신도)가 되어 정성을 다하고 믿음에 철저하였는데
그 빛은 과거와 미래에서도 찾아볼 수 없었다.

날마다 진흙으로 만든 불상 만구(萬軀)를 탁본(拓本) 또는
모사하여 모셔놓고 대반야(大般若) 10만 송(頌)을 읽고 생화
(生花) 10만 송이를 써서 왕 스스로 공양하였다.

부처님 앞에 바쳤던 예물은 여러 국민과 같이 나누었다. 가
마를 갖추어 관세음보살의 상을 잘 장식하고 행렬을 갖추어
성문 안으로 맞으려 할 때는 먼저 출발하여 인도하는 번기(旛
旗), 고악(鼓樂)은 햇빛을 막고 온 하늘을 울릴만큼 성대하였

다. 불상과 승려들이 앞에서 인도하고 왕은 그 뒤를 따랐다. 왕성 안에는 승려와 여승이 4천 명 가량 되었다. 이 분들은 모두 왕으로부터 공양을 받았다.

항상 이른 아침이 되면 절에 모여들게 하여 방앞에서 합장하고 서둘러 질문을 하였던 것이다. 대왕께서 법사들에게 삼가 물어 보시는 말씀은 "지난밤은 편안하셨는지 또는 그렇지 못하셨는지"라고 하는 것이었다.

스님들은 이에 대답하여 "대왕께서 무병(無病)과 장수를 누리시고 나라에서 복이 내려져 모든 것이 잘되도록 비나이다"라고 사뢰었다. 이와 같은 질문과 대답이 끝나고서야 비로소 나라 일을 논하였다.

전 인도의 모든 곳에서 총명하신 대덕(大德), 넓으신 지혜와 재능있는 분들과 널리 소승경에 대한 일체의 경과 논(論)을 읽어서 그 심오한 교리의 이론을 모두 풀이할 수 있는 분들이 모두 이 나라에 모이게 되었다.

참으로 그 왕이 어질다는 소문이 널리 준골(駿骨 ; 좋은 말)에까지 미치게 되어 먼 곳의 인재들까지 모이게 된 것이다. 그 승철스님도 이 왕사(王寺)에서 가장 특별한 예우를 받고 있었다. 마음을 범어로 된 불경 연구에 두셔서 자못 날로 그 학문적인 경지가 새로운 분야를 개척하여 발전을 거듭하고 있었다.

내(의정)가 돌아올 때 서로 만나지는 못하였지마는 아직도 그곳에 머물고 있다는 것을 듣고 있다. 나이는 대략 46세 가량이었다.

승철의 제자 현유(玄遊)는 고려국(高麗國)의 사람이다. 승철 스님을 따라 사자국(師子國 ; 실론)에서 출가하여 승려가 되었다. 그 까닭에 그곳에 머물고 있다.

4. 지홍율사(智弘律師)

지홍율사는 낙양 사람이다. 즉 빙서역대사(聘西域大史)의 직함을 가졌던 왕현책(王玄策)의 조카가 된다. 그는 나이가 아직 어렸을 때부터 이 세상의 허무함을 깊이 깨닫고 세속적인 영화를 업신여겨 속세에서 떠나서 조용히 사는데 마음이 쏠리고 있었다.

이미 속세의 그 시끄럽고 고달픔을 깨닫고 사찰의 맑고 조용한 생활을 좋아하게 되자 드디어 낙양을 떠나 양자강 입구의 삼오(三吳 ; 오근·오흥·회개) 지방으로 가서 속인이 입는 옷을 벗어버리고 승복을 입게 되었다. 지차선사(智瑳禪師)를 스승으로 하여 사혜(思慧 ; 禪智)에 대한 수행을 하여 몇해 되지 않아서 그 심오한 경지에 도달하게 되었다.

그 뒤에 다시 기주(蘄州 ; 호북성 강한도 춘현)의 홍인선사(弘忍禪師) 계시는 곳을 찾아 거듭 선을 닦아 신심을 가다듬었다.

그러나 비록 향기나는 뿌리를 심었다 하더라도 높은 곁가지가 아직 솟아나지 않은 것같이 유명한 스님 밑에는 수행을 하여도 높은 신앙의 신념을 가질 수가 없었다.

이에 드디어 상천(湘川 ; 호남성)을 건너 형령(衡嶺)으로 가서 계림(桂林)에 이르러 그곳에 머물면서 조용하고 깊숙한 샘물에 숨어 마음의 수양을 하였다.

몇해를 이곳에서 지나면서 보적선사(普寂禪師)에 의지하여 수양하였다. 산수의 아름다움을 탐방하고 울창한 숲을 벗삼아 붓을 들어 마음속에 깊이 지닌 뜻을 적고 고요한 샘과 산을 의지하여 고향에서 멀리 떨어져 있는 마음을 달랬다.

이미 삼오(三吳)지방의 여러 큰 스님을(瑳선사) 찾아 자못 높으신 가르침을 받고 다시 9강(江)에서 존경하는 벗(寂선사)을 만나 불교의 깊은 진리를 깨닫게 되었다.

그리하여 이미 심어 놓은 선근이 잘 자라나려면 결코 사람들의 접촉에서 얻는 지식만 가지고 이루어지는 것이 아니기에 중국에서 떠나 서쪽 인도의 불교유적을 순례할 것을 결심하였다.

다행스럽게도 무행선사(無行禪師)와 만나게 되어 그와 같이 갈 것을 약속하고 합포(合浦 ; 겸주)에 이르러 선박에 올라 끝없는 바다를 항해하였다.

바람 부는 방향이 맞지 않아 배는 표류하여 비경(比景 ; 사이공) 부근으로 갔다가 다시 교주(交州 ; 하노이) 부근으로 되돌아 한 여름을 지냈다. 겨울이 다 지나갈 무렵에 다시 해빈신만(海濱神灣)에 가서 배를 타고 남쪽으로 떠나 스리비쟈국에 이르렀다. 그 이후의 경력은 행선사(行禪師)의 전기에 자세히 적혀 있다.

대각사(大覺寺)에 이르러서 2년을 머물렀다. 석가여래의 거룩하신 모습에 정성을 기울여 우러러 예배하고 범어로 쓰여진 불경을 외워 읽되 지난달이 옛날이 될 만큼 날로날로 진보하였던 것이다. 언어학에 깊었고 범어 서적에 능하였으며, 불교의 계율과 의식을 배우고 대법(對法)에 익숙하였으며 구사학(俱舍學)을 잘하였고, 또 인명논리학(因明學)에도 깊은 지식을 가졌다.

나란타사에서는 대승불교의 서적을 고루 읽고 신자도량(信者道場 ; 갠지스강 北 쿠시나가라 남쪽)에서는 곧 소승불교를 연구하였다. 다시 이름 높은 스님을 따라 거듭 불교의 계율, 의식에 관한 연구를 가다듬어 모든 정성을 다하여 짧은 시간도 아껴 조금도 게을리하지 않았다.

(나란타사의) 덕광율사(德光律師)가 지은 율경(律經)의 강의를 듣고 배우는 한편 곧 이를 번역하여 참으로 공부함이 많았다. 물에 빠진 사람이 물위에 떠있는 바람 주머니를 지켜

아무리 작은 구멍이라도 바람이 빠지지 않도록 하듯이 보살의 계율을 지킴이 조금도 어긋남이 없도록 행동하였으며, 항상 앉아 옆으로 눕지 않았고, 자기 위치에 만족하여 청렴하였으며, 윗사람을 잘 받들고 아랫사람에게 겸손하여 오래도록 변함없이 더 힘썼다.

왕사성·영취산·천원(遷苑)·녹림·기수·천계(天階)·암원(菴苑)·산혈(山穴) 등 불타의 유적지에 이르러서는 뛰는 마음을 가라앉혀 신앙을 깊이 할 것을 다짐하였다. 입을 것과 먹을 것이 남으면 언제나 그것으로 좋은 일을 하려는 마음가짐을 가지고 있었다. 나란타사에 있어서는 좋은 음식물을 고루 바쳤으며, 왕사성 안에 있어서는 공양거리가 끊기지 않고 식기 안에 담겨 있었다.

중부인도에 8년 가까이 있었다. 뒤에 북인도의 카슈미르(羯濕彌羅, Kashmir)로 향하여 고향으로 돌아오려고 하였던 것이다. 듣건대 임공(琳公)과 같이 떠났다고 한다. 지금은 어디에 있는지 알 길이 없다. 그러나 불경의 번역의 공은 그로서는 이미 이루어졌다.

5. 무행선사(無行禪師)

무행선사는 형주(荊州)의 강릉 사람이다. 범어의 이름으로는 반야제바(般若提婆 ; 慧天)라고 한다. 너그러운 성격은 담담한 마음으로 융합하고 타고난 사람됨이 따뜻하고 고상하여 항상 어진 덕에 마음을 두어 뜻은 높은 이상을 바라보는 것을 중히 여겼다.

그리하여 죽마의 해(竹馬之年 ; 처음 걷기 시작한 해)에는 벼슬을 하여 현재(賢才)에 뽑힐 것을 마음먹고 약관(弱冠 ; 20세)이 되어서는 진사에 급제하였으며, 뜻은 지위가 높은 벼슬자리에 오르는데 있었다.

이미 옛 중국의 뛰어난 여러 학자들의 학설을 폭넓게 연구하고 역경(易經)·시경(詩經)·춘추(春秋)의 3경도 대략 살펴보았는데 그 주(州)에서의 인망은 그를 기동(奇童)으로 높이 평하였고 고향의 이웃사람들은 그의 훌륭함을 질투하여 배척하였다.

그 당시 눈부신 불교의 가르침의 빛은 3강(江 ; 송강·수강·동강)을 비추고 그 향기로운 마음이 샘물은 7택(澤 ; 호남·호북·강서)으로 흘려내려 나루를 씻어가듯 삼강과 칠택 지방은 불교가 널리 퍼져있었다.

그래서 무행선사의 전세의 인연은 그 시대 세상의 움직임을 맞이하여 지금의 과보가 되어서 나타나 종래 그가 지녔던 속세에 대한 집착을 버리고 불문에 들어가 영원의 삶을 찾아보려는 희망을 가지게 하였다. 다행히도 다섯 사람(五人 ; 五道)

과 만나게 되어 서로 도우면서 원거(爰居 ; 물가에 사는 鳥類) 등을 거쳐 계도량(界道場 ; 호북 함동현 戒道場)으로 갔었다.

불교에 처음 발을 들여놓을 때부터 수양을 같이 하는 벗들의 도움이 적지 않았으며, 대복전사(大福田寺)의 혜영법사(慧英法師)를 섬겨 오파타야(鄔波馱耶, Upādhyāya ; 친교사)로 하였다. 이는 곧 길장법사(吉藏法師 ; 가상대사)의 제자이다. 높은 덕망을 지닌 분들이 잇따라 있었다고 할 수 있으며 참으로 세상에는 훌륭하신 분들이 적지 않았던 것이다.

이에 무행선사는 반야의 연구에 정성을 다하고 선의 수행으로 마음을 가다듬어 속세의 인간 사회와 관계를 끊고 산수를 찾아 그 아름다움을 즐겼다.

불교의 강(講)을 논할 때마다 사리가 분명치 못한 점을 과감하게 따져서 그 올바른 뜻을 밝혀 비록 햇수로는 후생이라 할지라도 이름을 떨친 것이 선배를 앞지르고 있었다. 구족계를 받을 때는 같이 받은 사람이 20여명 있었다. 계를 읽어 마음의 다짐을 굳혀 다음날 아침에는 벌써 그것을 다 끝냈다. 모두가 그를 으뜸가는 믿음이라고 칭찬하여 그를 뒤따를 만한 사람이 없었다.

이어 깊숙한 바위 속에 숨어서 법화경을 읽어 한 달이 채 못되어 일곱 두루마리(軸)를 모두 끝냈다. 곧 감탄하여 말하기를, "통발(筌)을 구하려는 목적은 고기(魚)를 잡으려는데 있으며, 말을 들으려고 하는 것은 그 근본 이치를 깨달으려는데 있다. 마땅히 훌륭한 스승을 찾아가 거울삼아 마음을 바로잡고 선의 수행으로 모든 번뇌와 유혹을 끊어야 한다"고 하였다.

드디어 지팡이를 구강(九江)으로 끌고 갔다가 발걸음을 삼월(三越 ; 절강·광동·광서)로 옮겨 형악(衡岳)으로 갔다가 금능(金陵)에 머물렀으며, 숭악(崇岳)·화악(華岳)에 가고 싶은 마음 간절하여 작은 방에서 길게 그 뜻을 읊다가 발을 팔수(八水)에 씻고 소매(袂)를 삼천(三川)에 걷어 올려 선지식을 찾아뵙는 것이 그의 절실한 소망이었다.

혹은 북으로 올라가서 지자선장(智者禪匠)께서 남기신 심오한 가르침을 찾아 선정(禪定)을 수행하고 계헌(戒讞)을 이끌고 동쪽에서 다시 장안으로 돌아와 도선율사(道宣律師)의 (계율에 관한) 정통적인 학문을 가장 깊은 경지까지 배웠다. 넓고도 넓은 그 바다는 파란(波瀾)이 만경(萬頃)이고 높고 가파른 기슭은 천길(千尋)이었다. 지홍(智弘)과 벗하며 동쪽 바람에 배를 띄워 한달이 걸려 슈리비쟈국에 도착하기에 이르렀다.

그 국왕은 예우를 후하게 하여 특히 일반의 접대와는 다르게 금으로 만든 꽃을 깔고 금가루를 뿌렸으며, 의복·음식·침구·탕약(湯藥)의 네 가지 공양에 있어서는 온몸의 정성을 다 쏟아 공경하였다. 대당제국의 황제가 계시는 곳에서 오셨다는 것에서 그 대접은 더 정성을 베풀었던 것이다.

그 뒤 슈리비쟈왕의 선박을 타고 15일 항해하여 말라유주(末羅瑜洲)에 도착하였다. 거기서 또 15일을 항해하여 갈다국(羯茶國)에 이르렀다.

겨울이 끝날 무렵이 되어 뱃길을 서쪽으로 돌려 항해하여 30일이 지나서 나가발단나(那伽鉢亶那)에 도착하고 여기서 다시 2일을 항해하여 사자주(師子洲)에 이르렀고 여기에 모셔있는 석가여래의 치아에 배례하였다.

사자주에서 다시 동부로 배를 띄워 한 달 만에 가리계라국(訶利雞羅國)에 도착하였다. 이 나라는 동인도의 동쪽 경계이며, 섬부주(贍部洲)의 땅인 것이다. 거기서 1년을 머물다가 차차 동인도로 갔다. 언제나 지홍(智弘)과 더불어 같이 따라 다녔으며 여기서 나란타사까지의 길은 백역(百驛)의 거리였다.

이곳에서 잠시 멈추어 쉬고 곧 대각사로 갔다. 그 나라에서는 특별한 배려를 입어 대각사에 들어가 모두가 그 사찰의 (정식 승려의 자격인) 주인이 되었다. 인도에서 주인이 된다는 것은 다소 힘드는 일이었다. 만약 주인이 된다면, 즉 모든 일에 있어 모두 그 절의 승려와 같은 대우를 받으며 객(客)이 되는 경우에는 다만 식사의 제공을 받을 뿐이다.

선사께서는 그 후 나란타사에 가서 유가(瑜伽)의 강의를 듣고 중관론(中觀論)을 배웠으며 구사학도 깊이 연구하였고, 계율에 관한 서적도 찾아 살펴보았다.

다시 저라다사(羝羅茶寺)로 갔다. 나란타사에서 두역(二驛) 떨어진 거리에 있는 곳이다. 그 절에는 어떤 법사 한 분이 계셔 인명학에 매우 밝으셨다. 가끔 그 분의 훌륭한 강의 석상에 나가 진나(陳那) 법칭(法稱)이 저작한 서적으로서 그 깊은 진리의 중요한 점에 대하여 배우지 않은 것이라고는 없었으며, 자못 심오한 경지에까지 파고 들어갔던 것이다. 지팡이를 짚고 탁발을 나갈 때마다 온 몸은 욕심을 적게 가지는 것으로 만족하여 마음은 물질의 세계를 벗어나 있었다.

일찍이 시간의 여유를 틈타서 아급마경(阿笈摩經)을 번역하여 석가여래께서 열반하실 때의 일을 설명 하셨는데 대략 3권으로 엮어 이미 당나라로 돌아가는 사람에게 보냈다. 이것은 일체유부율(一切有部律) 가운데서 나온 바이며 그 넣고 뺀 것으로 말한다면 회녕(會寧)이 번역한 것과 같다.

무행선사께서는 일직이 말씀하시기를, 서국(인도)에 남아계시겠노라고 하셨다. 그 뒤 다시 말씀하시기를, 신주(중국)로 돌아갈 뜻이 있어 북인도의 길을 쫓아 고향으로 돌아가시겠노라고 하셨다.

내가(의정) 돌아오는 날에 나란타사에서 전송하기 위하여 동쪽으로 6역(驛)을 따라 나왔었다. 서로가 살아 헤어지는 아쉬움을 나누며 같이 다시 만날 것을 바라며 해야할 일은 끝없이 많다. 눈물을 흘리면서 서로 헤어졌었다.

또 무행선사께서는 타고난 성품이 매우 좋은 분이시며 예를 잘 지키셨다. 매번 성보리수(聖菩提樹)의 잎이 처음 푸르게 될 때 용지(龍池)의 물로써 성보리수를 씻어 목욕시키고 죽원 (竹苑)의 대나무가 새로 누렇게 되면 삼가 영취산에서 꽃을 꺾던 것이 되새겨진다. 이때는 모두 큰 명절이다. 서로 날짜가 가깝게 이어져 있으며 승려나 속인이 모두 보리수를 씻는 것을 볼 수 있다. 또 영취산에는 이때 노란 꽃이 핀다. 크기는 손바닥만하며 씨앗도 금빛 색과 같다. 사람들은 모두 이를 꺾어서 상정(上呈)한다. 이때가 되면 산과 들을 꽉 덮어버린다. 춘녀화(春女華)라는 이름의 꽃이다.

일찍이 어느 때 무행선사와 같이 영취산에 가서 놀고 거룩한 유적에 삼가 배례를 끝마쳐 멀리 고향땅을 바라보니 솟아오르는 시름에 견딜 바를 몰랐다. 이에 나(의정)는 약간 품고 있던 마음의 느낀 바를 읊어 보았다. 잡언(雜言)이다.

기사굴산(祇山)의 꼭대기에 올라서
옛날 왕성을 훑어보니
만년이나 흘러내리는 못(池)은 맑고

천년 지난 그 뜰은 깨끗하네.

옛날을 되새겨 주는 영견(影堅 ; 빔비사라 걷던 길)의 길
부서져 남은 왕성의 지난날의 영화
칠보의 선대(仙臺)는 없어지고
사채천화(우담화・만수사화)는 그 빗소리도 멈추었네.

빗소리, 천화(天華)는 멀어졌도다.
스스로 원망하노라.
내 어이 이 세상에 늦게 태어났는지!

이미 화택(火宅)에 상(傷)하고
중문(中門 ; 왕궁 중문, 覺의 중문)에 눈 마저 가리워졌고
이제 또 보저(寶渚 ; 세일론)에서 한탄하고
장판(長板 ; 히말라야의 산들)에서 길을 잃었네.

발걸음 평교(平郊 ; 영축산)에 옮겨 바라보니
마음은 칠해(七海 ; 수미칠해)위에 노니고 있네.
시끄러운 삼계(三界)는 흙탕물에 빠지고
흐린 만물은 올바른 스승을 잃고 있었네.

석가모니 나오시어 홀로 깨달으시고
먼지를 맑게 하고 물결 멈추셔서
진리의 길 열으셨네.

처음에는 굶주림을 겪어서 육체를 버리시고
다시 인류의 제도를 위하셔서
의수(意樹 ; 마음가짐)를 무너뜨리셨네.
(의지한) 부낭(浮囊), 맑은 구슬 같은 계율

갑옷(甲衣)입은 마음으로 인의(忍衣) 굳혀서
삼기(三祇)에 게으르지 않아 2승(乘)에 오르시고
한 발자취의 괴로움 잊으시고 구수(九數 ; 9계)를 넘으셨네.

정렴(定瀲)의 강은 맑아 얼음이 얼어 오래 되고
지렴(智斂)의 서리는 엉겨 새로운 안개를 쏟아내었네.

하루 종일(六時) 6바라밀 행하여 중생을 애민
득도(得度)하매 중생 교화하여 공덕 걷우시고
금하(金河 ; 쿠시나가라)에서 열반하셨네.

계림(鷄林)의 권교(權敎)를 주창하여
공덕(功德) 두루 폈네.

성도(聖徒)는 옛부터 전하는
가르침 지켜 전하였도다.

용궁(龍宮)의 비전(秘典) 바다 속에서 찾아내고
석실(石室 ; 남인도 철탑)의 진언(眞言)을

산에서 찾아냈네.

가르침을 펴는데는 때를 만나야 하고
향기(가르침)를 전하는데는 사람 있었어야 이루어지나니,
사하(沙河) · 설령(雪嶺)에서는 아침 길 잃고

깊은 바다, 험한 낭떠러지,
어두운 나루터(夜津)의 어지러움,

만사(萬死)의 길 들어가
일생을 구하는 것은
깊은 구덩이에 던져진 바늘 찾는 것과 같지 않아
빠른 말에 수레 달고 간다해도 어찌 이길 같으랴.

이 몸을 속세의 즐거움에 맡기고자 한 것 아니오,
후대에 영화를 누리고자함도 아니로다.

오직 바라는 것은 이 몸 던져 진리 찾아
불교의 그 빛 오래도록 전하는 것 뿐일세.

이제 다시 고된 그 노래 그쳐야지.
전망을 넓혀 사방을 돌아보세.

동에서 여만(女蠻 ; 상모성)을 바라보면

두 곳의 성스러운 유적 남아있고

녹원(鹿苑)으로 가면 삼륜(三輪 ; 業·或·道) 사라지고
북으로 왕사성을 바라보면 못(池) 아직 있고
남으로 존령(尊嶺 ; 계족산) 바라보면 마음 쏠리네.

오봉(五峰)의 골짝마다 골짝물 흘러
향기 높은 맑은 꽃은 사시절 피고
보리수의 반짝이는 잎은 삼춘(맹춘·중춘·모춘)을 밝히네.

지팡이를 들어 기산(耆山)을 향하고
걸음을 재촉하여 기원(祇園)에 간다.

여래의 첩의석(疊衣石)을 보고
다시 천수병여아(天授迸餘我)를 보았다.

영진(靈鎭 ; 영축산)에 우두커니 서서 감회 되새겨 보니
흘러내리는 온 개울에 금화(金花) 돋아 있네.

성 보리수 앞 일장의(逸掌儀) 앞에 정성 바치고
능허전(菱許殿 ; 나란타사 근본도량) 뒤를 지나
선요(旋繞)하는 기도 올렸네.

석가님 경행(經行)하신 돌계단 눈앞에 보니

열반하신 부처님 되새겨지네.

내 지은 적은 복업을 만령(萬靈)에 돌리고
용화수 아래서 설법 듣고
마음의 괴로움 뿌리쳐 깨달음 얻어야지.

다음은 인도의 왕사성에서 옛날을 되새기며 지은 것이다.

여행, 시름
적현(赤縣 ; 중국)은 멀고 신심도 사라질판
영취산 찬바람이 휩쓸려 지나고
용하(龍河)는 빠른 물살 흘려내려 서글퍼.
날마다 새로운 지식 얻어 기뻤건만
어느새 늙은 이몸 가을에
또 겹친 가을 같이 되었네.

기산(耆山)에 올라가려는 어려웠던 그 옛 소망
이제 이루어지니
경을 메고 지팡이 휘두르며 중국으로 돌아가려 하네.

6. 대진선사(大津禪師)

대진선사는 예주(澧州) 사람이다. 어렸을 때 불문에 감화
받아 성장하여서는 절약과 검소한 생활을 깊이 존중하였으며,

욕(欲)을 줄이려고 마음을 굳게 먹고 걸식하는 것을 일삼았다.

성스러운 불교유적을 순례하기로 결심하고 왕사성을 배례할 것을 다짐하였다. 언제나 한탄하였다.

"석가여래는 어진 어버이시나 이미 만나뵐 수 없게 되었다. 그러나 천궁(天宮)의 자씨(慈氏 ; 미륵보살)에게는 마땅히 나의 정성을 다할 것이다. 성보리수의 참 모습을 보고 상하(祥河 ; 부다가야에 있는 連河)의 불교유적을 보지 않고서는 어찌 능히 정(情)을 육경(六境)에 모아서 종교의 신앙을 삼지(三祇)에까지 미칠 수 있으리."

드디어 영순 2년(永淳, AD. 683)에 지팡이를 끌고 남해로 갔었다. 처음에는 같이 길 떠나기를 약속한 사람들이 자못 많았으나 막상 그가 떠날 때는 홀로 떠나야 하였다. 즉 불경과 불상을 지니게 하였던 당의 사신과 앞서거니 뒤서거니 하면서 항해한지 한 달이 지나서야 슈리비쟈주(尸利佛逝洲)에 이르렀다.

여기에서 몇해를 머물면서 곤륜어(崑崙語)를 깨우치고 범어(梵語)의 서적을 배워 행동을 깔끔히 하고 마음가짐을 가다듬어 다시 원구(圓具 ; 구족계)의 계를 받았다.

나(의정)는 여기서 그것을 보고 드디어 그를 당으로 돌려보내어 황제에게 인도에 당나라의 사찰을 지을 것을 간청하기로 하였다. 그렇게 하는 것이 불교를 널리 포교하는데 큰 도움이 된다는 것을 알아차리고 그는 목숨을 아끼지 않고 다시 넓은 뱃길을 항해하였던 것이다.

드디어 천수 3년(天授, AD. 692) 5월15일에 배를 타고 당나라의 서울인 장안으로 향하였다. 지금 역잡경론(譯雜經論) 10권, 남해기귀내전(南海寄歸內傳) 4권, 서역구법고승전(西域求法高僧傳) 양권을 그 편에 부친다. 찬(讚)을 지어 읊는다.

그대를 찬양 하노라.
어릴 때 불법을 따르는 정성 깊어
우리 중국에서 정성 다하였고
다시 인도에서 신앙 더하려 하셨네.

거듭 중국으로 향하여
저서의 헌상(獻上), 절짓는 청원 위하여 항해하셨노라.
십법(十法 ; 書寫・供養・施與・諦聽・披語・受持・開演・諷誦・考慮・修習)을 전하며
여기에 불법 멀리 전할 수 있다면
그 공 사라지지 않으리.

▨ 부록

중귀 남해전에 있는 사자 사인(重歸南海傳有師資四人)중 정고(貞固)율사

당의 천수 3년 5월에 대진사(大津師)를 장안으로 돌려보낼 때 중종(中宗)에게 바친 대당서역구법고승전은 의정이 인도를 순례하고 슈리비쟈((室利佛遊)에 돌아올 때까지의 사적을 적었던 것이다.

그 후 영창 7년(AD. 695)에 의정은 우연히 상선에 타게 되어 광주를 돌아왔다가 다시 정고율사(貞固律師)와 그 제자등 4인과 더불어 슈리비쟈에 돌아와 경율(經律)을 연구하였다.

그 사적 및 같이 갔던 4인의 전기를 적은 것이 이 '중귀남해전'이다. 이것은 의정이 다시 본국에 돌아온 후에 썼을 것이라는 추측을 하게 되는 것은 그 기록의 내용을 읽으면 알 수 있을 것이다. (역자 주)

비구 정고율사는 인도말로 사라급다(娑羅笈多)라 한다. 정지 영천(鄭地滎川) 사람이다. 그의 속성은 맹씨(孟氏)이고, 까마귀(어려서)를 쫓는 나이가 되어 이미 불교의 교양을 쌓아

올렸으며, 총각이 되어서도 그 마음은 항상 불교에 쏠리어 있었다.

그의 나이 겨우 14세 때 벌써 부모를 여의는 쓰라린 몸이 되고 보니 사람들이 살고 있는 속세에 살 수 없다는 것을 느끼게 되어 더 불교를 존중하여야 할 것을 절실히 느꼈다.

이에 올바른 신앙을 가지고 이 속세가 아닌 불법 도량에 살 것을 꾀하여 드디어 시수(泥水 ; 하남성)에 있는 등자사(等慈寺)의 원법사(遠法師) 계시는 곳을 찾아 스승으로 섬겨 시봉하며 수행하였다.

뜻을 불교 교리의 중요한 것을 밝히는데 두어 대경(大經 ; 정토삼부경)을 읽어 2,3년을 지나게 되자 정고율사께서는 드디어 깊은 경지에 들어가기에 이르렀던 것이다.

그 뒤 상주(相州)·임려(林慮)의 여러 사찰에 가서 스승을 찾아 학문을 배우고 뜻을 세워 선문(禪門)에 들어갈 것을 희망하였다. 그러나 스스로 되새겨 보건대 아직 교검(敎檢 ; 교리)을 겪지 않았던 까닭에 대경(大經)에 쓰여진 것이 올바른 것인지 그렇지 못한 것인지를 가려내기 힘겨웠다.

이에 동위(東魏 ; 선비족이 세운 나라)로 유식론(唯識論)을 읽고 강(講)을 들었다. 다시 안주(安州)의 대유선사(大猷禪師) 계시는 곳으로 가서 방등(方等)을 배워 익히기를 수십일이 되지 않아서 곧 수행을 통하여서만 얻어질 수 있는 뛰어난 외모를 나타내게 되었다.

다시 형주(荊州)로 가서 여러 산과 물을 거쳐 높은 식견을 지니신 분을 찾아 아직 듣지 못하였던 깊은 교리를 들으려고 하였다.

그 뒤 다시 양주(襄州)로 가서 선도선사(善導禪師)를 만나 미타승행(彌陀勝行)을 받았다. 이때 꼼꼼히 색가(索訶 ; 堪忍세계)의 예토(穢土)를 버릴 것을 바라고 영원히 편안하게 있을 수 있는 정토에 가고자 하였었다.

또 생각하기를, 자기 혼자만 극락정토에 가고 다른 사람을 이롭게 하는 수행을 게을리 하는 것은 대사행(大士行 ; 보살행)에서 벗어나는 것이며, 번뇌에 차 있는 이 속세나 극락정토도 유식(唯識)의 견지에서 본다면 모두 팔식(八識)의 변한 바와 다름이 없다. 그런데 어찌 이 두 세계를 구별하여 이 속세만을 싫어하여야 할 이치가 있겠는가라고 믿었다.

거기서 다시 현산 회각사(峴山 恢覺寺)의 징선사(澄禪師) 계시는 곳을 찾아가 처음으로 소승불교의 가르치심을 배우고, 점차 대승불교의 교리에도 깊은 경지에까지 도달하셨다.

징선사께서는 깊이 계율에 관한 서적을 연구하시고 석가여래께서 병자를 돌보는데 있어 지켜야할 다섯 가지 덕목(德

目 ; ① 음식 ② 변 ③ 衣食 ④ 탕약 ⑤ 병인)의 자비로운 마음가짐을 가지고 제자들에게 불교를 일으켜야 한다고 당부하셨던 무거운 책임을 그 스스로가 등에 지고 있는 것같이 여겨 경론을 연구하셨던 것이며, 이 말대에 있어서 사의(四依)의 주지(住持)로서 자처(自處)하고 계셨던 것이다.

선(禪)의 수행으로 정신을 통일하여 헛된 집념에서 떠나 깨달음의 경지에 이르는 그의 깊은 신앙은 팔해탈(八解脫)의 수행으로 완전한 경지에까지 도달하였고 육도(六度)의 대사행(大士行)을 수행하여 지혜에 있어서도 가장 뛰어나게 되었다. 오진(五塵)은 순수하고 맑았으며 석가여래께서 생존시에 겪으셨던 아홉 가지 고뇌 같은 것에도 놀라지를 않았다. 밖으로는 사류(四流 ; 見無有流)를 초월하시면서도 마음으로는 항상 삼정(三定 ; 색계 제3선)에 살아 안온쾌락의 경지에 있었다.

이에 불교계의 승려나 속인들은 그를 섬겨 지도자의 으뜸으로 모셨다. 특별히 황제의 뜻을 받들어 부르심을 입어 신도(神都 ; 낙양)에 오게 되어 위국동사(魏國東寺)에 계시면서 박식한 승려로 손꼽혔었다.

이때 정고율사는 연령이 스무살 남짓하였으며 정선사의 가르침을 받아 원구(圓具)에까지 이르렀고 겨우 1년을 겪고서는 모든 불교 계율의 중요한 것을 익혔다.

다시 안주의 수율사(秀律師) 계시는 곳으로 가서 3년간 열심히 선율사(宣律師)께서 적어 남기신 글을 읽었다.

끊임없이 석가여래와의 문답을 통하여 불교에 대한 의문점을 해결해 나갔던 우파리(鄔波離, Upali)가 오편(五篇 ; ① 斷頭 ② 僧殘 ③ 墮獄 ④ 向彼悔 ⑤ 惡作)의 표리(表裏)를 꿰뚫었고 석가여래의 가르치신 불교의 진리를 정성껏 지켜 실행하였던 비사녀(毘舍女 ; 사위성 동원정사 창건주)의 칠취(七聚 ; 5편에 大障 善道・惡說을 보탠 것)의 무거운 죄과를 깊이 이해하였던 것과 같이 계율을 지키는데 정진하셨다.

율(律)에 말하기를, 계를 받아 5년이 지나면 그 스승 곁을 떠나 여러 곳으로 수행을 위한 길을 떠날 수 있되, 다시 1년 이내에 머물며 지도받는 스승을 구하여야 한다. 또 10년을 지나 주위(住位)가 되면 머물러 지도받는 스승은 필요치 않으나 그래도 연내에 덕이 높으신 분을 찾아 수행하여야 한다고 되어 있어 정고율사는 그것을 지켜 스승을 찾아 계율에 정진하였다.

또 수율사(秀律師)는 곧 촉군(蜀郡)의 흥율사(興律師)의 수제자이시다. 원구(圓具)에 들어가서도 여전히 촉천(蜀川)에 계셨다. 화상(和尙)이 계시는 곳에서 계율을 4년간 배웠다. 뒤에 장안의 선율사(宣律師) 계시는 곳에 의지하여 머물러 객이 되었다.

그는 전설에 계우(鷄鳥)는 한 그릇 속에 담겨 있는 젖(乳)과 물의 혼합 액체에서도 젖만 빨아서 삼키는 식별력이 있다는 말과 같이 올바른 것과 간사한 것, 선과 악이 섞여 있는 것에서도 이를 식별할 수 있는 맑고 날카로운 능력을 가지고 있었으며, 일체의 설법을 전하여 받는 것은 쏟아지는 물을 병에 모두 받는 것과 같았으며, 이를 지키는 것은 환희(歡喜 ; 아난다)의 마음가짐과 같았다. 전후 16년간을 거치면서 스승의 가르침을 받지 않았던 일은 없었다.

여러 분야의 불서를 끝까지 연구하고 몇 학파의 설을 소화하여 종합하고 율사의 소(疏)를 잘 지켜 나가는 것을 종교적인 신념으로 하였다.

그 뒤 삼양(三陽 ; 창안)을 떠나 낙양으로 갔다가 다시 황주(黃州)로 향하여 자기의 출생지에 들렀다. 그 다음 해 안주(安州)로 가서 크게 율교(律敎)를 일으켰던 것이며, 여러 왕과 자사(刺史)들이 모두 서로 받들어 그의 가르침을 믿었다. 이에 율(律)에 말하기를, 만약 율사 계시는 곳에만 있다면 나와 더불어 십력사(如來十力事)에 있는 것과 다를 바 없다고 하였다. 나이 70여 세에 이르러 이 세상을 떠나셨다.

그가 계율을 지키고서부터의 행동은 맑고 순수하였으며, 귀와 눈을 통하여 받아들인 지식은 매우 넓었다. 참으로 여기에 그 분이 계셔서 기둥이 되어 불교의 명맥은 매미소리가 끊이지 않은 것같이 서로 뒤를 받아서 이어져 내려왔던 것이다. 그것은 한진(漢珍 ; 곤륜산 물)·형옥(荊玉 ; 형산 옥)이 비록 그 나는 곳은 다르다 하더라도 다같이 이 아름답고, 계수나무 가지와 난초 잎이 그 마디(節)는 향기로운 것과 같다고 할 것 이다.

정고스님은 이제 불교의 계율에 관한 서적을 길이 알게 되 어 경론(經論)을 펼쳐 읽고 또 법화(法華)와 유마경(維摩經) 을 일천번 가까이 읽었다. 마음속 깊이 항상 수행을 잊지 않 았고 되새겨 항상 그 가르침을 굳게 지켜 3업이 불경 읽기에 게을리하지 않았고, 사의(四儀)에 있어서도 이를 그만둔 일이 없었다.

그 뒤 다시 양주(襄州)에 가서 화상(선도사) 계시는 곳에 머물면서 소저라(蘇旦羅 ; 불경)를 듣고 대법장(對法藏 ; 논)을 펼쳐 물어보아 자못 깊은 경지에 이르렀던 것이며, 고루 옷속 의 구슬(衣珠)을 살펴서 타고난 보배로운 성품을 깨달아 이를 수행한다는 자기 스스로에 대한 반성의 필요함을 깨닫고 화성 (化城)에서 머물렀다가 끝내는 보저(寶渚)에 이르기를 바랐 다. 이에 곧 양수(襄水)에서 발을 씻고 여산을 바라보며 걸어 가 그곳의 뛰어난 스님들의 많은 수행을 우러러 보고 동림(東 林)에 정주하여 뜻을 폈다.

사자주(세이론)에 가서 그곳에 모셔있는 부처님 치아에 배례하고 여러 성스러운 불교유적을 순례하고자 하는 뜻을 품게 되었다. 이에 수공년간(垂拱, AD. 685~688)에 여행길을 계림 (桂林 ; 광서성)으로 옮겨 마음내키는 곳을 돌아다니다가 청원 (淸遠)·협곡에까지 발길이 미치게 되었다.

인연을 같이 하고자 하는 생각이 일어 곧 발길이 번우(番 禺 ; 광동불)에 이르게 되었다.광부(廣府)의 불교 신도들이 율 부의 전적에 대하여 설법할 것을 청하여 왔다.

그 당시는 대당제국의 황제께서 천하에 고루 삼사(三師 ; 갈 마·교주·화상)을 두고 석가여래의 그 가르치심이 다시 빛을 내고 불교 교세가 오래도록 지속하기를 바랐던 것이다. 그리 하여 (당나라 황제의 이 불교 진흥에 있어서) 위의는 율(律) 이었다.

정고율사께서는 또 여러 사람들이 흠모하며 청하는 바에 따 라 삼장도량(三藏道場)에서 비나야교(毘奈耶敎, Vinaya)를 강 하였다.

구하(九夏 ; 9순 안거)를 여기서 지나면서 칠편(七篇)을 모 두 마쳐 법도(法徒)를 잘 가르쳤고, 널리 당시의 속인들을 이 끌었다. 그때 제진사(制眞寺)의 공사리(恭闍梨)는 매번 강석 에서 스스로 친히 수행을 지도하였다. 진실한 모습으로 잘 인 도하고 널리 구제하며 괴로움을 잊고 있었다고 할 수 있을 것 이다. 공사리(恭闍梨)는 어렸을 대 출가하여 승려가 되어 높은 도덕적 행동과 굳은 지조를 지켜 그의 나이 70이 넘어도 항상 오편(五篇)을 섬겨 마음 깊이 새겼다. 복을 지은 사람은 그의 높은 지혜를 접할 수 있을 것이다. 실로 선정(禪定)은 가장 깊숙한 경지에까지 이르고, 불법은 넓은 바다로 이끌어 파도와 통하고 문(聞)·사(思)·수(修)의 삼혜(三慧) 가운데서 사혜는 특히 뛰어나 있었다.

깊이 허망한 생각의 근본을 밝혀서 교묘히 참된 마음의 근원을 깨닫고, 비록 만물은 모두 공(空)이며 실재하는 것이 아니라는 공상(空相)을 믿지마는, 이 까닭에 현재 우리가 살고 있는 세상을 가볍게 여겨 세속 일을 돌보지 않는 것과 같은 일은 하지 않았으며, 이 세상과 인심을 이롭게 하는 사물의 효용 있는 일을 많이 하였다.

인연의 작용으로 모든 것이 끊임없는 변화를 하여 무상한 이 세상 가운데서 중생을 위하여 이용후생(利用厚生)의 복업을 쌓아올려 그 공덕으로써 더 없는 최상의 불도에 들어가는 굳은 터전을 삼았던 것이며, 자주 장경을 베끼고 항상 가난한 사람에게 먹을 것을 주었다.

실로 대중에게도 널리 그의 덕망이 알려져 사물(事物)에 따라서 삶의 방법을 알맞게 이끌어 여러 사람들을 깨달음의 경지까지 이끌어 더불어 율교의 가르침에 충실토록 하였다.

정고스님께서는 여기서 같이 수행하던 벗들과 헤어져 다시 협산(峽山)으로 향하여 송림(松林)에 들어가서 조용히 수행의 생활을 하려고 하였다. 마침 몽겸사(蒙謙寺)의 주인으로부터 빈객(賓客)으로 특별초청을 받게 되었다.

몽겸사의 주인은 높은 덕을 지니신 분이며 예(禮)에 있어서는 어짐(仁)과 관용(寬容)의 덕을 겸하여 언제나 여러 사람이 본받을만한 분이며, 삼조(三朝 ; 그 달, 그 날, 그 시의 첫 시간)부터는 스스로를 굽혀 다른 사람을 우러러 떠받들고 말을 할 때도 겸손하려는데 힘썼다.

정고스님께서는 마음으로 몽겸사의 주인이 계시는 절에서 쉬며 수행하실 뜻을 품고, 기울어진 낭하(傾廊)를 고치고 빠져 없어진 길을 고쳐 바로 잡고 이그러진 주춧돌을 끼워 바르게 하려 하셨다. 절 안의 땅이 굽은 곳을 이용하여 산 위에서 흘러 내려오는 물을 끌어 팔해(八解)의 맑고 맑은 수행의 물을 흐르게 할 것을 바라고 그 곁에 단계(壇界)를 마련하여 칠취(七聚)의 향기로운 규율(規律)을 널리 펼칠 것을 다짐하였다. 다시 계단(戒壇)의 뒤쪽에는 선감(善龕)을 마련하고 방등도량(方等道場)을 세워 정성껏 법화경을 독송(讀誦)하여 일승진실(一乘眞實)의 교리를 수행하는데 힘쓰려 하였던 것이다.

비록 그 공사는 아직 이루어지지 않았다 하더라도 뜻은 이미 굳게 간직하고 있었다. 그리하여 포살(布薩)의 궤의(軌儀)

는 이미 그 내용의 줄거리에서 세부까지 이어받고 있었다. 또 언제나 한탄하여 말하기를, "그 옛날에 태어나 석가여래를 뵈옵지 못하고 그 뒤로는 미륵보살을 뵈옵지 못하니 이 말세를 맞이한 지금에 있어서 어떻게 스스로의 수행을 하여야 할지, 일찍이 공(空)과 유(有)의 불교 학설 안에서 깊이 마음을 괴롭혀 이름난 여러 스승을 찾아 그 문앞에서 서성댔노라"고 하였다.

나(의정)는 슈리비쟈의 강구(江口)에서 배에 올라 편지를 써서 광주(廣州·廣東)로 보내어 묵지(墨紙)를 얻어서 범어 불경을 베끼고 아울러 이 일을 도울 사람을 찾고 있었다. 그 때 마침 상인이 계절풍을 타서 돛을 올려버려 그 배에 실려오게 되어 머물고자 하여도 방법이 없게 되었다. 인간이 짓는 업(業)은 그 일어나는 것이 극히 복잡하고 여러 갈래로 나타나서 인간의 계획만으로는 어쩔 수 없다는 것을 절실히 느꼈다.

드디어 영창 원년(永昌, AD. 689) 7월 20일에 광부(廣府)에 도착하여 여러 스님과 신자들을 다시 만나게 되었다. 이때 그곳 제지사(制旨寺)에 머물고 있었다. 모두 한숨 지어 말하기를, 원래 스님께서 인도로 가신 것은 불교의 새 지식을 얻는 교류를 바랐기 때문이며, 해남(海南 ; 동남아시아)에 머물으셨으나 불경은 아직 가지고 오시지 못하셨다고 하였다.

인도에서 구한 삼장(三藏) 50여 만의 글로 되어 있는 것은 모두 슈리비쟈국에 놓고 왔다. 일이 이렇게 되고 보니 다시 그곳으로 가야만 하였다.

그러나 나의 나이가 벌써 50을 지나 거듭 파도를 헤쳐 바다를 건너가더라도 네 마리의 말이 끄는 수레가 빠른 것같이, 빨리 지나가는 세월에 이 몸은 이미 그와 같은 일을 하기에는 늙어 마땅하지 못하였던 것이다. 아침 이슬이 곧 닥쳐올 듯한 것과 같은 이 순간에 무엇을 의지하여야 할는지. 경전은 불교에 있어서 없어서는 안될 중요한 것이다. 누가 같이 가서 이것을 가지고 올 수 있겠는가. 한편으로 번역하고 한편으로 받아쓰는 작업을 하는데는 이 일을 하는데 적당한 사람이 있어야 하였다.

여러 분께서 알려주기를 이곳에서 멀지 않은 곳에 스님이 계시는데 정고라고 하시는 분이다. 오랫동안 율교를 연구하시고 일찍이 정성을 쌓으셨다. 만약 그분에게 가실 뜻이 계시면 좋은 동행자가 될 것이라 하였다.

이제 겨우 이와 같은 말만 듣게 되어도 참으로 마음에 꼭맞는 분을 찾아낸 것 같았다. 이에 편지를 써서 그 분이 계시는 산사(山寺)로 보내어 자세히 짐을 싸야 할 사유를 알리고 같이 갈 수 있는지의 의견을 물었다.

정고스님께서는 편지를 읽고 잠시 생각하시고서 곧 같이 갈 뜻을 가졌다. 요성(遼城 ; 당나라를 세운 요새지)에서 한번 일으킨 전략이 장군 세 사람의 거센 마음을 사로잡아 당제국을 세우는데 성공하였고, 히말라야산 위에서 읊은 반게(半偈)가 그 산에서 수행하시던 대은보살(大隱菩薩)로 하여금 몸을 바치게 한 것과 같이 정고스님께서는 나의 편지 한통에 감동하여 이와 같은 큰 일을 맡으실 열렬한 심경이 되시지 않았던가.

이에 기꺼이 깊숙한 계곡을 떠나 송림(松林)에서 즐기며 팔꿈을 석문(石門)의 앞에 뿌리치고 옷을 제지도량(制旨道場)안에 걸어놓고 출발의 감격을 마음껏 즐겼다.

삿갓을 벗고 처음 대면하는 인사를 나눌 때부터 깨달음의 길에 정진할 뜻을 서로 같이하게 되었다. 이에 오체를 돌보지 않고 다른 일을 마음에 두지 않으면서 오로지 뒷날에 하여야 할 일만을 열심히 궁리하였다. 즉 평생에 비록 만난 일이 없었는데도 실로 마음에 먹고 있었던 뜻은 아침에 일치되어 더불어 저녁에는 같이 행사(行事)를 논의하였다.

정고스님께서는 대답하시기를, 구법의 길을 같이하려는 그 집념에만 사로잡힌 나머지 처음 찾는 분에게는 소개를 받아야 한다는 지식인으로서의 예도 차리지 않고 스스로 가까워지는 마음을 일으키게 되었다 했으며, 또 시기도 이미 무르익어 뛰는 마음에 자기도 모르게 실례되는 행동을 하게 되었다고 하였다. 즉 더불어 삼장(三藏)을 넓혀 불교 포교의 천등(千燈)을 밝히는 것을 도울 사람이 되지 않을까 라고도 하셨다.

이에 거듭 협산(峽山)에 가서 몽겸사(蒙謙寺)의 주인등과 여기서 헤어졌다. 몽겸의 주인은 곧 시기에 비추어 알맞은 대우를 하여 그 뜻을 말리지 않았다. 품고 있던 뜻을 말하는 것을 듣고서는 모두가 그 계획을 도우며 좋아하였다. 자기는 가난하여도 그것을 걱정하지 않고 다른 사람을 도우는 것을 옳게 여겼으며, 아울러 자금과 장비를 마련하여 부족한 일이 없도록 하였다.

광부(廣府)에 이르니 스님들과 신자들이 모두 자금과 양식을 보태주었다. 즉 그해 11월1일에 무역선에 올라 번우(番禺 ; 광주 부근)를 떠났다. 점파(占波 ; 월남)를 바라보며 돛을 멈추지 않고 그대로 지나 슈리비쟈를 향하여 긴 항로를 달렸다.

목숨이 있는 모든 것을 불교로 이끌고 가는 지도자가 되고 애욕의 깊은 망설임 속세에서 중생을 제도하는 길잡이가 되며, 또 정고스님이 항상 나 의정의 뜻에 따르려는 그 마음을 사랑하여 긴 여행에서도 그 본래 가졌던 마음이 변하지 않을 것을 바라는 마음 절실하였다. 정고스님의 나이는 마흔살이었다. 찬탄하여 노래한다.

지자(智者)의 업(業)을 심는 것은
전세의 인연을 이어받은 것.

어릴 때 마음을 깨끗이 하여

복짓는 일에만 정신 쏠리고
정(情)은 자기의 욕망을 이기려 하고
마음 어짊(仁)을 밝히는데 있네.

이익되는 일에서 이름 올리지 않고
정고스님은 어진 일 사랑하였네.

좋은 책 받아들고
밝음을 찾아 뜻을 굳히며
착한 일에 마음을 두터이하고
적은 잘못에도 두려움을 일으켜
해어진 신발을 신어도
영귀(榮貴)는 버리지 않았네.

집 고양이가 그 꼬리 짧아도 쓸모 있듯
벌이 꿀을 모아도 꽃의 색깔 향기만은
남겨두듯 하였네.

홀로 형택(滎澤)을 떠나
한음(漢陰)을 거닐고

철인(哲人)은 근본을 찾아
율교(律敎)에 깊이 들어가
이미 그 줄거리 알아서

다시 깊은 경지로 들어가네.

멀리 성 보리수에 뜻을 두고
명아주 지팡이 계림(桂林)으로 끌었네.

신(神)을 협곡(峽谷)에 즐겁게 하고
광천(廣川)에서 불교 부흥 꾀하였으며

옛 것은 중국에서 수행하고
다시 새 가르침 배우러 남으로 길 떠나
버드나무로 잠자리 깔아도 꺼리지 않고
향기로운 가르침 널리 전하려 할 뿐,

반갑도다, 이 분의 큰 뜻
남을 위하여 제몸 버리는 그 뜻.

나의 좋은 동반자와 더불어
금주(金州)에 왔도다.

불교수행 할 수 있었던 것도
좋은 벗이 있어서였네.
뱃길 수렛길 서로 도우며
손과 발을 서로 빌렸네.

포교의 그 소망 맺어진다면
백추(百秋)를 사는데 부끄럽지 않으리.

어제 슈리비쟈에 이르러
기약했던 그 소망 여기 이루니
들어보지 못하였던 진리를 들을 수 있고
또 보지 못한 여러 것 보았네.

번역하며 한편으로 받아써서
경전의 뜻을 밝혀 막힌 곳 찾아내고
새 것 보고 새 것 알아서
계율을 적용하는 정도를 맞추어 보았네.

박식다지(博識多智)이시며
언제나 아침에 깨달음 얻으실 마음 가져
공(恭)·검(儉)·근(勤)의 수행 갖추시고
저녁에 죽어도 거리끼실 걱정 없으셨네.

따르는 무리 많아 일이 늦어질 것 걱정하셔도
차분한 몸가짐은 때맞추어 수행 그칠 줄 몰라
한 불길이 바람부는대로 타며
천등(千燈)의 검은 그으름 없기를 바라고 있었네.

新羅沙門 慧超
신 라 사 문　혜 초

王五天竺國傳
왕　오　천　축　국　전

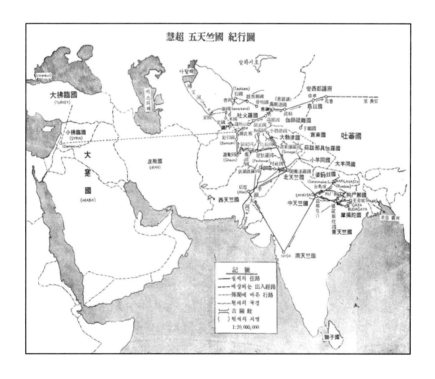

慧超 五天竺國 紀行圖

혜초(慧超)스님

불란서 동양학자 펠리오(pelliot)씨는 1908년 3월 돈황 천
불동에 갔다가 필사본 각종 경전과 고서화 29상자를 구해 본
국으로 돌아가 연구하다가 당나라 혜림음의(慧琳音義)에 실려
있던 혜초의 왕오천축국전 편린(앞뒤가 끊어진 6천여자)을 발
견하고 발표하자 이듬해(1909) 청나라 나진옥(羅振玉)이 돈
황석실본유서에 영인하여 내고, 1911년에는 일본학자 휘다(藤
田豊八)가 법현의 불국기, 송운의 행천축기, 현장의 서역기,
의정의 기귀전을 참고하여 그 전석(箋釋)을 내고, 1915년 다
카스키(高楠順次郎)에 의하여 그의 저자 혜초가 신라인임이
밝혀졌다.

그 뒤 독일의 퓨스(W. Fuchs)가 독일어로 번역하고 국내에
서는 1943년 최남선이 삼국유사 부록에 전재(轉載)하여 법현
의 불국기는 육지로 갔다가 바다로 건너온 기록이고, 현장의
서역기는 육지로 갔다가 육지로 돌아온 기록이고, 의정의 기
귀전은 바다로 갔다가 바다로 돌아온 기록이고, 왕오천축국전
은 바다로 갔다가 육지로 돌아온 기록이라 하여 매우 소중하
게 다뤄졌다.

말하자면 혜초는 중국 광주에서 배를 타고 남지나해를 거쳐
동인도로 들어갔는데, 먼저 나체국을 기행하고 다음에 쿠시나

가르・바라나시・왕사성・신두고라국・캐시미르・대발율국(大勃律國)・소발율국・간다라(建馱羅)・우구아나(鳥長國)・구위국(拘衛國)・람파카국(覽波國 ; 현   아프카니스탄)・카피스국(罽賓國)・자브리스탄(謝颶國)・바미얀국(犯引國)・투카라국(吐火羅國)・페르시아(波斯)・소불림국(小拂臨國)・대불림국・안국(安國)・조국(曹國)・사국(史國)・석라국(石騾國)・미국(米國)・강국(康國)・퍼르칸나국(跋賀那國)을 거쳐 동쪽으로 파미르고원 와칸국(胡蜜國)・삭니아국(渴飯檀國)・카시카르(疏勒)・쿠자국(龜慈國)을 거쳐 당나라 안서도호부(현 庫車)에 도착하였다. 그때가 727년 11월 상순이었다고 한다.

비록 글은 짧고 정밀한 서술도 없지만 8세기 전반기 인도불교의 상황과 지금의 캐시미르・파키스탄・아프카니스탄・페르시아・터키・중앙아시아 등의 풍속과 지리 역사 등을 연구하는데 중요한 자료가 되므로 현재 불란서 파리 국립도서관에 세계적인 보물로 보관되어 있다.

비록 이 책은 혜초가 직접 필사한 것이 아니다. 그러나 9세기경 남의 손을 빌려 쓴 것이지만 거의 천년 동안 동굴에 파묻혀 있다가 나타난 것이지만 우리의 고전이요 명작이라는 점에서 진짜로 희귀한 책이다.

혜초스님은 704(성덕왕 3)년 신라에서 태어나 16세에 중국 광주에서 인도의 금강지와 불공삼장을 뵙고 금강지의 권유로

723년 약관의 나이로 인도여행을 떠나게 되었다 한다. 733년 정월에 장안에 돌아와서는 금강지의 역경을 돕다가 740년 금강지가 죽자 773년 10월 대흥선사에 이르러 불공삼장에게 대승유가경을 배우고 74년 6월 1일 불공의 6대 제자의 유촉을 받아 중국밀교의 제3조로써 오대산에 건원 보리사에 가 있다가 80년 4월15일 불경을 완역하고 787년 입적하였다.

<석존의 4대성지>

왕오천축국전(往五天竺國傳)

1. 중천축국(中天竺國)

(위는 없어졌음) 3보를 사랑하지 않는다. 맨발에 나체며 외도(外道)라 옷을 입지 않는다. (밑에 빠졌음)

음식을 보자마자 곧 먹으며 재계(齋戒)도 하는 일이 없다. 땅은 모두 넓다. (밑에 빠졌음) 노비를 소유하고 사람을 파는 죄와 사람을 죽이는 죄가 다르지 않다. (밑에 빠졌음)

한 달 뒤에 꾸시나국(拘尸那國)에 도착하였다. 부처님께서 열반에 드신 곳이다. 성은 황폐되어 사람이라곤 살지 않는다. 부처님이 열반에 드신 곳에 탑을 세웠는데 한 선사가 그곳을 깨끗이 청소하고 있다. 매년 8월8일이 되면 스님들과 여승·도인과 속인들이 모두 그리고 모여, 대대적으로 불공을 드린다. 그때 공중에 깃발이 휘날리는데 그 수를 헤아릴 수가 없다. 모든 사람들이 그것을 함께 보고 이 날을 당하여 불교를 믿으려고 마음먹는 사람이 하나 둘이 아니다.

이 탑 서쪽에 한 강이 있는데 이라바티수(伊羅鉢底水, Airavati)라 한다. 남쪽으로 2천리 밖을 흘러 간디스강(恒河)에 들어간다.

그 탑이 있는 사방에는 사람이 살지 않는다. 매우 거친 숲만이 우거져 있다. 그러므로 거기로 예배를 보러가는 사람들은 물소와 호랑이에게 해를 입는다. 이 탑의 동남쪽 30리에 한 절이 있는데 이름이 사반단사(沙般檀寺)다. 거기에도 30여 (채의 집이 있고 그 중) 서너댓 집에서 항상 그 탑을 청소하는 선사를 공양한다. 지금도 그 탑에서 공양하고 있다. (밑에 빠졌음)

하루는 파라나시국(波羅疪斯國, Varanasi ; 현 베나레스)에 도착하였다. 이 나라도 황폐되고 왕도 없다. (밑에 빠졌음)

저 다섯 명 꾸린(교진여·아습비·마하나마·바데·바뿌)이 함께 부처의 설교를 들었으므로 그들의 소상(塑像)이 탑 안에 있다. (밑에 빠졌음)

위에 사자상이 있는 저 당(幢 ; 石柱)은 다섯 아름이나 되며, 거기에 새긴 무늬가 매우 아름다웠다. (밑에 빠졌음)

그 탑을 세울 때 이 당(幢)도 만들었다. 이 절의 이름을 다르마차크라(達磨斫葛羅, Dharmachakra)라 한다.(밑에 빠졌음)

외도들은 옷을 입지 않고 온몸에 재칠을 하고 대천(大天 ; 마하데바, 시바신)을 섬긴다.

이 절 안에는 하나의 금동상(金銅像)과 5백의 나한상이 있다. 이 마가다(摩揭陀, Magadha) 나라에는 전에 왕이 한 분 있었는데 이름이 실라디타(尸羅票底·尸羅阿迭多, Siladitya)였고, 그가 이 불상을 만들었다고 한다. 그리고 겸하여 하나의 금동으로 된 법륜(法輪)을 만들었는데 그 바퀴의 원주(圓周)가 30여 보나 되었다. 이 성은 항하를 굽어보는 북쪽언덕에 있다.

곧 이 녹야원(鹿野苑, Mrgadaya)·구시나가라(拘尸那, Kusinagara)·사성(舍城·王舍城, Rajagrha)·마하보디(摩訶菩提, Mahabodhi)의 네 영탑(靈塔)도 마가다국 경계 안에 있다.

이 나라(파라나시국)에는 대승불교와 소승불교가 함께 행해지고 있다. 마하보디사(摩訶菩提寺)에 도착했다고 할 수는 없으나 내 본래의 소원에 맞아 매우 기쁘므로 내 어리석은 뜻을 대략 서술하여 오언시(五言詩)를 짓는다.

보리수(菩提樹)가 멀음을 근심하지 않는데
어찌 녹야원(鹿野苑)이 멀리오.
다만 매달린 것 같은 길이 험함을 걱정할 뿐,
이미 바람이 휘몰아침도 생각지 않는도다.

여덟 탑(塔)은 참으로 보기 어려우니
어지러이 오랜 세월에 타버렸도다.
어떻게 그 사람의 소원이 이루어질까.
눈으로 보는 것이 오늘 아침에 있도다.

이 파라나시국(波羅疧斯國 ; 현 Varanasi)으로부터 반달쯤
걸려 중천축국의 왕이 사는 성(城)에 도착하였다. 이름이 카
냐굽자(葛那及自, Kanyakudja)다. 이 중천축국의 경계는 매우
넓어 백성들도 많고 번잡하다. 왕은 9백 마리의 코끼리를 가
졌고 기타 대수령들도 각각 3백이나 2백 마리씩의 코끼리를
가졌다. 그 나라 왕은 항상 스스로 병마(兵馬)를 거느리고 싸
움을 하는데 이웃 네 나라와 교전하면 이 중천축국의 왕이 늘
이긴다 하였다. 그러므로 저 이웃나라들은 스스로 코끼리가
적고 군사가 적음을 알아 곧 강화(講和)를 청하고 매년 공물
을 바치고 서로 대진하여 싸우지 않는다고 한다.

의복·언어·풍속·법률 등은 5천축국과 서로 비슷하다. 다
만 남천축국의 시골 백성들의 언어가 좀 다르나 벼슬아치의
종류도 중천축국과 다르지 않았다.

이 다섯 천축국의 법에는 복에 칼을 씌우고 매를 때리는 형
벌과 감옥이 없었다. 죄를 지은 사람이 있으면 그 경중에 따
라 벌금을 물리고 사형에 처하지 않는다 하였다.

위로 국왕으로부터 아래로 일반 서민에 이르기까지 매를 날
리며 개를 몰아 사냥하는 일을 보지 못하겠다.

기적을 나타낸 망고나무 동산

부처님이 잡수시던 우물(기원정사)

티베트 라사 달라이라마 궁전

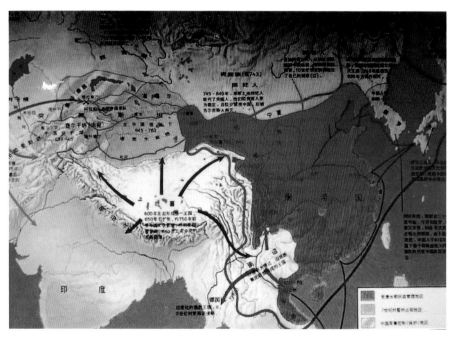

당나라 지도

장안 경산사에 있는 부처님 사리

다보탑속의 석가부처님과 다보여래

아누라다푸라의 루완웰리사와 다고바

도솔천에서 아상가에게 설법하신 미륵부처님

타클라마칸의 옛토성

곤륜산맥에 있는 옛 궁전

불상이 만들어지기 이전에 숭배된 부처님의 발
법륜 · 3보존 · 연꽃 무늬가 있다.

수없는 어린이들을 잡아먹었던 식인종 하리티와 판치카가
부처님을 만나 산모들을 보호하는 산파가 되었다

민희식 · 박교준의 불교의 고향 간다라에서

인더스강과 카블강이 만나는 교차점이다. 오른쪽의 인더스 강물과 왼쪽
카블강의 물 색깔이 확연히 대비된다. 알렉산더 대왕은 이곳을 지나
탁실라에 들어갔다.

법화경을 설한 영축산 법당

부처님께서 의지하여 깨달음을 얻으신 보리수

도로에 도적이 많았다. 물건을 빼앗고는 곧 놓아주며 다치거나 죽이지는 않았다. 만약 물건을 아끼다가는 다치는 수도 있다. 토지가 매우 따뜻하여 온갖 풀이 항상 푸르고 서리나 눈이 없다.

음식물로는 쌀 양식과 떡·보릿가루·버터·우유 등이 있는데 간장은 없고 소금이 있다. 모두 흙으로 만든 냄비로 밥을 지어 먹고 쇠솥 등은 없다.

백성은 별도의 부역과 세금을 감당하지 않고 다만 곡식 다섯 섬만 왕에게 바치는데, 왕이 사람들을 보내어 그것을 운반해 가고 논 임자가 보내지는 않는다.

그 나라 백성들은 가난한 사람들이 많고 부자는 적다. 왕과 벼슬아치의 집안 및 부유한 사람들은 전포(氈布 ; 모직물)로 만든 옷 한 벌을 입고, 기타 사람들은 아래옷 한 가지만 입었으며, 가난한 사람은 그나마도 반조각을 걸쳤을 뿐이다. 여자들도 마찬가지다.

그 나라 왕이 항상 관청에 나와 앉으면 수령과 백성들이 모두 와서 왕을 사면으로 둘러싸고 앉았다. 그런 뒤에 각기 도리(道理)를 논하는데 소송이 분분하여 매우 시끄러워도 왕은 듣고만 있지 말을 하지 않는다. 그러다가 마지막에 가서 천천히 판정하기를 "네가 옳고, 네가 틀렸다" 하면 모든 백성들은 왕의 한 마디 말을 결정적인 것으로 알고 다시는 거론하지 않는다. 그 나라 왕과 수령들은 삼보를 매우 공경하여 믿는다.

만약 사승(師僧)을 대하고 있게 되면 왕과 수령들은 땅바닥에 앉으며 의자에 앉기를 즐겨하지 않는다. 또 왕과 수령들은 외출하여 다른 곳에 갈 때에도 자기의 의자를 가지고 따라오게 하여 그곳에 도착하면 곧 자기의 의자에 앉고 남의 의자에 앉지 않는다.

절과 왕의 궁전은 모두 3층으로 짓는다. 그리하여 밑의 제1층은 창고로 쓰고, 위의 두층에 사람이 거주한다. 여러 대수령의 집들도 마찬가지다. 지붕은 모두 평평하여 벽돌과 목재로 덮는다. 이밖의 집들은 모두 초가(草家)로 중국 사람들의 집과 같이 빗물이 추녀로 쏟아지도록 지어졌으며 단층뿐이다.

그 나라에서 생산되는 것으로는 전포·코끼리·말 등이며 그 땅에서 금과 은은 생산되지 않아 외국으로부터 수입한다. 또 낙타·노새·당나귀·돼지 등의 가축도 기르지 않는다. 그곳의 소는 모두 흰데 1만 마리 중에 혹 한 마리 정도가 붉거나 검은 것이 있다. 양과 말은 아주 적어 왕만이 2,3백 마리의 양과 6,70필의 말을 소유하고 있다. 이밖에 수령과 백성들은 모두 다른 가축은 기르지 않고 소만 기른다. 우유와 버터를 짜 먹기 때문이다. 그곳 사람들은 착하여 살생을 좋아하지 않는다. 그래서 시장 가게에서 고기 파는 곳을 볼 수가 없었다.
이 중천축국에서도 대승불교와 소승불교가 함께 행하여지고 있었다. 또 이 중천축국 경계 안에 네 개의 탑이 있는데 간디스강 북안에 그 중 세 개의 큰 탑이 있다.

첫째 탑은 사위국(舍衛國, Sravasti)의 급고원(給孤園) 안에 있는데 절도 있고 중도 있음을 보았다.

둘째 것은 베샬리성(毘耶離城)의 암라원(菴羅園) 안에 있다. 탑은 남아 있으나 절은 황폐되고 스님들은 없었다.

셋째 것은 까삘라국(迦毘耶羅國)에 있는데 곧 이곳은 부처님께서 태어나신 성(城)이다. 무우수(無憂樹)가 있다. 그 성은 이미 황폐되어 탑은 있으나 스님들은 없고 백성들도 없다.

탑은 이 성의 맨 북쪽 끝에 있는데 숲이 거칠게 우거져 길에 도적이 많다. 따라서 그리로 예배 보러 가기란 매우 어렵고 힘든다 하였다.

넷째 것은 삼도보계탑(三道寶階塔)이다. 중천축국의 왕이 사는 성 서쪽 7일 동안 걸어갈 거리에 있는네 두 항하(恒河) 사이에 있다. 이곳은 부처님이 도리천으로부터 삼도보계(三道寶階)를 밟고 내려와 염부제로 내려온 곳이다.

탑 왼쪽은 금으로, 오른쪽은 은으로 장식하고 가운데는 유리를 박았다. 부처님은 가운데 길에, 범왕(梵王)은 왼쪽 길에, 제석(帝釋)은 오른쪽 계단에서, 부처님을 모시고 내려온 것이 바로 이곳이라 탑을 세웠다. 절도 있고 스님들도 있음을 보았다.

2. 남천축국(南天竺國)

중천축국으로부터 남쪽으로 3개월 남짓 걸어가면 남천축국의 왕이 사는 곳에 도착한다. 그 나라 왕은 8백 마리의 코끼리를 소유하고 있었다. 영토가 매우 넓어 남으로는 남해에 이르고, 동으로는 동해에 이르며, 서쪽으로는 서해에 이르고 북쪽으로는 북천축국·서천축국·동천축국의 경계에 접한다.

의복·음식·풍속은 중천축국과 비슷하나 언어가 좀 다르다. 토지는 중천축국보다 덥고 그곳에서 나는 물건으로는 전포·코끼리·물소·황소가 있다. 양도 조금은 있으나 낙타·노새·당나귀 등은 없다. 벼 심는 논은 있으나 기장·조 등은 없다. 그리고 솜과 비단 등속은 다섯 천축국 어디에나 없다.

왕을 비롯하여 수령·백성들은 삼보를 매우 공경한다. 절도 많고 스님도 많으며 대승불교와 소승불교가 모두 행하여진다.
그곳 산속에 하나의 절이 있는데 용수보살(龍樹菩薩)이 야차신(夜叉神)을 시켜 지은 것이고, 사람이 지은 것이 아니라 한다. 산을 뚫어 기둥을 세우고 3층으로 누각을 세웠는데 사방이 3백여 보(步)나 된다.
용수가 살아있을 때는 그 절에 3천 명이나 되는 스님들이 있었고, 한 때 공양하는 쌀이 15섬이나 되어 매일 3천 명의 스님들이 먹어도 쌀이 모자라는 일이 없었다고 한다. 없어지면 또 생기고 하여 원상태에서 감소되는 일이 없었다고 한다.
그러나 지금은 이 절도 황폐되어 스님들도 없다. 용수는 나이가 7백세나 되어 세상을 떠났다 한다. 그때 남천축국의 여행길에 있으면서 여수(旅愁)를 오언시(五言詩)로 읊었다.

달 밝은 밤에 고향길을 바라보니

뜬 구름은 너울너울 고향으로 돌아가네.
나는 편지를 봉하여 구름편에 보내려 하나
바람은 빨라 내 말을 들으려고 돌아보지도 않네.

내 나라는 하늘 끝 북쪽에 있고
다른 나라는 땅 끝 서쪽에 있네.
해가 뜨거운 남쪽에는 기러기가 없으니
누가 내 고향 계림(鷄林)으로 나를 위하여 소식을 전할까.

3. 서천축국(西天竺國)

또 남천축국으로부터 북쪽으로 두 달을 가면 서천축국의 왕
이 사는 성에 도착했다.

이 서천축국의 왕도 5,6백 마리의 코끼리를 소유하고 있다.
그 땅에서 생산되는 것은 전포와 은·코끼리·말·양·소다.
그리고 보리·밀·콩 종류 등도 많이 생산되며 벼는 아주 적다.

음식은 대개 떡·보릿가루·우유·버터 등이다.

시장에서 물건을 살 때는 은전과 전포 등속을 사용한다.

왕을 비롯하여 수령이나 백성들도 삼보를 매우 숭상한다.
절도 많고 스님들도 많은데 대승불교와 소승불교가 함께 행해
지고 있었다.

땅은 매우 넓으며 서쪽으로는 서해에 이르렀다. 그 나라 사
람은 대체로 노래를 잘 부르는데 이것이 다른 네 천축국이 이
나라만 같지 못한 점이다. 또 목에 칼을 씌우는 형벌이나 곤

장을 때리는 형벌이나 감옥에 가두는 일과 사형에 처하는 형벌 등이 없었다.

지금은 대식국(大寔國, Arabia)의 내침(來侵)을 받아 나라의 태반이 파괴되었다.

또 5천축국의 법에는 외출할 때 양식을 가지고 가지 않는다. 도착하는 곳에서 곧 얻어먹을 수가 있기 때문이다. 그러나 왕과 수령들은 외출할 때 스스로 양식을 가지고 가서 백성들이 바치는 음식을 먹지 아니한다.

4. 북천축국(北天竺國)

또 이 서천축국으로부터 북쪽으로 3개월을 가서 북천축국에 도착하였다. 이름이 자란다라(闍蘭達羅)라는 나라다. 왕은 3백 마리의 코끼리를 가지고 산을 의지하여 성을 만들어 거주하고 있다.

여기에서부터 북쪽으로는 점점 산이 많다. 나라가 협소하고 병마(兵馬)가 많지 않아 항상 중천축국 및 가습미라국(迦葉彌羅國)에게 자주 먹히므로 산을 의지하고 사는 것이다. 풍속과 의복과 언어가 중천축국과 다르지 않다. 땅이 중천축국 등과 비교하여 좀 차나 서리나 눈은 없고 바람이 좀 찰 뿐이다.

그 땅에서 생산되는 것으로는 코끼리·전포·벼·보리 등이고 당나귀와 노새는 적다.

그 나라 왕은 말 백 필을 가졌고, 수령은 서너댓 마리를 가졌으며, 백성들은 아무것도 가지고 있지 않다.

그 나라 서부 지방은 평평한 하천 지방이고 동쪽으로는 설산(현 히말라야)에 가깝다. 그 나라 안에는 절도 많고 스님들도 많으며 대승불교와 소승불교가 함께 행해지고 있었다.

5. 스바라코트라국과 탁실라국

또 한 달이 걸려 설산을 지나니 동쪽에 한 작은 나라가 있었다. 이름이 수바르나고트라(蘇跋那具怛羅, Suvarnagotra)였다. 토번(土蕃・吐藩, Tibet)의 통치하에 있었다. 의복은 북천축국과 비슷하나 언어는 다르다. 땅이 매우 춥다.

또 이 자란다라국으로부터 서쪽으로 가서 한 달이 걸려 탁실라국(吒社國, Takshar)에 도착하였다. 언어가 좀 다르지만 대체로 비슷하다. 의복・풍속・생산물・절기(節期)・기후가 북천축국과 비슷하다. 절도 많고 스님들도 많으며 대승불교와 소승불교가 모두 행하여지고 있었다.

왕을 비롯하여 수령・백성들이 모두 삼보를 매우 숭상한다.

6. 신두고라국과 카시미르

또 이 탁실라국으로부터 서쪽으로 한 달을 가니 신두고라국(新頭故羅國)에 도착하였다.

의복 · 풍속 · 절기 · 기후가 북천축국과 비슷하나 언어는 좀 다르다.

이 나라 사람들은 우유와 버터를 짜서 먹는다.

왕과 백성들은 삼보를 매우 숭상한다.

절도 많고 스님들도 많다.

곧 <순정이론(順正理論)>을 만들어낸 중현(衆賢, Sangha-bhadra) 대사가 바로 이 나라 사람이다.

이 나라에도 대승불교와 소승불교가 함께 행하여지고 있다. 그러나 지금은 대식국(大寔國, Arabia)에게 침입을 당하여 나라의 태반이 파괴되었다.

이 나라를 비롯하여 5천축국의 사람들은 대체로 술을 마시지 않았다. 이 5천축국을 편력할 때 술에 취한 사람들이 서로 싸우는 것을 보지 못했다. 비록 술을 마셨더라도 기운을 차릴 뿐, 노래부르고 춤추며 떠들고 방탕하는 사람들을 보지 못했다.

또 북천축국(자란다라)에 하나의 절이 있는데 이름이 다마사바나(多摩三磨娜 · 苔秣蘇伐那, Tamasavana)다. 부처님이 살아 계실 때 여기에 와서 설법을 하여 사람과 하늘을 널리 제도하신 곳이다. 이 절의 동쪽 시냇가 샘물 곁에 하나의 탑이 있는데 부처님의 머리털과 손톱을 이 탑 안에 보관하고 있다 하였다. 여기에는 3백여 명이나 되는 스님들이 있는 것을 보았다. 이 절에는 대벽지불(大辟支佛, Pratyeka Bubdha)의 이빨과 뼈와 사리(舍利) 등을 보관하고 있었다. 그리고 다시 7,8개 장소에 절이 있는데 각각 5,6백 명씩의 스님이 안주하

며 불도 닦기를 매우 좋아하였다. 또 왕을 비롯하여 백성들도
(삼보를) 매우 공경하여 믿었다.

또 산속에 한 절이 있는데 이름이 나가라다나(那揭羅馱娜·
那伽羅馱那, Nagaradhana)였다.

거기에 한 중국인 스님이 있었는데 이 절에서 죽었다고 한
다. 거기에 있는 대덕(大德, 高僧)의 말에 의하면, 그 중국인
스님은 중천축국에서 왔고 삼장성교(三藏聖敎)에 밝고 정통하
였으며 장차 고향으로 돌아가려다가 갑자기 병이 들어 곧 세
상을 떠났다고 하였다.

그래서 나는 그 말을 듣고 마음이 매우 슬퍼져 문득 네 운
자(韻字)를 써서 그의 저승길을 슬퍼했다.

고향 집의 등불은 주인을 잃고
객지에서 보수(寶樹)는 꺾이었구나.
신성한 영혼은 어디로 갔는가.
옥 같은 모습이 이미 재가 되었구나.

아! 생각하니 애처로운 생각 간절하고,
그대의 소원 못이룸이 못내 섧구나.
누가 고향으로 가는 길을 알 것인가.
부질없이 흰 구름만 돌아가네.

또 여기(자란다라)로부터 북쪽으로 15일을 가서 산속으로

들어가니 가라국(迦羅國 ; 카시미르)이다.

이 나라 역시 북천축국에 속하나 이 나라는 좀 크다. 왕은 3백 마리의 코끼리를 소유하고 산 속에서 살고 있었다.

도로가 험악하여 외국의 침략을 받지 아니하였다. 인민은 매우 많으나 가난한 자가 많고 부자는 적었다.

왕을 비롯하여 수령과 여러 부자들은 의복이 중천축국과 다르지 않았다.

이 외의 백성들은 모두 담요로 몸의 추한 곳만 가렸을 뿐이다.

그 땅에서 생산되는 것으로는 구리·철·전포·담요·소·양이 있고 코끼리도 있으나 말은 적고 멥쌀과 포도 등도 조금 생산되었다. 땅이 매우 추운 것이 이미 앞에서 말한 여러 나라와 같지 않다. 가을에는 서리가 내리고 겨울에는 눈이 내린다. 여름에도 장맛비가 많이 내리고 온갖 풀들이 푸른 잎으로 아로새겨지다가 겨울이 되면 모두 말라버린다. 냇물이 있는 산골짜기는 좁고 작다.

남북으로 5일의 이정을 가서 다시 동서로 하루 동안 걸어갈 거리에서 그 나라의 땅은 다하고 나머지는 산으로 둘러싸여 있었다. 집들은 모두 널빤지로 지붕을 하였고 짚이나 기와는 사용하지 않았다. 왕을 비롯하여 수령·백성들은 삼보를 매우 공경하였다. 나라 안에 한 용지(龍池)가 있어 그 연못의 용왕(龍王)은 매일 천 명의 나한들을 공양한다 하였다. 그러나 아무도 그 나한들이 식사를 하는 것을 보지 못한다 하였다. 그러나 재일(齋日)이 지나면 떡과 밥이 물속으로부터 어지러히

위로 떠올라와 이로 보아 지금까지 공양하는 것이 끊이지 않았음을 알 수 있다.

왕과 대수령은 외출할 때 코끼를 타고 작은 관리들은 말을 타고 백성들은 모두 걸어 다닌다. 그 나라 안에는 절도 많고 스님들도 많은데 대승불교와 소승불교가 함께 행하여지고 있었다.

5천축국의 법에는 위로 국왕과 왕비와 왕자로부터 아래로는 수령과 그들의 아내에 이르기까지 그 능력에 따라 각자 절을 짓는데 따로따로 짓고 함께 짓는 법이 없다. 그들은 말했다.

"각자의 공덕인데 어째서 반드시 함께 지을 필요가 있느냐."

이는 그럴 듯한 말이다. 나머지 왕자들도 또한 그러하다. 대개 절을 지어 공양하는 것은 곧 마을의 백성들에게 베풀어주는 것이고, 삼보를 공양하는 것이었다. 그리하여 부질없이 절을 지어 백성들에게 베풀어 주지 않은 사람이 없다.

이외에 그 나라 법에는 왕과 왕후도 각각 따로따로 마을의 백성을 가지고 있고 왕자나 수령도 각기 백성을 소유하고 있었다. 보시는 자유이고 왕에게 허락을 받지 아니하였다. 절을 짓는 것도 마찬가지다. 반드시 지으려면 곧 짓는 것이고 왕에게 묻지도 않고 왕도 가히 막지 못한다. 죄를 받을까 두려워하기 때문이다. 만약 넉넉한 백성이면서 마을에 보시를 못했다면 힘껏 절을 지어 스스로 경영하여 얻는 물건으로써 삼보에게 공양하기도 한다.

이 다섯 천축국은 사람을 팔지 않고 노비도 없으며, 요컨대 백성과 마을에 보시하는 것뿐이다.

7. 대발율국과 양동국·사파자국

또 까시미르국(迦葉彌羅國) 동북쪽으로 산을 사이에 두고 15일 이정을 가니 거기가 곧 대발률국(大勃律國)·양동국(楊同國)·사파자국(娑播慈國)이었다.

이 세 나라는 모두 토번(吐蕃, Tibet)에게 예속되어 있는데 의복·언어·풍속이 각각 다르다.

그들은 가죽옷·모직물 옷·가죽신·바지 등을 입고 있었다.

땅이 좁고 산천이 매우 험하였다. 절도 있고 스님들도 있었으며 삼보를 숭상하였다.

그러나 동토번(東吐蕃)에는 도무지 절이라곤 없고 불법도 알지 못했다. 그 땅은 오랑캐족(胡族)들이 사는 곳으로 생각되었다. 이 동토번국 사람들은 순전히 얼음산, 눈덮인 산, 눈덮인 강가나 계곡에서 전포로 만든 천막을 치고 살았다. 성곽이나 집이 없으며 그 거처하는 장소가 돌궐(突厥 ; 터키계 유목민)과 비슷하였다. 물가 초원을 따라 거처하고 왕은 비록 한 곳에서 사나 성이 없고 그도 전포 천막을 치고 살고 있을 뿐이다. 그 나라에서는 양·말·모우(牦牛)·담요·베 등이 생산되었다. 옷으로는 털옷·베옷·가죽옷을 입는데 여자들도 그렇다.

이 나라는 매우 추운 것이 기타의 나라와 같지 않다. 각 가정에서는 항상 보릿가루를 먹고 떡과 밥을 먹는 일이 드물었다. 국왕이나 백성들은 모두 불법을 알지 못하고 절도 없었다. 그 나라 사람들은 모두 땅을 파서 구들을 놓고 자므로 침대가 없었다. 사람들은 매우 까맣고, 흰 사람은 드물었다. 언어가 여러 나라와 같지 않고 대개 이를 잡아먹기를 좋아했다. 털옷을 입으므로 이가 많기 때문이리라. 이만 보면 잡아 입에 털어 넣고 끝까지 버리지 않았다.

8. 소발률국과 대발률국

또 카시미르국에서 서북쪽으로 산을 사이에 두고 7일을 가면 소발률국(小勃律國)이 있었다. 이 나라는 중국의 지배하에 있었다. 의복·풍속·음식·언어가 대발률국과 비슷하였다. 전포옷과 가죽신을 착용하고 수염과 머리털을 깎고 머리에는 털수건 한 장을 둘렀다. 여자는 머리를 길렀다. 가난한 사람이 많고 부자는 적다. 산천이 협소하고 논밭이 많지 못했다. 그곳 산은 메말라 원래부터 나무나 온갖 풀이 없었다. 거기 대발률국은 원래 소발률국의 왕이 살던 곳인데 토번(吐藩)이 침략하므로 도망하여 소발률국으로 들어와 정착한 곳이다. 수령이나 백성들은 거기 대발률국에 그대로 있고 소발률국으로 따라오지 않았다.

9. 간다라국과 돌궐국

또 카시미르국으로부터 서북쪽으로 산을 사이에 두고 한 달
을 가면 간다라(建馱羅, Gandbara)에 도착한다. 이 나라 왕과
군사는 모두 돌궐족이다. 그리고 그곳의 토착인은 오랑캐족이
고 바라문의 종족도 있다.

이 나라는 전에 카피스(罽賓, Kapis) 왕의 통치하에 있었다.
그런데 돌궐왕 아야(阿耶‧婆爾哈勅懃, Barhategin)가 한 부락
의 병마를 거느리고 카피스왕에게 투항하였다가 후에 돌궐족
의 군대가 강해지자 도리어 카피스왕을 죽이고 스스로 그 나
라의 왕이 되었다. 그리하여 이 간다라국 국내에서도 돌궐왕
이 패왕(覇王)이 되었고, 이 나라 이북에 있는 나라도 모두
돌궐의 패왕의 지배를 받게 되었다. 백성들은 모두 산속에 사
는데 그 산들이 모두 타서 풀도 나무도 없었다. 의복‧풍속‧
언어‧절기가 다른 나라와 다르다. 옷은 가죽‧털‧전포로 된
웃옷과 가죽신‧바지 등류를 입었다. 토지는 보리‧밀을 재배
하기에 적당하고, 기장‧조‧벼는 전혀 없다. 사람들은 대개가
보릿가루와 떡을 먹었다.

다만 카시미르국‧대발률국‧소발률국‧양동국(楊同國) 등
을 제외하고, 곧 이 간다라국(建馱羅國)을 비롯하여 다섯 천

축국과 곤륜국(崑崙國) 등의 나라에는 모두 포도가 없고 (다만) 고구마만 있었다.

이 돌궐왕은 코끼리 다섯 마리를 가지고 있고 양과 말은 헤아릴 수가 없으며, 낙타·노새·당나귀 등도 매우 많이 소유하고 있었다.

중국 땅인데도 오랑캐가 흥성하여 (다섯 글자 빠졌음) 돌아지나가지 못했다. 남쪽으로 향하면 도로가 험악하여 겁탈하는 도적이 많았고, 이 북쪽으로 가면 악업을 하는 자가 많아 시장과 가게에는 도살하여 고기를 파는 곳이 많았다.

이 나라 왕은 비록 돌궐족이나 삼보를 매우 공경하였다. 왕을 비롯하여 왕비·왕자·수령들은 각각 절을 만들어 삼보를 공양하였다. 이 나라 왕은 매년 두 번씩 무차대재(無遮大齋)를 열었다. 그리하여 몸에 지닌 필요한 물건과 아내나 코끼리·말들까지 모두 시주한다. 그러나 아내와 코끼리는 스님들로 하여금 값을 매기게 하여 그 값만큼 왕은 대가를 치뤘다. 이외에 낙타·말·금·옷가지·가구 등은 스님들로 하여금 직접 매각처분하여 이롭게 쓰게 하였다.
이것이 이 나라 왕이 북쪽 돌궐족과 같지 않은 점이다. 아녀자들도 그러하여 각각 절을 짓고 재를 올리며 시주를 하였다.

이 성은 인더스강(辛頭大江, Indus)을 굽어보는 북안(北岸)

에 위치하고 있었다. 이 성으로부터 서쪽으로 3일 동안 가면 하나의 큰 절이 있다. 곧 천친보살(天親菩薩)과 무착보살(無着菩薩)이 살던 절이다. 절의 이름은 카니시카(葛諾歌·迦膩色迦, Kaniska)다. 이 절에는 하나의 큰 탑이 있는데 항상 빛을 발하고 있었다. 이 절과 탑은 옛날에 카니시카왕이 만든 것이었다. 그래서 왕의 이름을 따라 절의 이름도 지어진 것이다.

또 이 성 동남쪽에 마을이 있는데 곧 부처가 과거에 시비카왕(尸毘迦王, Sivika)이 되어 비둘기를 놓아 보냈던 곳이라 한다. 절이 있고 스님도 있는 것을 볼 수 있었다. 또 부처가 과거에 머리와 눈을 던져 다섯 야차(夜叉)에게 먹였다는 곳도 이 나라 안에 있었다. 곧 이 성의 동남쪽에 있었다. 그곳에도 절이 있고 스님들도 있어 지금 공양하는 것을 볼 수 있다. 이 나라에는 대승불교와 소승불교가 함께 행해지고 있었다.

10. 우디아나국과 구위국

또 이 간다라국으로부터 정북향으로 산으로 들어가기 3일을 하면 우디아나(烏長, 烏萇, 烏仗那, Udyana)국에 도착하였다. 그곳 사람들은 스스로 자기들을 우디아나(鬱地引那)라고 불렀다. 이 나라 왕도 삼보를 크게 공경하였다. 백성들이 사는 마을에서는 많은 몫을 절에 시주하여 공양하고 조그만 몫을 자기 집에 남겨두어 의식에 사용하였다. 또 재(齋)를 올려 공양하는데 매일 하는 것을 원칙으로 하였다. 절도 많고 스님들도 많은데 스님들의 수가 속인의 수보다 약간 많다. 오로지 대승 불교만 행해지고 있었다. 의복·음식·풍속이 간다라국과 비슷하나 언어는 달랐다. 그 땅에는 낙타·노새·양·말·전포 등이 풍족하였다. 기후는 매우 춥다.

11. 람파카국과 카스피국

또 우디아나국(烏長國)으로부터 동북쪽으로 산으로 들어가 15일을 가니 구위국(拘衛國)에 도착하였다. 그곳 사람들은 스스로 사마라쟈국(奢摩褐羅闍國, Sama Raja)이라고 하였다. 이 나라 왕도 삼보를 공경하여 믿었다. 절도 있고 스님들도 있었다. 의복과 언어가 우디아나국과 비슷하였다. 전포로 만든 웃옷과 바지 등을 입었다. 양·말 등도 있었다.

또 이 간다라국으로부터 서쪽으로 가서 산으로 들어가 7일 만에 람파카국(覽波國, Lampaka)에 도착하였다. 이 나라에는 왕이 없고 대수령(大首領)이 있는데 간다라국의 통치하에 있었다. 의복과 언어가 간다라국과 비슷하였다. 절도 있고 스님들도 있는데 삼보를 공경하여 믿고 대승불교가 행해지고 있었다.

또 이 람파카국으로부터 서쪽 산속으로 8일 동안을 가니 카피스국(罽賓國, Kapis)에 도착하였다. 이 나라도 간다라왕의 통치하에 있는데 이 나라 왕은 여름에는 카피스로 와서 서늘함을 따라 살고, 겨울에는 간다라로 가서 따뜻함을 따라 산다 하였다. 그곳 간다라는 눈이 안오므로 따뜻하고 춥지 않았다. 그러나 카피스국은 겨울에는 눈이 쌓였다. 이는 춥기 때문이다.

이 나라 토착인은 오랑캐족(胡族)이고 왕과 군대는 돌궐족이다. 의복·언어·음식이 투카라국(吐火羅國, Tuhkhara)과 대동소이(大同小異)하였다. 남자·여자 할 것 없이 모두 전포나 베로써 만든 옷을 입고 가죽신을 신었다. 남녀 의복의 차별이 없었다. 남자들은 모두 수염과 머리를 깎았으나 여자들은 머리를 기르고 있었다.

이 나라에서는 낙타·노새·양·말·당나귀·소·전포·포도(浦桃)·보리·밀·울금향(鬱金香) 등이 생산되었다. 이 나라 사람들도 삼보를 공경하여 믿었다. 절도 많고 스님들도 많았다. 백성들 집에서는 각각 절을 지어 삼보를 공양하였다. 그곳 큰 성 안에 하나의 절이 있는데 이름이 사히스(沙系, Sahis)였다. 그 절 안에는 부처의 머리카락·뼈·사리 등이 보관되어 있었다. 왕을 비롯하여 벼슬아치·백성들이 매일 공양하였다.

이 나라에는 소승불교가 행해지고 있었다. 그곳 주민은 산속에 살고 있으나 산마루에는 초목이 없어 마치 불에 탄 산 같았다.

12. 자비리스탄국

이 카피스국으로부터 서쪽으로 7일을 가면 자부리스탄국(謝颭國, Zabulistan)에 도착한다. 그곳 사람들은 스스로 부르기를 자부리스탄(社護羅薩他那・撒布里悉坦), Zabulistan)이라고 부른다. 그곳 토착인은 오랑캐족(胡族)이고 왕과 군대는 돌궐족이었다. 그곳 왕은 곧 카피스왕의 조카였다. 스스로 한 부락의 군사를 거느리고 이 나라에 와서 살면서 다른 나라에 예속되지도 않으며 그의 숙부에게까지도 복종하지 않았다.

이 나라 왕과 수령은 비록 돌궐족이나 삼보를 매우 공경하였다. 절도 많고 스님들도 많으며 대승불교가 행해지고 있었다.

한 위대한 돌궐족 수령으로 이름이 사타칸(娑鐸乾, Sa Tarkhan)이란 자가 매년 한 번씩 금과 은을 무수히 사용하여 재(齋)를 올리는데 그곳 왕보다도 더하였다. 의복・풍속・생산물이 카피스 왕국과 비슷하나 언어는 각기 달랐다.

13. 바미얀국과 투카라국

이 자부리스탄국(謝颭國)으로부터 북쪽으로 7일을 가면 바미얀(犯引國, Bamiyan)에 도착하였다. 이 나라 왕은 오랑캐족으로 다른 나라에 예속되지 않고 군대가 강하고 많아서 여러 나라가 감히 침범하지 못하였다. 의복은 전포로 만든 저고리와 가죽・담요 등으로 만든 저고리 등을 입고 있었다.

그 땅에서는 양·전포 등속이 생산되고, 포도(蒲桃)가 매우 풍족하였다. 그 땅에는 눈이 오고 매우 춥다. 그래서 주민들은 대부분 산을 의지하고 살았다.

왕을 비롯하여 수령이나 백성들이 삼보를 크게 공경하였다. 절도 많고 스님들도 많으며 대승불교와 소승불교가 함께 행해지고 있었다.

이 나라와 자부리스탄국 등에서는 사람들이 모두 수염과 머리를 깎고 있었다. 풍속은 대체로 카피스국과 비슷하면서도 다른 점도 많다. 그러나 그 나라의 언어는 다른 나라와 같지 않았다.

또 이 바미안국(犯引國)으로부터 북쪽으로 20일을 가면 투카라국(吐火羅國·覩貨邏, Tuhkhara)에 도착하였다.

그 왕이 사는 성의 이름은 박트라(縛底耶, Baktra) 였다. 지금 대식(大寔, Arabia) 군대에게 진압을 당하고 왕은 핍박을 받아 동쪽으로 한 달 동안 걸어갈 거리로 달아나 포투산(蒲特山·巴達克山, Badakhshan) 갔다고 하였다. 그러므로 이 땅은 대식국의 지배하에 있었다. 언어는 여러 나라와 다르나 카피스국과는 약간 비슷하면서도 대체적으로는 달랐다.

의복은 가죽과 전포로 된 것 등을 입었다. 위로 국왕으로부터 아래로 서민에 이르기까지 모두 가죽으로 웃옷을 만들어 입었다.

그 땅에는 낙타·노새·양·말·전포·포도(蒲桃) 등이 풍족하였다. 음식으로는 떡 먹기를 좋아하였다. 그 땅은 매우 추워 겨울에는 서리와 눈이 내렸다.

국왕을 비롯하여 수령·백성들이 삼보를 매우 공경하였다. 절도 많고 스님들도 많으며 소승불교가 행해지고 있었다.

고기와 피와 부추 등을 먹으며 다른 종교를 믿지 않는다. 남자들은 수염과 머리를 깎고 여자들은 머리를 길렀다. 그 땅에는 산이 많다.

14. 페르시아와 대식국

이 토카라국으로부터 서쪽으로 한 달을 가면 페르시아(波斯, Persia—Iran의 옛 이름)에 도착하였다.

이 나라 왕은 전에 대식국(大寔國, Arabia)을 지배하고 있었다. 그래서 대식국은 페르시아왕을 위하여 낙타를 치게 되었다. 그러다가 후에 반란을 일으켜 페르시아왕을 죽이고 자립하여 왕이 되었다. 그리하여 지금 이 나라는 대식국에게 병합되었다. 옷은 옛날에는 넓은 전포로 된 저고리를 입고 수염과 머리를 깎고, 음식은 오직 떡과 고기뿐이었다. 비록 쌀은 있으나 갈아서 떡을 만들어 먹었다. 그 땅에서는 낙타·노새·양·말이 생산되었다. 또 높고 큰 당나귀와 전포와 보물도 생산되었다.

언어는 각각 달라 다른 나라와 같지 않았다. 그 나라 사람의 성질은 무역을 좋아하여 항상 서해로 항해하여 남해로 들어가 사자국(獅子國 ; 스리랑카)까지 가서 여러 보물을 가져왔다. 그래서 그 나라에서 보물이 나온다고 하는 것이다.

그리고 곤륜국(崑崙國 ; 중국 西藏·新羅 근처에 있던 나라)
까지도 가서 금을 무역해 오고, 또 그들은 중국까지도 항해하
는데, 곧장 광주(廣州)까지 가서 능(綾 ; 엷은 비단의 한 가
지), 견사(絹絲 ; 명주실), 솜 등속을 무역해 오기도 하였다.
그 나라에서는 좋고 가는 전포를 생산하였다.

그 나라 사람들은 살생을 좋아하고 하느님을 섬기되 불법을
몰랐다. 이 페르시아국으로부터 북쪽으로 10일을 가서 산으로
들어가면 대식국(大寔國, Arabia)에 도착하였다.

그 나라 왕은 본국에 살지 않고 소불림국(小拂臨國)에 가서
살고 있었다. 이는 그 나라를 정복하기 위해서였다. 그래서 그
나라는 다시 산으로 된 섬에 가서 사는데 살만한 곳이 매우
드물었다. 그러나 이곳을 바라고 그리로 간 것이다.

이 나라에서는 낙타·노새·양·말과 전포와 털로 된 양탄
자 등이 생산되는데 보물도 출토되었다. 의복은 가는 실로 짠
전포로 넓은 저고리를 입었는데, 그 저고리 위에 또 하나의
전포조각으로 깃을 붙여 제쳐서 그것을 웃옷으로 삼았다. 왕
과 백성들의 옷이 한 가지 종류로 구별이 없으며 여자들도 넓
은 저고리를 입었다.

남자들은 머리를 깎았으나 수염은 남겨두었고 여자들은 머
리를 길렀다. 음식을 먹는데는 귀천을 가리지 않고 공동으로
한 그릇에서 먹는데 손에 숟갈과 젓가락을 들었다. 그러나 그
것이 매우 보기 싫었다. 그러나 그들은 손으로 살생을 해서

먹어야 무한한 복을 받는다고 생각하고 있었다. 그 나라 사람
들은 살생을 좋아하고 하느님을 믿으나 불법을 알지 못했다.

그 나라 법에는 무릎을 꿇고 절하는 법이 없었다.

15. 대불림국과 안식등 6개국

또 소불림국(小拂臨國) 서북쪽 바닷가에 대불림국(大拂臨
國)이 있었다. 이 나라 왕은 군사가 강하고 많아 다른 나라에
속해 있지 않았다. 그래서 대식국이 여러 차례 정벌하려 했으
나 목적을 달성하지 못했고, 돌궐족도 침범해 보았으나 이기
지를 못했다. 그 나라에는 보물이 많고 낙타·노새·양·말·
전포 등의 물건이 풍족하였다. 의복은 페르시아나 대식국과
비슷하였으나 언어는 각기 달랐다.

또 이 대식국 동쪽에는 오랑캐나라(胡國)로 안국(安國)·조
국(曹國)·사국(史國)·석라국(石騾國)·미국(米國)·강국(康
國) 등이 있었다. 그 각 나라에는 비록 왕이 있으나 모두 대
식국의 통치하에 있었다. 나라가 협소하고 군사가 많지 못하
여 스스로 보호할 수가 없기 때문이다.

그곳에서는 낙타·노새·양·말·전포 등속이 생산되었다.
의복은 전포로 만든 저고리·바지 등과 가죽옷을 입고 있는데,
언어는 여러 나라가 각기 달랐다.

또 이 여섯 나라는 모두 조로아스터교(Zoroaster敎·火祅敎)를 섬기며 불법을 알지 못했다. 다만 강국(康國)에만 하나의 절과 한 사람의 스님이 있으나 또한 불법을 해득하여 공경할 줄은 몰랐다. 이들 오랑캐나라에서는 모두 수염과 머리를 깎고 흰 털모자 쓰기를 좋아하였다. 풍속은 매우 고약하여 혼인을 서로 뒤섞어 하여 어머니나 자매를 아내로 맞아들였다. 페르시아국에서도 어머니를 아내로 삼았다. 또 투카라국(吐火羅國)을 비롯하여 파키스국(罽賓國)·바미얀국(犯引國)·자부리스탄국(謝䫻國) 등에서는 형제가 열 명이거나 다섯 명이거나 세 명이거나 두 명이거나 함께 하나의 아내를 맞이하여 살았다. 그리고 각기 하나의 아내를 맞이하는 것을 허락하지 않았다. 가계(家計)가 파괴될까 두려워하기 때문이라 한다.

16. 페르칸나국과 코탄국

또 강국(康國)으로부터 동쪽으로 가면 곧 페르간나국(跋賀那國, Feghanah)이 나왔다. 그 곳에는 두 왕이 있었다. 아무다르야(縛叉, Amu Darya)라는 큰 강이 복판을 뚫고 서쪽으로 흘렀는데 강 남쪽에 한 왕이 있어 대식국에 예속되어 있고, 강 북쪽에도 한 왕이 있어 돌궐의 통치를 받고 있었다.

그 나라에서도 낙타·노새·양·말·전포 등류가 생산되었다. 의복은 가죽옷과 전포옷을 입고, 음식은 대개 떡과 보릿가루를 먹었다. 언어는 각기 달라 다른 나라와 같지 않았다. 불법을 알지 못하여 절도 없고 스님도 없었다.

또 이 페르간나국(跋賀那國)으로부터 동쪽에 한 나라가 있었는데 코탄국(骨咄國, Khothal)이었다.

이 나라 왕은 원래 돌궐족이나 그 땅의 백성의 반은 오랑캐족이고 반은 돌궐족이었다.

그 땅에서는 낙타·노새·양·말·소·당나귀·포도(蒲桃)·전포·담요 등이 생산되었다. 의복 전포와 가죽으로 만든 옷을 입었다. 언어는 반은 투카라(吐火羅) 말이고 반은 돌궐 말이며, 또 반은 그 나라 본토 말을 쓰고 있었다.

왕을 비롯하여 수령이나 백성들은 삼보를 매우 숭상하였다. 절도 있고 스님들도 있었으며 소승불법이 행해지고 있었다. 이 나라는 대식국의 지배를 받고 있었는데, 다른 나라들이 비록 이 나라를 독립국이라고는 말하나 중국의 한 개 큰 주(州)와 비슷하였다. 이 나라의 남자들은 수염과 머리를 깎고 여자는 머리를 길렀다. 또 이 오랑캐나라로부터 북쪽으로 가면 북쪽으로는 북해에 이르고 서쪽으로는 서해에 이르며 동쪽으로는 중국에 이르는데, 모두 돌궐족이 사는 경계였다.

이들 돌궐족은 불법을 몰라 절도 없고 스님도 없었다. 의복은 가죽옷과 전포 저고리를 입었다. 그리고 고기를 먹었다. 성곽에 거처하지 않고 전포 천막을 쳐서 집으로 사용하였다. 거처를 마음대로 하여 물가와 초원을 따라 이동하며 다녔다. 남자들은 수염과 머리를 깎고 여자들은 머리를 길렀다. 언어는 여러 나라와 같지 않고, 그 나라 사람들은 살생을 좋아하고 선악을 몰랐다. 그 땅에는 낙타·노새·양·말 등이 풍족하였다.

17. 와칸국

또 투카라국으로부터 동쪽으로 7일을 가니 와칸(胡蜜, Wakhan)의 왕이 사는 성에 도착하였다.

마침 이 투카라국에 있을 때 서번(西蕃 ; 서쪽 邊方)으로 들어가는 중국 사신을 만났다. 그래서 넉 자의 운자를 써서 오언시(五言詩)를 지었다.

그대는 서번(西蕃)이 먼 것을 한탄하나
나는 동방으로 가는 길이 먼 것을 한하노라.
길은 거칠고 굉장한 눈은 산마루에 쌓였는데
험한 골짜기에는 도적 떼도 많도다.
새는 날아 깎아지른 산 위에서 놀라고
사람은 좁은 다리를 건너기를 어려워하도다.
평생에 눈물 흘리는 일이 없었는데
오늘만은 천 줄이나 뿌리도다.

겨울날 투카라에 있을 때 눈을 만나 그 소회를 오언시로 서술했다.

차가운 눈은 얼음과 겹쳐 있는데

찬 바람은 땅이 갈라지도록 매섭구나.
큰 바다는 얼어 편편한 단(壇)이요
강물은 낭떠러지를 능멸하며 깎아 먹누나.

용문(龍門)엔 폭포조차 끊어지고
정구(井口)엔 서린 뱀같이 얼음이 엉키어 있도다.
불을 가지고 땅 끝에 올라 노래를 부르니
어떻게 파미르(播蜜, Pamir) 고원(高原)을 넘어갈 것인가.

이 와칸 왕은 군사가 적고 약하여 스스로 보호할 수가 없기 때문에 대식국의 통치를 받고 있었으며, 해마다 세금으로 비단 3천 필을 가져다 바쳤다.

주거지가 산골짜기라 처소가 협소하였다. 백성들은 가난한 사람이 많고 의복은 가죽옷과 전포 저고리를 입었다. 왕은 엷은 비단옷과 전포를 입었다.

음식은 오직 떡과 보릿가루뿐이었다. 기후는 매우 추운 것이 다른 나라보다 심했다. 언어도 여러 나라와 같지 않았다.

양과 소가 생산되는데 매우 작고 크지 않았다. 말과 노새도 있었다. 스님들도 있고 절도 있는데 소승불교가 행해지고 있었다. 왕을 비롯하여 수령과 백성들이 모두 부처를 섬기어 다른 종교에 귀의하지 않았다. 그래서 이 나라에는 다른 종교가 없었다.

남자들은 모두 수염과 머리를 깎고 여자들은 머리를 길렀다. 산 속에 사나 거기 산에는 나무를 비롯하여 여러 가지 풀도 없었다.

18. 식니아국과 총령진

또 와칸국(胡蜜國) 북쪽 산속에 아홉 개의 식니아국(識匿
國, Saknia)이 있었다. 아홉 왕이 각각 군대를 거느리고 거주
하는데, 한 왕만이 와칸왕에게 예속되어 있었고 기타는 각각
독립해 있어 다른 나라에 예속되어 있지 않았다. 이 근처에
두 굴에서 사는 왕이 있었는데 중국에 투항하여 안서(安西)까
지 사신을 보내며 연락이 끊어지지 않고 있었다.

이곳의 왕과 수령은 전포와 겹으로 된 모직물과 가죽옷을
입고 기타 백성들은 가죽옷에 담요 저고리를 입고 있었다.
기후가 매우 추웠다. 눈으로 덮인 산속에 사는데 이것이 다른
나라와 같지 않았다. 양·말·소·당나귀가 있었다.
언어는 각기 달라 여러 나라와 같지 않았다. 그곳 왕은 항
상 2백명까지의 백성을 대파밀천(大播蜜川 ; 지금의 Parmir川)
으로 보내어 풍족하게 사는 오랑캐족을 쳐서 물건을 약탈해
오도록 명령하였다.
그래서 비단을 빼앗다가 창고에 쌓아두고는 못쓰게 되도
록 내버려두며 옷을 만들어 입을 줄을 몰랐다. 이 삭니아국
(識匿國)에는 불법이 없다.

또 이 와칸국(胡蜜國)으로부터 동쪽으로 15일을 가서 파밀

천을 지나면 곧 총령진(葱嶺鎭 ; 총령에 있는 군대 주둔소)에 도착한다. 여기는 곧 중국에 속해 있는 곳이다. 그래서 군대들이 지금 방위하고 있는 것을 볼 수 있었다.

여기는 옛날에 비성왕국(斐星王國 ; 타시투르칸)의 영토였다. 그런데 그 나라 왕이 배반하고 토번으로 도망을 했으므로 지금은 이곳에 백성들이 없었다.

외국인은 커판단국(渴飯檀國)이라고 부르고 중국에서는 총령(葱嶺)이라고 불렀다.

19. 카스카르국과 쿠차국

또 이 총령으로부터 한 달을 걸어 들어가니 카tm가르(疏勒 ; 현 新疆省 西方 喀什噶爾)에 도착하였다. 외국인은 카tm가리국(伽師祇離國, Kashgiri)이라고 불렀다.

여기도 중국 군대가 수비하고 있었는데, 절도 있고 스님들도 있었으며 소승불법이 행해지고 있었다. 고기와 파·부추 등을 먹으며, 그곳의 토착인은 전포로 된 옷을 입었다.

또 이 카스가르(疏勒)로부터 동쪽으로 한 달을 가면 쿠차국(龜玆國 ; 현 新疆省 중앙에 있는 庫車)에 도착하였다. 곧 안서대도호부(安西大都護府)로 중국 군대가 대대적으로 모인 곳이었다. 이 쿠차국에는 절도 많고 스님들도 많으며 소승불법이 행해지고 있었다. 고기·파·부추 등을 먹으며, 중국인 스님들은 대승불법을 믿고 있었다.

또 안서(安西 ; 현 庫車)를 떠나 남쪽으로 코탄국(于闐國 ;
현 新疆省 南方 和闐)까지 2천리를 가니 역시 중국 군대가 주
둔하고 있었다. 절도 많고 스님들도 많았는데 대승불법이 행
해지고 있었다. 여기에서는 고기를 먹지 않았다.

여기서 동쪽으로 가면 모두 중국의 땅이다. 누구나 다 잘
알므로 언급하지 않아도 다 알 수 있다.

20. 안서도호부와 여러 사찰

개원(開元) 15년(727) 11월 상순(上旬)에 안서(安西 ; 庫
車)에 도착했는데, 그때 절도대사(節度大使) 조군(趙君)을 만
났다.

또 안서에는 중국인 스님들이 주지로 있는 두 절이 있었는
데 대승불법을 행하고 고기를 먹지 않았다. 대운사(大雲寺)
주지 수행(秀行)은 설교를 잘하는데 전에는 서울 칠보대사(七
寶臺寺)의 스님이었다.

또 대운사 유나(維那) · 의초(義超)는 율장(律藏)을 잘 해석
한다. 옛날에는 서울 장안의 장엄사(莊嚴寺)의 스님이었다. 대
운사 상좌(上座 ; 계급이 높은 스님, 곧 上座僧) 명운(明惲)은
크게 행업을 닦았는데 역시 서울의 스님이었다. 이들 스님은
위대하고 훌륭한 주지로 매우 도심(道心)이 있고 공덕 쌓기를

즐겨하였다. 또 용흥사(龍興寺) 주지 법해(法海)는 비록 중국
사람이나 어려서부터 안서에서 자랐다 한다. 그러나 학식과
인품이 중국 본토인과 다르지 않았다.

코탄(于闐)에도 한 중국 절이 있었는데 이름이 용흥사(龍興
寺)였다. 한 중국인 스님이 있었는데 이름이 ○○다. 그는 이
절의 주인으로 위대하고 훌륭한 주지였다. 그 스님은 항하북
쪽 기주(冀州 ; 현 河北省 冀縣) 사람이었다.

카시가르(疏勒)에도 중국 절로 대운사(大雲寺)가 있는데 한
중국 스님이 주지가 되어 있었다. 그는 곧 민주(岷州 ; 현 甘
肅省 內) 사람이었다.

또 안서(安西 ; 庫車)로부터 동쪽으로 가면 예지국(焉耆國 ;
현 新疆省 中央 焉耆)에 도착하였다. 여기에도 중국 군대가
주둔하고 있었다. 왕도 있는데 백성들은 오랑캐며, 절도 많고
스님들도 많았다. 소승불법이 행해지고 있었다.

(위에 빠졌음) 이것이 곧 안서(安西)·사진(四鎭)의 이름들
인데, 첫째 안서(安西 ; 庫車), 둘째 코탄(于闐), 셋째 카시가
르(疏勒), 넷째 옌지(焉耆)이다. (아래 빠졌음)

(위에 빠졌음) 그들은 중국의 법을 따라서 머리에 두건(頭
巾)을 둘렀고 바지를 입었다. (아래 빠졌음)

죽음의 雪原을 넘어선

인도여행기

印刷日 | 2013년 12월 26일
發行日 | 2013년 12월 30일

발행인 | 한　동　국
발행처 | 불교통신교육원
편　저 | 歷遊天竺記傳·大唐西域記
　　　　求法高僧傳·往五天竺國傳

인　쇄 | 이 화 문 화 사
　　　　02-732-7096~7

발행처 | 477-810 경기도 가평군 외서면 대성리 산 185번지
전　화 | (02)969-2410(금강선원)
　　　　등록번호. 76. 10. 20. 경기 제6호

값 15,000원